本书由教育部中外语言交流合作中心2021年国际中文教育创新项目资助出版，
项目批准号：21YH017CX5。

数字时代
科技汉语与中国文化的对外传播

林国浒 庞博 著

上海交通大學出版社
SHANGHAI JIAO TONG UNIVERSITY PRESS

内容提要

本书主要关注我国高等院校科技汉语与文化传播数字化发展的成就及挑战，管窥数字智慧介入远程文化传播的范式，探究其形成的技术、文化及社会根源，揭示数字时代对外文化传播领域数字化转型的内在逻辑与运行规律。本书适合国际中文教育、跨文化研究等领域的学者及研究生参考阅读。

图书在版编目(CIP)数据

数字时代科技汉语与中国文化的对外传播 / 林国浒，庞博著. -- 上海 ：上海交通大学出版社，2024. 6

ISBN 978-7-313-31135-1

Ⅰ. H195. 3；G125

中国国家版本馆 CIP 数据核字第 2024UQ4844 号

数字时代科技汉语与中国文化的对外传播

SHUZI SHIDAI KEJI HANYU YU ZHONGGUO WENHUA DE DUIWAI CHUANBO

著　　者：林国浒　庞　博

出版发行：上海交通大学出版社　　地　　址：上海市番禺路 951 号

邮政编码：200030　　电　　话：021－64071208

印　　制：上海新华印刷有限公司　　经　　销：全国新华书店

开　　本：710 mm×1000 mm　1/16　　印　　张：14.75

字　　数：221 千字

版　　次：2024 年 6 月第 1 版　　印　　次：2024 年 6 月第 1 次印刷

书　　号：ISBN 978－7－313－31135－1

定　　价：88.00 元

前言

数字革命突破时空限制，驱动当代中国社会的变革和创新，形成新的发展典范和模式，将持续释放其在对外文化传播发展方面的能量。在加快对外开放的大背景下，数字技术与文化传播结合的模式、路径、策略成为核心议题，将决定国际中文教育数字化转型的成效。本书从科学人文主义的视角出发，立足浙江省高等院校，尤其是杭州电子科技大学的数字化实践，选取远程实验平台、"亚洲校园"等代表性案例开展研究，管窥数字技术介入国际中文教育发展的范式，探究其形成的技术、文化及社会根源，呈现新时代对外传播事业发展的内在逻辑与运行规律。全书共十章，分为三大部分，第一至三章是理论基础与研究逻辑；第四至六章是模式探索与机制创新；第七至十章涉及实践成果及突出案例。另有绪论和结语部分。

第一部分重点对远程传播与数字发展结合的概念进行梳理和分析，呈现国际中文教育数字化发展的理论创新与成果，为深入探讨对外汉语和中国文化传播的逻辑与规律奠定基础。第一章数字时代国际中文教育的转型与发展，分析数字化发展为国际中文教育带来的机遇与挑战，讨论数字时代教育理念、教学方法、教师发展及平台建设等方面的变革，分析国际中文教育数字化转型的必要性和可行性。第二章数字时代远程教育的理论与实践，分析数字时代的远程教育的理论与逻辑基础，介绍数字时代远程教育的发展历程和主要研究理论，观察远程教育领域的主要技术创新及未来的变革方向。第三章数字时代对外文化传播的特征，关注新时代背景下对外传播呈现的新特点和新趋势，包括融媒体、微传播、多模态，数字技术在对外传播领域的广泛应用，为其模式转变、路径创新和策略改革等方面的讨论构筑理论基石。

第二部分主要讨论科技汉语与中国文化对外传播的数字化发展模式、

路径与策略问题，分析数字技术与应用对国际中文教育、中国文化对外文化传播实践的多重衍射功能，并提出可持续健康发展的策略。第四章科技汉语与中国文化对外传播的模式探索，关注对外传播数字化发展模式的形成背景、特征及影响，以国家整体推进、特色创新的自主发展、合作共赢的内生外发、“返本开新”等模式，创新引领对外传播事业的发展。第五章科技汉语与中国文化对外传播的技术支撑，探索更加多元化、多样化的发展路径，在明确对外传播数字化发展的整体趋势的基础上，正视技术环境打造、信息技术推广、教育科技产品开发的功能，探讨技术进步对教育鸿沟跨越的重要性和意义。第六章科技汉语与中国文化对外传播的文化策略，探讨对外传播的文化内核，讨论影响对外传播的文化发展趋势，提出相互协助、和合相融、患难与共、兼容并蓄等科学人文的策略，强调文化发展在对外传播数字化转型中的重要意义。

第三部分重点关注国际中文教育数字化发展的状况，展示科技汉语与中国文化对外传播的实践成果，同时也评估其优势与不足，提出未来持续发展的建议。第七章远程实验平台：实境传播技术引发的创新与突破，围绕远程实验平台建设与发展实践，探讨远程实验平台在科技汉语与科技文化思想对外传播的功能及作用，并介绍杭州电子科技大学远程实境实验中心的发展历史与文化传播成果。第八章汉语桥：跨越时空限制的线上团组合作与交流，讨论“汉语桥”线上交流团组的历史和现状，通过品牌引领、个体推进、语言文化融合等模式，推进科技汉语与中国文化的传播，成为多维度对外传播的窗口。第九章留学生线上课程：情感-技术-文化的模式创新，基于新冠疫情期间来华留学生线上教学的实践，以留学生“中国概况”课程为例，介绍通过线上课程进行科技文化传播的新模式。第十章亚洲校园：跨领域融合的创新科技思维传播，关注“亚洲校园”计划在科技合作、学科交流、文化传播等领域的成果，分析数字时代加强跨文化国际人才联合培养的新路径，评估其在推动区域高校国际化合作与交流的作用和意义。

本书的撰写得到了教育部中外语言合作交流中心的大力支持与经费资助，同时也得益于诸多领域专家的精心指导，使内容更具有方向性和前沿性。此外，杭州电子科技大学国际交流合作处、电子信息学院、融媒体与主题出版研究院等部门的全力协助与密切配合，为本书的完成奠定了坚实的基础。在此,向所有给予帮助和支持的单位和个人表示最诚挚的谢意。本书由林国浒和庞博共同完成。林国浒确定主题,拟定提纲并完成主要内容的撰写。庞博负责资料收集、案例整理及后期校对等工作。尽管我们竭尽所能,但由于个人能力和学识水平有限,书中难免存在疏漏与不足。我们衷心希望各界同仁能够不吝赐教,您的宝贵意见与批评指正将是未来不断改进和提升的动力。

目录

绪　论　中文之大美，传播而远扬 …… 1
第一节　研究缘起 …… 2
第二节　问题提出 …… 6
第三节　研究思路 …… 9

第一章　数字时代国际中文教育的转型与发展 …… 11
第一节　教育理念 …… 12
第二节　教学方法 …… 16
第三节　教师发展 …… 20
第四节　平台保障 …… 24

第二章　数字时代远程教育的理论与实践 …… 30
第一节　发展历程 …… 31
第二节　理论基础 …… 35
第三节　技术创新 …… 40
第四节　变革方向 …… 44

第三章　数字时代对外文化传播的特征 …… 50
第一节　新时代背景下的对外传播 …… 51
第二节　融媒体的复合传播形态 …… 55
第三节　微传播的大众媒介功能 …… 60
第四节　多模态的传播效果 …… 65

第四章　科技汉语与中国文化对外传播的模式探索 …… 70
第一节　国家战略主导的整体推进模式 …… 71
第二节　特色创新引领的自主发展模式 …… 76
第三节　合作共赢推动的内生外发模式 …… 81
第四节　汇通古今激发的“返本开新”模式 …… 86

第五章　科技汉语与中国文化对外传播的技术支撑 …… 92
第一节　传播技术环境的打造 …… 93
第二节　信息技术的广泛应用 …… 97
第三节　教育科技产品的研发 …… 101
第四节　教育技术鸿沟的跨越 …… 106

第六章　科技汉语与中国文化对外传播的文化策略 …… 111
第一节　数字时代对外传播的人文内核 …… 112
第二节　对外传播的文化发展新趋向 …… 117
第三节　全球一体对外传播的文化挑战 …… 122
第四节　新时代对外传播的科学人文策略 …… 126

第七章　远程实验平台：实境传播技术引发的创新与突破 …… 132
第一节　远程实验平台的发展历程 …… 133
第二节　远程实验平台的科技文化传播 …… 137
第三节　远程实境实验平台的科技汉语教学 …… 141
第四节　杭电联合远程实验中心的成效 …… 144

第八章　汉语桥：跨越时空限制的线上团组合作与交流 …… 150
第一节　语言交流合作背景下的“汉语桥” …… 151
第二节　“汉语桥”的文化传播功能与成效 …… 155
第三节　“汉语桥”的科技文化传播模式 …… 159
第四节　杭电科技汉语“汉语桥”线上项目 …… 163

第九章　来华留学生线上教学：情感-技术-文化的模式创新 …………… 169
第一节　特殊时期下的留学生线上教学 …………………………………… 170
第二节　线上课程的科技文化远程传播 …………………………………… 174
第三节　科技文化传播的情感-技术-文化模式 ……………………………… 178
第四节　杭电"中国概况"课程的实践案例 ………………………………… 183

第十章　亚洲校园：跨领域融合的创新科技思维传播 ………………… 188
第一节　跨专业-学科合作的"亚洲校园" ………………………………… 189
第二节　"亚洲校园"的前沿科技合作使命 ………………………………… 193
第三节　基于科技合作的"亚洲校园"文化交流 …………………………… 198
第四节　杭电"亚洲校园"第三期项目成效 ………………………………… 202

结　语　风正时济，驶向教育国际治理的未来 …………………………… 207
第一节　数字时代的科技文化传播使命 …………………………………… 207
第二节　远程传播的国际教育治理愿景 …………………………………… 208

参考文献 ……………………………………………………………………… 210

绪　论
中文之大美，传播而远扬

文化传播是文明得以持续和发扬的基石，一个民族如果没有特色鲜明的文化，就难以积淀深厚的民族记忆，民族文化的认同感将日渐淡薄，面临被同化的风险。文明是多元思想碰撞的精华，只有在丰厚的社会土壤中才能孕育出高质量的文化。中国文化之所以能够千年不断，始终保持旺盛的生命力，离不开其诞生的地理和社会环境，更离不开其强大的包容性。只有不断挖掘和传承好中华文明，强烈的民族自豪感才能油然而生，同时也能为全球提供更多的文明样板，造福全球人类。自改革开放之后，西方文化的强势渗透导致中国年青的一代对于传统文化的坚守与认同出现不同程度的下降。加强中华文明的传播既有益于净化国内外的社会文化环境，又能让中华文明价值观滋养国民性情，纠正被外来文化所紊乱的价值观。中国经济的快速发展和中国国际影响力的提升离不开与之匹配的文化建设，中国文化对外传播的重要性已提升到前所未有的高度。

数字技术突破时空限制，正在驱动全球范围所有领域的变革和创新，引领新的发展典范和模式。在数字时代，信息已然成为生产力要素，除了可以直接作为决策参考的数据资料，各种大众传播信息也开始左右人们的思想，对言行产生重大的影响[1]。数字科技正全面赋能各行各业，中国的高质量发展离不开全方位渗透的数字技术加持。数字技术全面赋能所激发和释放的社会发展潜力不可估量，对文化产业的赋能亟待引导和整合。古代中国有着灿烂辉煌的文化成就，当代中国有着神话般的发展经验，中国有着得天独厚的宣传素材。因此，借助于科技的力量，用外国人更容易接受的叙事模式来讲中国故事是提升对外传播的突破口。数字技术对传统文化的赋能不可小觑，从故宫博物院、敦煌研究院到南宋德寿宫，数字文化传播正在驱动文化领域的改革和升级，加速推进数字智能化转型和发展，这关系到民族的未来。

第一节 研究缘起

科技作为重要的生产要素，在高质量跨越式发展方面有着不可估量的作用。互联网、人工智能、虚拟仿真等先进技术具有造福全人类的无限潜力，技术红利显而易见。进入21世纪以来，越来越多的国家尝试通过科技创新实现跨越式发展。无论何时何地，衣食住行、教育、医疗等都是社会发展的核心内容，通过技术共享来推动这些基本权利的保障，是科技赋能文化社会发展的必然。近年来，中国在特高压技术、大型基础设施和交通建设、5G技术、互联网贸易和中医理疗等领域取得巨大的成就，这些技术和中国的发展经验对许多国家有着很强的借鉴价值。在国际中文教育领域，通过线上课程、模拟平台和相关程序的开发，以线下和线下相结合的方式，让更多的群体低成本地享用这些技术红利是科技赋能教育产业的体现。

一、国际中文教育的变革创新

国际局势风起云涌，世界的和平发展离不开中国的推动力量。如果能有更多的外国人深入了解中国文化、历史和发展现状，“中国威胁论”就会不攻自破。当下，全球范围内越来越多的人开始关注中国文化、学习汉语，说明国际中文教育市场具有巨大的潜力和广阔的前景。传统的线下课堂已经难以满足日益增长的学习需求，国际中文教育的智慧转型既是中文教育走向国际化的内在需求，又是对多元背景学员个性化需求的积极响应。全球教育正在积极利用数字技术，突破教育的时空和成本瓶颈。长期以来，虽然中国拥有世界上数量最庞大的中文教师队伍，但多数人却无法成功转型成为国际中文教师。我们不仅需要深入借鉴托福和雅思等考试的科学化和标准化制定策略，还须进一步强化对国际语言市场的研究，以便迅速研发出受国际学员青睐的语言学习平台、软件和程序等。同时，我们必须认识到，在数字时代，高质量的教学更加依赖于智慧教室、数字教材、远程学习工具等配套资源的精心建设和完善。这些举措将为学员提供更优质、更个性化的语言学习体验。

在传统的教育模式下，国际中文学习的成本较高，入门难度较大。在数字时代，学生可以轻松通过线上学习平台接触和体验各类课程。平台可提供免费的线上课程，涉及各种主题，满足不同学员的学习需求，学员甚至可以根据学习进度和目标，定制个性化的学习计划与课程资源。目前中国已经搭建起全球最大的学习平台"中文联盟"。该平台的上千门课程向全球学员免费开放，同时正在不断完善线上字典、教学案例库、数字图书馆等模块。平台整合了全球范围内的专家、高校和研究机构的资源，为全球学员学习汉语提供了海量资源，彰显教育的公益性和公平性。与此同时，诸多科技公司也在利用自身的技术优势助力汉语教学，包括科大讯飞语音识别技术、钉钉培训平台、百度汉语等。国际中文教育的发展需要发挥政府和市场、官方和民间的多重力量，合力推动语言教育的市场化运营和传播经验，尤其要借鉴英语的全球推广经验，做好教材、考试、平台和教师发展等全方位的配套工作。

数字技术为线上国际中文教育插上智慧的双翼。传统的国际中文教学以教师面授的形式开展，受到时间和空间的限制。在数字时代，通过平台提供的海量网络资源、线上网络课程和教师录制的多媒体视频，学生可以轻松、便捷地学习汉语和中国文化。数字平台通过智能化的教学辅助工具，能够减轻教师的工作强度，同时通过提供丰富的学习资源和互动空间，也能降低学员的学习压力，增加学习的趣味性。例如，杭州电子科技大学自主开发的"相见汉语"国际中文学习平台，不仅提供汉语和中国文化学习课程资料，还具备在线助教的答疑功能，平台能够满足语言学习者的陪练需求，以有效巩固学习成果，同时也为国际中文教育专业的学生提供了实践机会。

二、数字技术赋能科技文化对外传播

长期以来由于语言差异和人工翻译的原因，大部分科技类题材的信息无法得到广泛的对外传播。人工智能技术让语言差异不再成为科技发展的制约因素，智能翻译的水平已经能够满足大多数场景的需求。数字技术充分赋能科技文化的对外传播已经在多个领域得以验证。例如，通过“数字敦煌”①，全世界的专家学者能够携手从事敦煌文物涉及的各个领域的研究。大部分现代科学技术具有一定的门槛，并非人人都能掌握和利用好，但数字技术却具有实在的普惠性，能使各个领域和行业都受益。对外传播事业亦是如此，远程传播平台建设、数字传播人才培养、数字文化产品打造等提升了中国文化传播的广度和深度。抖音国际版就是一个很好的例子，从最初的视频娱乐、直播卖货，衍生出更多的教育、文化传播等功能，已经获得全球范围内大量用户的认可，成为中国文化对外传播的高质量平台。

技术促进对外传播新生态的形成。数字技术被誉为“第四次产业革命”，广泛应用于各行各业，在政务管理、教育、医疗、金融等民生领域发挥高效公正的效力[2]。借助数字技术，中国的智慧城市、智慧政务、智慧医疗等实践在国际上得到广泛的推广和传播。中国文化和中国式发展道路都拥有浓厚的本民族色彩，只有那些既熟悉中国国情又了解外国受众的传播者，才能讲好中国故事。长期以来，外国人缺乏了解中国的有效渠道，出现了大量关于中国文化和社会发展的误解。数字技术正日益成为传播领域的强大引擎，持续推动对外传播模式和策略的创新，开辟出崭新的发展空间与前所未有的机遇。譬如，长期以来非物质文化遗产的传承往往因资金和人力资源稀缺无法得到有效传播，很多未能被列入名录的技艺都面临失传的境遇，有了数字技术，就可以将这些技艺更好地复原、记录和保存，为传统文化的保护和传承提供了丰富的资源。

数字科技的普及缩小技术鸿沟，促进全球平等，参与构建全球命运共同体。现代科技的不均衡发展，使发达国家和发展中国家的社会和产业发展出现了“分层”现象，前沿技术集中在少数国家和跨国公司，而在技术落后的国家越来越难以实现可持续的发展[3]。数字技术的普惠性让更多地球村民享受到更为开放、多元、优质的资源，技术资源匮乏的国家可以借鉴他国发展的经验，更有可能实现跨越式的发展。中国一直在努力通过信息技术的普及和技术环境的共享帮助更多的发展中国家，通过网络基础设施的建设、对在地人才信息化能力的培训，缩小技术鸿沟，让他们通过技术服务社会经

① “数字敦煌”是一项敦煌文化保护的虚拟工程，该工程包括虚拟现实、增强现实和交互现实3个部分，使敦煌瑰宝数字化，打破时间、空间限制，满足人们游览、欣赏、研究等需求。

济发展。中国致力于分享各领域的发展经验，如沙漠化治理、乡村脱贫，数字化城市治理等，让更多的人享受到技术红利，促进人类命运共同体的构建。

三、数字技术融入对外文化传播的中国模式

数字技术与特色文化的结合将会产生巨大的溢出效应。五千年的中华文明有着难以计数的灿烂遗产，不仅属于中国，还属于全人类。通过数字技术和数字平台向全球展示这些珍贵的文化瑰宝，让更多的人有机会一起欣赏，从而促进传统文化的保护和传承。例如，地处中国西北地区僻处一隅的敦煌莫高窟，由于恶劣的气候条件，逐渐失去昔日的光彩，为了再现往日的胜景，展示其独特的魅力，国家投入大量人力、物力完成石窟艺术的影像采集和编辑，现在全球的观众都可以线上游览敦煌石窟，获取相关研究资料，并与当地的研究人员进行线上交流。这种模式既能节约成本，又能避免由于游客参观量过大造成塑像的加速氧化等风险。位于浙江的良渚古城被誉为东亚最高规模的城池，实地观察难以看到其辉煌的全貌，而借助数字孪生技术则使其能够更好地呈现。

数字技术与大众文化的持续融合是发展的新方向。长期以来，大众草根文化往往不被主流传播媒体所关注，然而对外传播恰好需要大众文化作为重要元素。在自媒体时代，人人成为信息的生产者和传播者，个人不再只是被动地接收信息。这种转变使得传播更加多元和开放。随着抖音、小红书等平台的出现，越来越多的普通用户变成网络主播，他们可以自由地制作、上传作品，其作品无疑是最“接地气”的，可以用多元化的视角，展现当代中国人的日常生活。长期以来，不少外国人都认为中国具有悠久的历史和文化，但科技创新能力不足，我们要用数字技术的力量来逐步纠正这个偏见。无论是古代中国的科学技术，还是当代中国的科技成就，鲜活丰满的案例比比皆是，中国对外传播领域也具备了充分的技术条件，亟待制定因地制宜的传播策略，创新故事呈现的方式方法。例如，千百年来中国老百姓的日常生活离不开中医养生科学，小病都可以用简单的方子来调理，中医传统文化滋养和呵护着中国人的精神和身体。“为人父母者不知医，谓不慈；为人子女者不知医，谓不孝”，包含了中国特色的科学文化思想[4]。

数字技术对民间技艺传承的赋能也不可小觑。中国传统的民间技艺成

千上万，许多独门绝技面临后继无人的境地，依靠数字技术可以更好地抢救这些非物质遗产。在市场经济的条件下，难以用传统的技法谋生，传统手工艺面临后继无人或难以维持生计的状况，仅靠口传身授、家族传承、学校教育等方式无法实现其持续化发展。科技让这些手艺人看到了希望，科技融合传统技艺更容易得到年轻人的青睐，这样才有可能继续发扬传承下去。中医的智能面诊和舌诊、旗袍的智能化生产线、茶叶的标准化加工，这些都是传统与现代技术融合的案例，通过数字化传播平台，这些技艺及创新产品能够在国际市场得到广泛的传播，不但让更多的外国人了解中国传统技艺的魅力，而且为其传承和创新提供了更广阔的发展空间。

第二节 问 题 提 出

进入21世纪以来，随着中国的国际影响力不断提升，打造具有国际穿透力的传播体系成为亟待解决的问题。在人工智能和数字技术不断深入融合的新媒体时代，传播方式需要越来越智能化才能满足不同的个性需求。国际传播的数字化转型已经成为传播领域的时代使命，同时也是占领国际传播市场、增强文化软实力的关键策略。人工智能技术将继续革新传播的理念和范式，从新媒体到智媒体的发展序幕已然拉开。如何才能让汉语和中国文化在输出时保持“中国心”的同时，更具有“国际范”，这是所有媒体人需要努力的方向。

一、数字技术革命引领的传播巨变

对外传播行业正在经历重大变局，与数字技术全面融合是生死攸关的抉择。传统的传播模式维度单一，渠道扁平，已经无法满足当今的受众和市场的需求[5]。数字技术不仅能提升受众的体验感，还能降低传播成本，整合优化传播模式。传播行业对于市场的依赖度非常高，只有紧跟市场和时代需求的传播才不会轻易被淘汰。数字技术的飞速发展，极大地拓宽了传播的渠道和范围，促使各种媒介主动积极融合连接，重新配置各种信息资源和要素，让信息产生更高的附加值。智能手机和互联网的普及提升了信息传播的范围，无论是文字、图片还是视频，都可以短时间内向全球传播，打破时空的限制。而随着大数据、人工智能等前沿技术的引入，精准传播和个性化推送能力逐步提升，传播能力已经成为重要的生产力要素。

数字技术的传播效率离不开基础设施、传播工具、受众的传播素养等关键因素。全球范围内，智能手机用户数量不断攀升，传播受众的基数极大地增加，个性化的信息需求市场不断扩大。各式社交媒体平台纷纷涌现，通过网络智能媒介传播知识信息，促进网购、社交、直播、文化等娱乐消费的发展。由此可以看出，数字技术的红利是无限的，不能再用传统的眼光来看待，从这个意义来说将其视为“第四次工业革命”一点都不为过。数字科技不断在文化传播和教育领域实现资源的公平化和公益化，同时，数字化传播平台发展正朝着专业、精准投放的目标逐步迈进，更好地响应市场需求。

二、对外文化传播的瓶颈与制约因素

党的二十大报告中再次强调了文化对外传播的重要性。讲好中国故事，有利于营造我国发展所需的国际舆论环境，同时也能消除文化误解和冲突。然而，对外文化传播事业的发展，不仅需要良好的素材，还需要高超的传播策略。中国有超过五千年的文化宝藏可供挖掘。中华文明是世界文明长河中不可缺失的一部分，但长期以来由于诸多原因，导致在世界范围内难以得到高度认可。仅靠单维度的宣传难以产生足够强大的说服力，再加上部分亚洲国家的文化有着一定的重叠性，导致不少中国文化故事频频被西方媒体曲解和误读。中华文明强调的“天人合一”“和而不同”“万物相生相克”等理念，契合当今世界发展的主流趋势，在各种危机此起彼伏的国际现状下有着非常重要的参考价值。发扬中华文明不但关乎中国人民的福祉和民族未来，而且对维护世界和平、人类命运共同体构建等方面起着积极的作用。

此外，仍有若干因素制约着我国对外文化传播的质量和效率。过去，对外传播模式相对单一，新闻传播业主要由官方主导，自上而下的国家模式在传播技术、渠道、资源都相当有限的时期发挥了重要的作用，但也存在市场化运营经验不足、个性化传播手段欠缺等问题。为此，需要主动改变思想，积极响应国际市场的需求，结合民间传播、在地传播等模式，主动进行传播方面的国际化布局和探索，如此中国的对外传播才能有新的突破。同时，要加强国际化人才队伍的建设，提升传播理念，加强跨文化能力培养，一流的国际化传播团队才能打造一流的文化产品，提供一流的文化服务。英国广播公司（BBC）和美国探索频道（Discovery Channel）在纪录片制作与传播领域有着几十年的专业经验，中国团队在借鉴其制作经验的基础上，也推出了一系列关于中国地理、美食等方面的优质纪录片，由此可见，具有“中国心、国际范”的作品并不是遥不可及。

成熟的国际传播平台还有待进一步开拓。虽然中文信息平台和搜索引擎（如百度等）的智能化程度已今非昔比，但在满足外国民众需求方面，还有进一步提升的空间。凡是有缺失的地方就容易滋生猜疑，这也导致外国社交媒体上抹黑中国的报道有增无减，严重损害了中国形象。因此，我们有必要加强对具有国际影响力的社交平台的打造与建设，同时也可借助于国外成熟的平台，填补对外文化传播存在的真空，掌握国际传播的主导权。

三、数字化转型赋能对外文化传播

数字技术革命对于传播领域的革新是全方位、深层次的，涉及传播的渠道、内容、形式、主体和客体等。这些变革以前所未有的速度和广度，影响着整个全球媒体生态，要想在国际媒体界占有一席之地，既要积极打造具有国际化的官方和民间数字化媒体平台，又要主动与国际主流媒体接轨。当前中国的新媒体技术并不落后于西方发达国家，为了让这些成熟的新媒体技术发挥对外传播力量，需要加强顶层设计，通过机制创新，调动全球媒体专家、知名主播和海外华人圈力量，共同参与中国对外传播事业。

发达国家在国际传播方面积累了丰富的经验，对我国对外文化传播的发展具有一定的参考价值，比如他们在传播过程中注重受众的多样性和个性化需求，针对不同国家和地区、不同文化背景的受众采取不同的传播策略等。在受众喜爱的传播媒介、范式、路径等方面，他们有专业的市场化调研和运营经验，且善于运用多元化的传播手段，如借助公共外交、文化交流、舆论造势等专业化的融合渗透，向受众传递信息。众所周知，许多发达国家有形形色色的媒体平台，媒体产业化的程度相当高。在新媒体时代，主要国际媒体为抢占市场，主动调研和积极拥抱新技术、新思想，积极利用大数据来寻找潜在客户，以大数据为基础进行精准传播。我国的对外传播者也需要对传播效果进行评估和反馈，通过调查研究和数据分析等方式，根据反馈数据来不断优化传播策略和手段，以提高传播效果。

很多外国人对于中国文化有着强烈的好奇心。如何通过媒体传播讲好中国文化故事是新时代媒体人不变的使命。长期以来，中国的对外传播效能未能得到国际社会广泛的认可，常出现“你说的我不感兴趣，我就不听”的负面现象，这与未能重视通过外国人的视角来讲述中国故事有一定的关系。自主传播效能不足就会为负面传播提供空间，国际主流媒体关于中国的报道常掺杂着偏见，却反而成为关注的焦点。新媒体技术的广泛应用，为打破这种困境提供了强有力的武器。数字技术能够突破时空限制，极大地降低信息传播的成本，让“人人都是传播者”成为可能，从而扭转部分发达国家媒体垄断国际舆论的局面。

第三节　研究思路

科技汉语与中国文化对外传播的正式提出的历史虽然不长，但广受各方关注，因此相关的图书资料数量众多。在国际中文教育研究方面也有众多的著作，但从远程传播的角度出发，专门探讨科技汉语与中国文化对外传播的数字化模式、路径和策略的著作，尤其是立足于对外传播的数字化转型实践，且注重理论与实践相结合的书籍还不多见。有鉴于此，本书以习近平新时代中国特色社会主义思想为指引，契合国家政策方针，呼应对外传播领域的传播理念升级、技术环境打造、人才队伍建设等内容，从科学人文的视角出发，立足当代教育领域对外传播的实践，重点介绍“汉语桥”、远程实验平台、来华留学生在线教育、“亚洲校园”等代表性案例，管窥数字智慧介入远程文化传播的多种范式，多维度、多层次、多方位解读数字技术牵引出的对外传播领域的新现象和新趋势，揭示数字社会给当代中国带来的深远影响，并提出进一步促进对外文化传播数字化转型的建议。

本书重点关注中国高等院校在科技汉语与中国文化对外传播理论与实践领域的改革创新经验及成果，主要包含 4 个方面的内容：一是理论基础，简要介绍国际中文教育转型与发展的历史、社会及文化背景，为深入探讨数字化传播奠定基础；二是现状概览，总体介绍我国国际中文教育多个领域的数字化发展历史与现状，包括整体方案、政策法规、发展成就等；三是模式探究，总结高等院校国际中文教育数字化建设的先进经验，分析远程对外文化传播过程中存在的困难与挑战，寻找解决的策略与路径；四是案例分析，选取远程中文教育数字化发展多个典型案例，以点带面地介绍国际中文教育数字化建设的经验。

总而言之，数字技术作为新型的技术形态，在新时代社会主义发展战略中占据重要的位置，尤其是在新冠疫情期间，数字技术显示了不可替代的作用，数字平台和资源彰显了极强的风险防控和缓冲功能。教育发展与科技进步关系着民族发展、子孙后代的前途命运，具有独一无二的战略地位。在数字时代，通过信息技术促进教育发展，大力开展科技汉语与中国文化的远程传播，是当下时代发展的要求，是科技进步、社会发展、文化建设等一系列时代发展变迁的产物。数字技术促进了远程教育和文化传播事业的可持续发展，形成了百花齐放的新局面，成为促进当今对外传播领域的新活力。

第一章
数字时代国际中文教育的转型与发展

科学技术与教育发展是相辅相成的。如果教育不能将最新的科技成果纳入教学体系，这种教育必然是滞后的。如果教育无法产生推动科技发展的力量，那教育本身也是有问题的。在信息化时代，数字技术成为推动教育转型与创新的重要手段，它可以拓宽学生的学习路径，丰富教育教学资源，更新教育教学方式，使教育摆脱一成不变的模式，为其带来无限可能性。与此同时，数字技术也在重构教育目标、提升人才培养质量、重塑教育形态等方面提出新的挑战[6]。数字技术被视为普惠的技术，可以作用于社会的各个领域，对于人类社会发展、思想革新的影响是巨大的[7]。作为驱动人类社会发展和技术进步的基石，教育也必然将在数字技术的驱动下发生自我变革。国际中文教育如果不能深度融合数字技术，就无法满足国际教育市场多元化的发展需求。

在数字技术广泛应用的背景下，国际中文教育也迎来了新的转型发展期。教学的重心正在从“教师如何教”过渡到“学生怎样学”，从而满足学生自主学习与个性化需求。汉语和中国文化学习不再集中在传统的知识讲授与技能辅导，而是扩大到学生学习方式方法的创新方面，培养学生的自主学习能力。通过提供丰富的学习平台与资源，使学生能够在不同的时间与空间自发、自主地进行中文学习与推广。数字技术加持的教学模式能够为国际中文教学提供更为广阔的空间，同时这种变革也为国际中文教育教师提出了新的要求。教师需要转变传统的教学理念，形成创新、多元、全面的教育观念。教师还应不断提高数字化教学的意识，关注学生在数字化时代的需求变化，注重个人数字化发展能力的提升，擅用多样化的教学平台，才能适应新的形势，为学生提供优质的教学服务。

第一节 教育理念

教育理念是教学实践的理论基础，包含教育目标、内容、方式、方法、评价等方面的基本信念和观点。明晰的理念直接关系国际中文教育发展的方向和重心，关乎汉语及中国文化对外传播的成效。当然，教育理念与一个国家和地区的文化有着密切的关联。虽然中西方的教育理念有着较大的差异，但其不变的核心内容就是育人。如何教育人，培养什么样的人一直是国际中文教育关注的核心问题。

一、教育理念的重要性

教育理念指教学活动需要遵循的基本原则与信念，是教师对开展教学的态度和主张，包含教学目标、内容与方法等，决定教学目的和教学效果能否顺利达成，是教学活动正常开展的基础与灵魂[8]。科学合理的教育理念能够保障教学活动的正确立场与方向，关乎教学质量的提升，也关乎学生的发展[9]。在教学过程中，只有明确教育理念的引领作用，教师才能根据学生全面发展的需求，创新教学方法，完善课程设计，提升教学的质量与效果，达到培养全面发展人才的目的。

教育理念是教师开展教学活动的方向和导引。教育理念同时也包括了教师教学发展的价值和意义，为教师发展提供可遵循的大方向，在教学过程中发挥定海神针的统领作用。作为教学活动的发起者和实施者，教师只有掌握了新的理念、抛弃陈旧的观念，才能不断探索新的教学方法。社会在不断发展，教育理念也在不断地更新。在强调学生自主、协作、创新性学习的现代教育理念下，教师应不断地更新理念，转变在教学中的地位，由管理者转变为组织者、引导者，既是“知识的传递者”，又是“学生发展的促进者”[10]。教师应当相应调整教学方法，把握教学的重点与难点，关注学生学习的全过程。

教育理念对于人才培养目标的制定和实现具有重要意义，树立正确的人才培养观念，才能为社会培养更多的人才。教育理念通过教师的教学设计传递到学生学习成长的过程，影响学生的价值观和行为准则，帮助学生明确教育的目的和意义。现代教育理念尤其注重学生创新精神和实践能力的培养。在先进理念的引导下，学生才能够形成终身学习的习惯，激发创新思维，保持对学习的热情和动力。教育理念同时影响着学生的认知、情感发展，先进的教育理念强调学生的自主性和创造性，注重自我认知和自我调节的能力，能够帮助学生建立自信心，培养健康的心态和健全的人格。

二、数字时代的教育理念

教育理念对于一个国家教育的发展有着举足轻重的“掌舵”作用，教育理念的偏差会造成难以弥补的多重损失。现代教育理念在基本素质教育基础之上，针对未来人才发展的需求，强化教育理念与人才需求之间的相关性，以人才全面发展为核心，促进教学体制的改革和整体教学水平的提升[11]。数字时代以前所未有的速度和力度开始革新社会的方方面面，教育理念需要主动与数字技术和时代需求匹配，更加关注学生的创新能力、个性化和全面发展。人工智能技术对教育的革命已然开始，教育界与技术界的跨界合作成为必然，用先进的教育理念来指导教育改革，既是教育发展的紧迫需求，又是支持社会发展的源动力。数字技术的发展让技术促进学习、学生得到全面发展成为现实。

数字时代的教育理念有其鲜明的特征，以满足师生的根本需求为不变的宗旨。教师和学生是教育的主体，需要更好地认识到终身学习的重要性和必要性，从而实现对自身的不断提高。知识的更迭期越来越短，科学技术领域的更迭期也更短，这就意味着教师获取的知识在授课时往往存在滞后性，合格的教师需要将课程与最先进的技术发展和社会问题结合起来，这是教师在数字时代需要自我提升的紧迫任务。每个时代的学生也有不同诉求，身处的环境决定了他们的思考方式、关注的问题都会有所差异，教师需要按照新时代学生个性化的需求来安排教学。在数字时代，教师的使命是帮助学生学会分析问题，利用周边的资源找出解决方案，学会自学，培养学生受用终身的学习能力，以应对时代的飞速变迁和发展。

数字时代的到来，对于教育理念的转型提出了新的挑战和要求。教师和学生在数字时代能够摆脱时空的限制，获取海量的可用资源。面对海量的资源，学生需要掌握信息辨识能力。若缺乏足够的辨识力，则很容易因为获取错误的信息而误入歧途，或者在海量的信息中迷失自我，这都是当前教育亟待研究和解决的问题。师生如何增强数字化能力，获取有价值的信息，掌握过滤杂质的技能，把信息转化为知识，成为数字时代教育的重点。

三、数字化教育理念的特征

先进的教育通过先进的教育理念来实现。数字技术是普惠技术，可赋能于现有的所有领域和行业，使得知识和技能的更新速度加快，学习已经成为终身的过程。数字技术引发教育发生颠覆性的革新，带来不可估量的开放性和先进性。数字化教育理念基于新型教育模式，充分发挥数字技术和网络技术的优势，为学生提供更加个性化、开放式、创新性的教育服务，满足学生和社会的发展需求。数字化教育理念注重帮助学生掌握学习方法和学习能力，培养学生自主学习和终身学习的能力。

数字化教育理念强调个性化学习。通过数字化技术和网络技术的应用，能够为学生提供更加个性化的学习资源和服务，满足学生不同的学习需求和学习兴趣，提高学生的学习效果和学习满意度[12]。长期以来教育主要集中在学校等教育机构，校外的个性化教育意味着更高的成本，普通人难以承受。数字化教育理念突破了传统教育的时间和空间限制，让学生能够随时随地学习[13]。通过数字技术和网络技术的支持，学生可以自由选择学习时间和地点，充分利用碎片化时间进行学习，提高学习效率和学习便捷性。数字化技术让优质的资源可以通过网络平台、线上课程等更自由的方式呈现，终身教育更容易成为现实。

数字化教育理念注重实践创新能力的培养。教育最终要服务实践活动，发达国家在整个教育过程中都特别重视实践教育，然而开展实践教育往往需要巨大的场地、器材和师资的投入。数字技术的革新力度保证过去难以企及的实践环境在数字技术的赋能下也能按计划实现。数字技术能够最大限度地通过虚拟仿真技术、远程直播技术来丰富和方便实践教育，这不仅需要探索传统实验的数字化转型，还要积极利用数字技术丰富实践教学的内容和模式。数字技术和网络技术的应用为学生提供了更多的机会和资源，培养学生的创新能力和创新思维，使其成为具有创新精神和创新意识的人才。学生获得更加多样化的实践教育资源和实践机会，可以更加深入地参与到实际项目中，提高解决问题的能力。

四、数字化教育理念促进国际中文教育发展

教育理念对于教育事业的发展和教育质量的提升有着举足轻重的作用，在不同的发展时代，不同的社会阶段需要有与之匹配的教育理念，就如同舵手要根据实际情况来调整路线，没有永远不变的教育理念[14]。每个时代都面临独特的社会问题，教育就是要为解决这些问题服务。只有不断探索和完善教育理念，才能推进教育事业的不断发展。在国际中文教育领域亦是如此，数字化教育理念需要引领汉语与中国文化推广的未来发展方向，持续推动教育国际化发展，为我国参与全球教育治理服务。

个性化的学习在学习效率和质量上有着明显的优势。长期以来，由于成本的制约，个性化学习中文的方式始终难以普及，极大地限制了国际中文学习者规模的扩大。数字技术的普惠性应用使得个性化学习得以低成本实现。通过大数据的分析可以迅速了解学员的兴趣爱好、学习进度、学习效率等数据，从而制订更为科学合理的学习方案。此外，通过对学员的综合素质测评，也可以研判学生在特定领域的优势和不足，为个性化教学提供科学的依据，因材施教既能够节约教育成本，又能最大限度地尊重学生的个性化发展。这些都是数字技术为教育改革和发展带来的红利。

数字科技的发展为学生自主学习提供了更高的灵活性和自由度，可以随时随地开启远程学习。互联网和移动通信设备的普及使得学员摆脱传统课堂学习模式的限制，可以自由选择学习时间、场所、教师和模式。知识点的理解和消化能力本就因人而异，数字化教育理念支持学员自由地安排学习进度，有计划、有节奏地学习。这种学习方式增加了学员学习中文的条件和机会，自由选择老师和时间，使其较好地平衡工作、学习与生活，吸引更多的成年人参与学习。语言学习需要大量的练习实践，学员通过各种软件和平台的赋能，可以轻松找到在线老师进行陪练。数字技术让中文学习者享有更多的资源选择，提升学习的兴趣与热情，让汉语学习变得更轻松。

利用网络平台学习是数字化教育理念的最大特色。数字时代教育者意

识到建立网络学习平台能够最大程度上节约教学资源，同时也能满足不同进度学习者的个性化学习需求。从电子图书、教学视频、学术期刊到数据资源库的共享，通过搭建学习平台，高效汇聚资源，能够将丰富的学习资源和学习工具无限量地提供给学习者，实实在在地促进教育公平。大多数学习平台也会设置评论区，收集用户的反馈意见，为他们提供讨论的空间，成为学习交流的互动空间。平台资源的延展性和实时更新扩大了学习者的学习场域，学习资源更加充沛，成为智慧化教育转型的重要标志。

第二节　教 学 方 法

数字技术开启教学方式方法的改革。线上学习、模拟实验室、翻转课堂、沉浸式体验的广泛使用改变了教学信息收集、传递与交换的方式，以知识传授为主的传统教学模式正在向以学生学习为主的课堂实践转型[15]。数字技术赋能教育，提供更为充沛的教学资源，教学方法需要与时俱进，教师也需要加强自身数字素养的提升，主动利用新技术、新资源来改革教学模式。通过数字化教育技术，能够将抽象的概念具体化，生动形象地展现学生难以理解和消化的知识点，提升教学的效率，同时也能降低教学成本。

一、传统的教学方法

传统的教学方法以教师传授知识为中心，通过师生面对面的方式进行，包括讲授法、演示法、讨论法等。其中，讲授法最为常见，教师借助教材，直接向学生传授知识，解释重要概念，阐述问题原理，能够清晰地传递知识信息，引导学生理解和掌握知识，学生则通过课后练习巩固所学知识。在讲授过程中，教师也时常运用演示法，通过学习示范或材料展示的方式，使学生快速学习和掌握较为抽象的知识或技能，能够提高学生的学习兴趣和观察能力。教师也常常运用讨论法，引导学生就某一主题展开讨论，以促进学生分析和理解知识点，提高学生的参与度和兴趣，培养学生的思考和分析能力。

传统教学模式中，教师和学生通过面对面沟通，从授课到作业反馈，双方可以实时交流，有助于情感的培养，容易产生共情，有助于促进师生关系发展。传统教学方法大多强调教学的结构性和系统性，教师根据学生的条件，循序渐进地设计知识点的学习，并通过课堂中学生对问题的反馈、疑问和练习题的完成情况来分析学生的理解和接受能力，教师能够及时调整教学方式和进度。传统课堂学习的时间相对有限，对于以知识讲授为主的课程有较大优势，但对于涉及复杂系统知识或课外实践的课程，传统教学模式则难以有效支撑。此外，传统教学方式在激发学生兴趣、阐释复杂原理、全流程动态呈现等方面也存在明显的不足。

随着时代的发展，如果只关注知识的传递，就容易忽视学生学习的主动性和创造性。传统方法往往缺乏个性化的教学支持，学生所用的教材、教师设计的教学内容、教学方式方法、考核评估模式都是大同小异，无法满足不同学生的多元化学习的需求。传统的教学方法跟不上现代科技发展的脚步，无法充分利用技术优势来提高教学效果和效率。教师在课堂上通过讲解、演示、示范等方式向学生传授知识和技能，但由于课堂时间有限，教师无法照顾每位学生的需求，也无法进行多元化的内容设计。由于师资不足、场地不够等现实原因，课外实践和社交环节相对贫乏，教学过程较为单调。

二、数字时代的教学方法

数字技术的进步驱动教学方法的变革。“数字经济时代数字要素在传统教育体系中不断渗透，教学理念的转变与教学理论的突破会体现在教学形态中，继而影响微观层面的教学过程实践活动”[16]。这种驱动力不仅来自教育行政部门的规划和部署，更大程度上是市场驱动和个体的需求。数字时代的教学方法更加强调学生的主体性和参与性，注重实践教学和多元的学习评价方式，与科技发展相结合，更好地促进学生的全面发展。在数字时代，教师可以利用多媒体技术、网络技术等多种手段来进行教学，包括视频、音频、互动课件等多种形式。新型的教育科技产品迅速得到应用和传播，既有利于展现教师的教学成果，又能降低成本，提高效率。

数字时代的教学方法更加强调实践教学，通过模拟实验、实地考察、项目实践等方式提高学生的实践能力和综合素质。科技和教育的融合越来越紧密，教育者需要不断掌握和探索新的教育技术和方法，以更好地满足学生的需求，提高教学效果。社会发展离不开科学的引领和推动，需要实验数据和成果的支撑，在传统教学环境中，实验教学耗时耗力且成本较高，难以广泛开展。数字化实验平台具有开放性和易操作性的特点，能够把师生从烦琐、重复性的工作中解放出来，通过高效、准确的数据采集，便于学生观察和理解，解决传统实验需要人工记录、难以精确观测、不便于研究复杂问题的不足，激励学生进行研究性学习，培养学生的动手能力和研究精神。

数字时代亟待多元的学习评价方式。最好的教育是培养学生终身学习的能力，因材施教，根据学生的兴趣进行个性化培养，但在传统教学条件下该目标较难实现。教学效果的考核方式长期受到关注，缺乏科学性和严谨性的考核方式无法真正服务教学，也会影响教师教学的积极性和学生的学习热情。传统的考试评价已经不能满足信息化时代下学生的需求，教育者开始探索多元的学习评价方式，如作品展示、项目评价、综合评价等方式。教学评价需要科学、准确的数据，传统的考试评价方式较难适应信息化时代教学的需求，也会增加师生的负担。数字化技术的应用能够提供教学过程数据，包括学生课堂活跃程度、提交作业情况、作业准确率、对教师问题的回应速度和频率等，强调学习过程的效果评价，带给学生更加真实的学习体验。

三、教学方法的技术创新

数字技术的创新应用使教师和学生都受益匪浅。数字技术能够让教学摆脱枯燥的模式。教师可以通过线上直播、线上互动、动态演示等方式进行授课，运用线上投票、互动答题等技巧，吸引学生参与教学互动，调动学生的兴趣和学习积极性。数字技术保证师生能享用到充沛的教学资源。数字学习平台能让学生不受时空限制，通过互联网随时随地学习。平台能够整合全球的教学资源，实现线上资源库的及时更新和调整，学生可以随时搜索海量的线上资源，有效促进知识和资源的共享，同时还能参与国内外的课程学习，有效促进教育公平。平台还具有记录学习过程的功能，可以对学习者的学习痕迹进行跟踪，通过可视化的数据，教师和学生都可以随时查看数据，双向调整教学策略和学习方法，让数据发挥最大的效力。

数字化教学方法提升虚拟实验感受。做实验是学习的重要步骤，但由于实验设备和安全等原因，很多实验无法亲自到实验室完成，扼杀了学生对实践创新的兴趣，使学生难以掌握必备的技能。数字实验平台使不便在线下开展的实验能够在线上完成，通过模拟实验室环境，让学生在虚拟实验室中进行实验操作，掌握技能并提高实践能力。数字平台能够支持大规模人数同时在线实验，同时也能够在安全性和准确性上更有保障。以虚拟化学实验教学为例，通过 AI 助教的导学，学生自主探索实验材料的组合，通过趣味实验获取知识的同时，也能避免实验安全方面的潜在威胁。远程实境实验技术目前也已经取得显著进展，今后虚拟实验将会朝着更真实化的场景、更智能化的操作以及更高阶性的方向发展，将成为未来实验教学的主流趋势。

四、数字化教学方法在国际中文教育领域的创新

国际中文教育的核心受众是国际学生。他们在各自国家的独特教育体制下成长，在接受中国教师提供的汉语与文化教育时，面临着不同于中国学生的挑战和体验。目前，大多数从事国际中文教育的教师都是在中国教育模式下完成学业和培训的，尽管在专业教学领域经验丰富，但对国外的教学模式和方法了解得不够深入。远程国际中文教育作为一个新兴领域，国别化教育尚处于起步阶段。为提升教学质量，需要利用数字技术促进中文教学与国外的教育理念和方法的融合，与本土教师紧密合作，深入开展国际中文的本土化教学研究。教师可以借助于各种先进的语音工具、虚拟场景和线上平台来辅助教学，为学生提供更为丰富的学习体验，贴近学生的实际需求，提高教育教学的效果。

数字技术让国际中文教学更加生动活泼。国际中文教育的人才培养目标正由“知识型”中文人才向“复合型”“创新型”的智慧中文人才转变，这就要求教师紧跟时代浪潮，提升数字素养，以数字技术驱动教育教学方法的不断创新[17]。国际中文教育教师要保持不断学习的心态才能保持其教学质量的不断提升。在当今的教育环境中，从课堂所用的 PPT 到语音语调练习，从书写稿到会话练习动画，都可以根据学生需求实现个性化的设计和定制。国际中文教师不仅需要注重专业知识水平的提升，还要紧跟科技行业发展的动态，与同行保持紧密的交流和合作，积极拥抱新的教育技术，才能保证教学方法和内容始终处于前沿，满足学生全面发展的需求，确保教学质量得到持续提升。

数字技术为自主学习和远程学习提供坚实的保障。长期以来，国际中文教育主要建立在人员往来的基础上，即国际学生来华学习或者外派志愿者和教师前往他国开展教学活动。然而，依赖人员流动限制的教学模式已无法满足日益增长的中文学习市场需求。因此，利用数字技术探索远程中文教学模式将成为今后国际中文教育研究的主要方向。在经济和国际地缘政治等多重因素的作用下，线上中文教育逐渐崭露头角，出现众多在线中文教学平台，通过学习平台、学习社区的互动，课堂中文学习活动在时间和空间上得以进一步延伸。随着数字技术的不断发展和普及，国际中文教育领域的远程教学正受到越来越广泛的认可。

第三节 教师发展

教师是教学活动的主体，高素质的教师才能保证高质量的教育。长期以来，教师的终身发展能力未能得到足够重视，导致有些教师不擅长使用智慧化教育工具，较少在教学中进行创新。在新技术不断叠加更新的时代，教师的自我提升和学习能力就显得格外重要。“数字化转型发展为国际中文教育的教与学带来了更多的选择，使国际中文教育理念、教学模式、教学方法向多元化方向发展。这必然对国际中文教师的知识结构提出更新、更高的要求。因此，重构国际中文教师的知识体系是教育数字化转型的时代需求”[18]。教师综合素质包括教学技能、管理能力和继续学习的能力。在数字时代背景下，教师还需要提升信息素养、数字技术应用等能力，才能适应不断发展变化的时代，更好地应对教育领域的挑战，为学生提供更高质量的教学服务。

一、教育中人的因素

教师和学生都是教育的主体，教育的成功由师生因素共同决定，其中教师的因素更为关键。教师是学生学习和成长的引导者和支持者，对于学生的个人发展和成长轨迹具有深远的影响。为了更好地满足教育需求的变化，提高教学质量，推动教育改革，教师需要不断提高专业素养和教学能力，这不仅关乎教学质量，还影响教师的职业满意度和荣誉感。作为教育改革的重要力量，教师需要具备创新精神和实践能力，这样才能适应教育领域的挑战，推动教育事业的进步和发展。通过提高教学质量、推动教育改革、促进学生的全面发展以及增强教师的职业满足感，教师发展将为整个教育事业带来深远的影响。教师发展不仅是对学生未来的投资，更是对整个社会发展的长远投资。

随着社会的发展和教育需求的不断变化，教育改革也在持续推进，其中教师的数字化转型和素养提升变得越发重要。传统观念认为，教师在学校教育阶段掌握的学科知识，足以支撑整个教师生涯中的知识储备，但在新技术、新知识层出不穷的背景下，这一观念已显得捉襟见肘。随着知识更迭速度的加快和教学内容的不断改革，教师的旧有知识储备很快就无法满足课堂教学的需求。现代科学知识呈现日新月异的发展趋势，这要求教师本人保持高度的学习热情和敏锐的行业洞察力，主动学习所在学科的前沿知识。否则，教师就有可能把过时甚至错误的知识传授给学生，不仅影响学生的学业发展，还可能损害教师教书育人的形象。为此，教师应利用课外时间，参加各类教学业务水平培训，从教育理念、教学方法、教学内容及课题研究等方面进行综合的学习，全面提升自身的素养和业务能力。

教师自身发展是高质量教育的基础。实现教师的发展贵在激发教师提高自身的内驱力，需要尊重教师，为教师发展提供良好的职业环境。教师能力的提升不是短期培训能解决的，需要设计可持续发展的机制和模式。大多数教师面临工作量大、考核要求高的问题，这也使得教师难以有足够的精力和时间来提升自身的业务素养。教育部门也须通过优化培训模式，制订个性化的学习方案，提供可持续化的咨询和服务平台，在不增加教师负担的前提下组织业务水平培训。同时，为了节约成本和利用行业优势资源，可尝试线上培训、研讨和交流会等模式，让教师遇到的技术问题能够及时得到解决。

二、教师数字化能力发展的意义

教师数字化能力包括使用信息技术收集相关资讯，设计和制作教学资源，利用网络平台进行教学管理，对教学过程进行评估评价，通过工具软件处理教研问题等[19]。教育部颁发的《教育信息化“十三五规划”》明确提出

"培养教师利用信息技术开展学情分析与个性化教学的能力，增强教师在信息化环境下创新教育教学的能力"[20]。教师数字化能力发展对于教育的贡献是多维度的。提升教师的信息技术应用能力，可以启发教师在教学方式和教学内容上进行创新，积极利用网络资源和智能教学工具来辅助教学，在减轻工作量的同时也能让授课更有新鲜感[21]。在数字时代，人人都需要不断学习才能跟得上时代发展，教师更需要自觉自发地学习，这是职业发展的需求，否则就不能成为合格的教师。

教师数字化素养已成为提升竞争力的关键要素。教师的使命就是要培养身心健康、能够利用现有资源实现终身学习的学生。随着信息技术的发展和普及，教育信息化已成为提高教育质量的必要手段。教师不仅需要专业的知识储备，还需要利用现代化的教育设备，使用网络平台的丰富教学内容，擅用线上资源创新设计教学模式[22]。教师数字化能力发展可以帮助教师掌握信息技术应用能力，这是新时代教师必备的技能之一。教师作为教育过程中的重要角色，其数字化能力的发展对于推动教育信息化进程具有不可替代的作用。

三、国际中文教师数字化能力发展的重点

国际中文教师的数字化能力不仅是专业技能的重要组成部分，也是专业能力持续提升的基础，与整个师资队伍的建设与转型紧密相关。当前，国际中文教育的师资队伍主要由语言类专业的毕业生构成，在信息化教学方面存在一定的短板，他们更倾向于采用传统的教学方式方法。随着中国国际影响力的不断提升，数字化转型成为国际中文教育事业的必然选择。中文被认为是世界上最复杂的语言之一，尤其是在入门阶段，单靠教师的跨境流动，难以满足国际中文教育市场的学习需求。只有积极利用现代化的教学方法、教学工具和理念，才能完成汉语和中国文化的大规模推广和传播。由于国际局势及经费等原因，我国无法向所有有中文需求的国家派出志愿者或教师。线上教学将成为未来国际中文教育的重点发展模式。为此，国际中文教育的教师要积极主动利用数字技术，进行教学领域的创新探索。

教师需要把握好数字化教学的核心理念和原则。现代教育的核心理念是以学生为中心，强调个性化学习、自主学习和终身学习。这一核心理念的

转变势必会驱动教学方法的改变，即以学生为主体，围绕主体需求，尊重个性化，利用数字技术来为个性化教学服务，从传统的灌输式的教学转变到激发学生学习兴趣和动力的引导式教学。数字时代的国际中文教育教学具有许多传统教学无法比拟的优势和特点，包括教学资源数字化、教学环境网络化、教学模式多元化、教学评价智能化等。教师要从学生实际境况出发，主动将这些策略和方法活学活用，设计丰富多彩的教学内容和教学活动，最大限度地发挥数字资源库和网络资源的优势。为此，教师队伍学习能力和信息素养的提升是国际中文教育智慧化发展的决定性要素。

教师要注重数字化教学实践和反思。国际中文教育在数字化领域目前尚处于摸索阶段，国内外相关资源有待进一步整合。例如，“中文联盟”“世界中文教育”等平台尚未引起教师们的足够重视。主要原因是平台内容与具体教学实践还未密切对接，与一线教师的教学需求还有一定距离。为解决该问题，相关教育行政部门正充分利用世界各地的中文教师，结合他们在教学实践探索的经验，特别是数字化中文教育方面的案例，通过建立经验交流平台，鼓励教师分享教学实践，无论是成功的案例还是失败的教训，都能为同行提供启发性的参考。此外，当前大多数教师仍面临着本土化课本和教辅资料不足的挑战，需要教师具备自主开发教材的能力。在此过程中，如果能获取所在区域本土教师们的经验并将其作为参考，将极大地减轻教师的备课压力，提高教学效果。

四、国际中文教师的数字化发展策略

国际中文教师的信息化素养对于提高教学质量至关重要。为提升教师的数字化能力和水平，相关高校应当相应增加信息素养相关课程，不仅针对国际中文教育专业的学生，还应鼓励其他专业的学生也参加课程的学习，唯有如此，才能从根本上提高教师队伍的整体数字化能力。对于提供义务教育阶段的学校，将教师信息化教学能力纳入教师职业发展体系尤为重要，不仅可以确保数字时代教师的专业水平，还能推动教育行业的整体创新和发展。针对教师的数字化发展的评估需要涵盖教育的理念、政策、技术、工具、资源等多个方面，通过定期培训，保障一线教师的数字化素养和教学水平。

教育部门须建立完整的数字化能力考核机制，确保教师信息化素养得到有效的提升。考核目标和任务需要结合各学校的实际情况，建立教师信息化教学能力培训体系，提出具体的实施方案和考核重点，通过线上和线下的方式，全方位提升教师的业务能力。目前，仍然存在少数国际中文教师因为专业、年龄或职业惰性等原因，对数字化素养提升不够积极，甚至存在排斥心理，不利于现代教育技术在国际中文教育的全面应用，也不利于个人专业技能、学科能力的提升[23]。因此，有必要出台激励机制，鼓励教师参加各类信息化教学比赛和交流活动，参加专业论坛和研讨会，激发他们的内驱力和积极性。建立教师信息化教学能力的评估和反馈机制也同样重要。教师信息化教学的效果应该综合考量，结合学生的反馈、同事的评价和教学效果，以确保评估结果的客观性和公正性。

国际中文教师从业标准应该有明确的数字素养能力要求。这样的标准不仅有助于教师个人的成长和发展，还有助于提高教学质量和个人职业竞争力。信息技术的发展日新月异，新技术的迭代周期越来越短，数字素养的自我提升不可能仅仅通过一次性学习就能享用终身。针对不同语言背景的学员，制订个性化的教学方法和策略是一项具有挑战性的任务。教师需要具备有效利用网络资源、智能辅助工具的能力，并结合本土教师的经验指导，迅速摸索并形成具有个性的教学方法。另外，教师需要掌握数字化教学评价和结果反馈分析的技能，充分利用教学平台的在线作业批改、在线考试和综合测评等功能，及时对教学效果进行深入分析和反思，从而不断优化教学模式，提升教学质量。

第四节 平 台 保 障

教育的数字化转型离不开智慧平台的建设。平台的建设离不开对信息化教学设施、智能化教学设备、网络化教育资源等方面的统筹整合。平台需要支持数据信息采集和数字化教学，为教师提供充沛的教学资源和可操作性空间，同时也为学生提供更加智能化和个性化的学习体验。智能化教学设备能够实现精准的信息采集和数据分析。部分智能化教学平台还可以根据学生的学习情况，自动生成个性化的习题集，并推荐针对性强的资源，为学生提供个性化的学习和辅导方案[24]。海量的网络化教育资源为教师提供备课的教学资源和素材。新冠疫情期间，我国各级教育部门大力支持线上平台的建设，通过教育云平台等工具，实现全国范围内教育资源的共享和协作，促进教育公平和优质资源的普及。

一、教学平台的作用

作为教育现代化的重要组成部分，各类教学平台在教育过程中开始发挥越来越重要的角色。平台能够提供交互式的环境，让教师和学生之间的交流和合作更加规范化、制度化。通过教学平台，教师按规定上传课程资料、布置作业、进行实时讲解和评估学生的学习成果。平台协助教师督促学生的学习过程，同时也减轻教师的负担。学生可以方便地获取课程资料、提交作业、与教师和同学进行交流。学习痕迹都在平台上有记录，方便师生查看和分析。高质量的大型教学平台可以提供各种线上学习工具和学习资源库，如线上图书馆、线上实验室、线上课程预约，这就为社会自学人士提供了继续学习的场域。教学平台的应用使得泛在化学习成本降低，教学不再仅限于课堂和教材，学生可以随时随地参与课外学习，提高学习的灵活度，减轻负担和压力。

教学平台为学生提供自主学习场域。传统课堂教育无法有效满足学生自主学习的个性化需求，因此各式各样的在线教学平台因需而生。国内外知名平台，如COURSERA、中国大学MOOC、学堂在线等，不仅汇聚了优势资源，显著提高了学生的学习参与度和学习效果，培养学生的自主学习和创新能力，更重要的是，通过资源流动有效地促进教育公平。通过学习平台，学生可以根据自己的需要和进度自主安排学习，随时查看学习记录和相关数据。大型教学平台提供线上笔记、线上测试等多重辅助功能，方便学生进行自主学习和自我评估。此外，教学平台还为师生和学生之间交流提供了讨论互动区，学生可以通过教学平台与其他学员进行协作学习、分享学习资源和经验，促进合作学习和团队合作。教学平台的应用给予师生更大的自由空间，带来更多的自主性和创新性。

教学平台支持教学资源的共享和共建。教学平台的建设和维护需要较大的成本投入，但却可以产生持续的收益。通过教学平台，教师可以共享教学资源和分享经验，与其他教师进行合作和交流，提高教学水平和效率。学生也可以共享学习资源和经验，促进合作学习和知识的积累。教学平台还可以通过数据分析和技术支持，提高教学效果，有助于学习策略的科学化制订。教学平台通过数据分析和监测学生的学习情况，为教师提供更快速、准确的教学反馈和评估。教学平台还可以不断升级，提供更智慧化和个性化的学习服务，增加沉浸式体验等。教学平台因用户广泛，可以在教学过程中发挥多维度的辐射作用，促进更多元化的交流和合作，教育的智慧转型发展离不开高水平的平台。通过数字化教学平台，教师共享教学资源和经验，促进教育资源的优化配置，不仅能提高教学质量和效率，还能减少不必要的重复工作，减轻教师负担。

二、教学平台的意义

数字教学平台以其便捷、高效、灵活、个性化的服务和保障，成为高质量教育的变革力量。数字技术以其独特的赋能效应和低成本优势，为提高教学质量、满足学生需求、提升教学管理和评价带来了深远影响。教师可以通过数字化教学平台布置个性化作业、测试和自主学习任务，对个体学生的学习情况进行实时跟踪和评估，及时诊断学生的学习特点和问题所在，并据此提供个性化的学习辅导和反馈，不但能提高学生的学习效率和水平，而且还可以帮助教师优化教学策略。例如，教师可以通过数字化教学平台布置个性化作业、测试和自主学习任务，实时跟踪学生的学习进度和成效，及时发现问题并提供个性化的指导和反馈。数字化教学平台还可以通过提供教学管理功能，如学生考勤、作业提交、考试管理等，提高教学管理和评价的效率及准确性。

数字化教学平台通过优化教育资源和提供个性化的学习服务来提高教学质量。平台建设并非一劳永逸，需要通过专业教师和专家的不断论证完成迭代更新。平台的设计需要考虑教师和学生的个性化需求。数字化教学平台通过共享课程资料、教学视频、习题库等资源，确保学生可以随时随地获取所需的学习资料，并支持教师对资源的个性化设置。平台为教师提供了多样化的教学方式，如录播课程、直播课堂、互动讨论等。由于这些资源不受时空限制，可以更好地满足学生多元化的学习需求，无论是需要快节奏学习的学生,还是需要提供差别化教育的教师都可以通过平台来自主设计和选择学习路径。数字化教学平台通过提供个性化的评估数据,带来教学管理与评价的创新。相较于传统烦琐且耗时的评价方式,数字化教学平台借助现代信息技术手段,能够实现科学、高效的教学管理和评价测算,确保教师能够全面、客观地评价学生的学习情况。同时,学校也可以通过平台数据精准把握全校教师的教学状况,制订更为科学合理的人才培养和教学发展方案。

三、数字化教育平台的发展现状

中国政府高度重视数字化教育的发展,制定了一系列相关政策和规划,为数字化教学平台的发展提供了有力的政策支持和财政保障。随着云计算、大数据和人工智能等技术的不断发展和应用,数字化教学平台的技术和功能也在不断升级。云计算技术的应用使得数字化教学资源可以更好地进行存储和管理,大数据技术的应用为数字化教学平台提供数据分析和挖掘功能,可视化技术让数据能够被普通用户认知。大型商业教育机构开始参与教学平台的开发,面向特定群体的客户,针对不同领域的学习者需求,数字化教学平台发展呈现百花齐放的态势。

网易云课堂是中国最大的数字学习平台之一,提供多种类型的线上课程和互动教学体验。自 2013 年上线以来致力于打造开放、容易操作、内容丰富的线上课程平台,汇集了众多知名教育机构和优秀讲师,涵盖中小学学科、亲子教育、外语学习、互联网技术、职场技能、考试认证、金融管理等多个门类[25]。学生可以通过视频直播、互动社区等方式与教师互动交流,提高学习效果。经过 2～3 年的建设,国家中小学智慧教育平台资源总量已经达到 8.8 万条,覆盖全国 65 个版本的 565 册教材,汇聚德智体美劳等领域的优质数字资源,强化中小学科普教育资源共享[26]。考虑到中小学生使用的场景,平台支持个人电脑、手机、教室大屏,电视投屏,iPad 和 PC 端,目前已经开发了教师备授课工具、个人资源库、直播专区、活动专区等,提供线上组卷、线下练习等功能,配套练习已有 1.5 万套。截至 2022 年 11 月,我国各类慕课数量超过 6 万门,用户达 4.02 亿,学习人数达 9.79 亿人次,课程数量和学习人数均居世界前列[27]。

在全球范围内,众多国家都存在教育资源不均衡的现象。发挥教学平台的公益作用,通过大数据保证弱势群体接受公平的教育,在技术上完全可以实现,不仅有助于缩小教育差距,还能体现社会的公平与包容。中国在数字技术的应用方面已经跻身世界前列,在数字教学平台的技术发展方面也展现出领先的水平,但在数字化教育理念和系统化建设等方面还须进一步提升。许多教学平台的教学理念依然停留在“灌输知识点”这一层面上,过度侧重考点的传授和练习,制约了多样化、个性化学习的创新发展。此外,教育平台的使用需要更多政策性支持。目前中国多数针对教师和学生的平台都由官方主导建设,这些平台的可持续发展不仅要依靠财力的投入,更需要专业化智库团队的参与。

四、国际中文教育数字化平台建设的必要性

随着科技的飞速发展和数字化时代的到来,国际中文教育领域正经历着前所未有的变革,打造数字化平台,对于对外传播事业意义非凡。国际中文推广不仅局限于汉语的普及,还承载着中国文化传播、国际教育合作、国家形象塑造等重要使命。通过加强平台建设和提升服务质量,可以更好地满足中外语言文化交流的需求,进而推动中外友好关系的深入发展。通过加快硬件设施建设、开发优质教学资源、加强教师培训、推广学习理念等方面的措施,可以促进国际中文教育的数字化发展,更好地服务于全球中文学习者。目前上线运行的平台,如世界中文学习平台、中文联盟学习平台、悟空中文、哈兔中文学院还无法充分满足国际学生和教师的需求,如何利用网络技术为全球的汉语学习者提供个性化的服务是亟待解决的问题。

丰富的教学资源是教师开展教学活动的基础。数字化平台以其强大的整合能力,能够汇聚全球范围内的中文教育资源,包括教学资源、工具资源、教师资源、考试资源等,对于一线教师开展教学来说非常必要。语言学习需要大量的真实场景的材料支撑,线上图书馆、主题类视频课、国别类教程、教案等资料无疑是教学工作的得力助手。数字化教学平台能提供丰富的视听说练习,通过虚拟场景的互动体验或沉浸式练习来加强语言学习的体验感。平台可以将同一区域内的国际中文教师汇聚一堂,共同在教材开发、教学资源共享以及问题探究等方面发挥作用,真正促进中文教育在地化的可持续

发展。目前，汉考国际正在全球范围内推广汉语考试，但由于地区差异等原因，有些地区的考试无法有效开展。因此，可以通过平台的力量推动考试的公平化和公益化，确保更多的学员有机会参加汉语考试，进一步推动国际中文的普及和发展。

随着教育技术的不断进步，研发满足项目需求的教务管理和学习平台成为重要趋势。汉语被普遍认为是最具挑战性的语言之一，这意味着只有采用有效的学习策略，建立科学的评估体系，才能高效地实现汉语推广，因此亟须打造适用于全球范围内的国际中文学习评估平台。平台应当能够提供清晰、可视化的数据反馈，帮助教师和学生根据数据相应调整教学策略，实现更高效的学习。为了更好地发挥数字化教学平台的优势作用，也可以在此平台的基础上融入在地学习的需求，不断完善数字化教学平台的个性化和稳定性。同时，为了激发教师创新数字化教学的理念和方法论，也需要通过一些激励措施，引导教师和学生积极参与数字化教学的实践，以促进国际中文教育的数字化转型和发展。

第二章 数字时代远程教育的理论与实践

远程教育(distance education)是一种以通信技术为支撑,通过网络、广播、电视、书信等形式实现教学活动的教育模式,打破了传统教育的单一面授模式,以其灵活、便捷、低成本等优势,逐渐成为全球教育领域的重要组成部分[28]。现代远程教育的理论和实践一直不断发展和完善,为全球教育的发展和进步提供强大的支撑和动力。远程教育的研究重点主要集中在如何更好地利用现代信息技术,提高远程教育的质量和效果,如何为学生提供个性化的学习方案以提升学习体验,以及如何通过评估和质量控制,确保教学质量的稳定性等。在现代远程教育的实践方面,各国都在不断探索和创新,推出一系列具有代表性的远程教育项目,并探索相应模式,包括中国的“互联网+教育”模式、澳大利亚的国家数字学习资源平台、欧洲的“教育数字化”计划;法国的国家远程教育中心共汇聚了3 000多个远程学习项目,覆盖面从学前教育到高等教育[29]。

远程教育的普及和发展,是对传统教育理念的革新,开启了全新的教育模式,学生的个性化需求和学习习惯得到更多的关注和尊重。同时,远程教育在促进教育公平和普及公益性方面得到广泛认可,让没有能力和条件享受优质线下教育的群体能够享受到优质的教育资源和服务。当前,远程教育也面临着诸多挑战和困难,包括师资队伍力量薄弱、资源共享程度较低、师生互动交流不足、法律规范不完善等,这些依然是教育技术需要深耕的领域,需要远程教育提供者在理论和实践中不断探索和创新,尽快找到改善方案。未来,随着技术的不断进步和教育理念的持续更新,特别是人工智能相关技术对教育的赋能,现代远程教育将会在更多领域和更高层面上得到发展和应用,朝着更智慧化、个性化和兴趣化的方向发展。随着线下教育成本的增加和地区冲突的加剧,现代远程教育将释放巨大的潜力,在推动全球教育的发展和教育公平中发挥越来越重要的作用。

第一节 发展历程

远程教育的发展与远程教育技术密切关联,是不断探索、创新和实践的过程。随着技术的不断迭代升级和创新,未来的远程教育发展将继续紧跟科技发展的脚步。远程教育颠覆了传统的知识面授的教学模式,使教育不必受地理、时间和资源的限制,为学习者提供更多的学习机会和更灵活的方式。远程教育有助于教育公平和教育普及,能够让更多的人,利用更多的途径,接受优质的教育。远程教育还为教育技术进步提供创新实践的空间,促进电子教学资料联合研发,资源共享,激活师生的创造力,极大地提高教育教学质量。

一、远程教育的萌芽

目前,对于远程教育的起源尚未形成公认的一致观点。普遍认为世界上最早实行远程教育的是19世纪的英国,当时教师和学生采用互寄书信的形式进行教学,成为远程教育的雏形。1840年,一位名叫Issac Peterman的传教士把速记教程通过邮局寄送给他的学生[30]。由于当时的邮递服务并非像今天这样四通八达,正常的邮政服务无法覆盖许多偏远地区,因此这种方法未能让全部有学习需求的学生受益,但这种通过邮寄材料教学的方式为远程教育奠定了基础。1849年,英国伦敦大学创设校外学位制度,接受英国和英联邦各国的高等教育机构的学生报考学位课程,通过考试的学生可以参加该校函授课程的学习[31]。伦敦大学的这一举措使得更多的校外和国外学生有机会享受其高质量的教育,同时推动了远程教育的发展,启发了更多校外教育的尝试。

远程教育的兴起是社会和技术发展的必然结果。人类社会已经进入前所未有的学习型社会,社会的进步和竞争的日益加剧,使民众产生了泛在化学习和终身学习的强烈需求。科技的发展为大规模普惠性远程教育提供了可能。现代信息技术和互联网的普及为远程教育提供了有效的教学工具和传播渠道。远程教育的发展源于社会对多元教育需求的不断增长，而传统的面授教育无法满足广大民众的多元教育需求。纵观历史，远程教育的发展都和技术的革新密切相关。从最早的邮寄材料教学，到后来的电视教学，再到现在的互联网远程教育，无不彰显技术进步对远程教育的赋能。此外，知识性社会也对远程教育的发展起到重要的推动作用。随着全球化不断演进和学习型人才的需求增加，社会对多元教育的需求也日益增加，人人都希望通过碎片化的学习来提高竞争力。远程教育能够提供多元化、灵活的教育方式，满足不同人群的需求。随着知识迭代期越来越短，利用远程学习来不断提升能力将成为优秀人才的基本素质，远程教育将成为个人实现终身学习的有效途径。

早期远程教育有着明显的局限性，未来的远程教育与用户的适配度会越来越高。起初，依赖于邮递服务传送书信，学生和教师之间无法及时和有效地沟通，例如战乱、自然灾害等因素可能导致邮递业务中断，导致学生无法及时获得教师的指导和反馈，教师也无法及时了解学生的学习情况和问题。此外，由于缺乏面对面的互动和指导，学生的学习效果难以保证。由于无法对学生的学习和自我管理能力进行监督，学习进度和学习效果都不及预期。相比而言，收音机广播远程教育更有吸引力，在固定的时间播放课程，但依然无法实现互动和监督。尽管早期的收音机没有回放和录播功能，导致学生无法有效复习，只能依靠邮寄的教材和学习资料进行复习，但这种模式依然覆盖到了更多的学员。美国在 19 世纪 20 年代开始出现定期的教育广播节目，主要服务于成人教育和扫盲教育[32]。20 世纪中期左右，各国政府意识到了广播教育的力量，纷纷开设专门的教育频道播放各类课程和政策法规教育。由于电视成本投入高，再加上在偏远地区没有转播信号，很长时间以来广播远程教育是边远地区群体接受远程教育的最佳路径。

二、远程教育的发展初期

远程教育的迅速发展出现在 20 世纪后半期。随着电视的家庭普及率不断提高，远程教育逐渐展现独特的优势，因为电视机作为当时大众青睐的传媒工具，能够覆盖广泛的受众群体，其视觉呈现更有吸引力，远程教育具有了更广泛的传播力。电视让教育内容更加多元化，使学习变得更加灵活和生动。后期，各种视频播放器和光盘的热卖，扩大了教育内容多样化，录放功能让学习者可反复观看，进一步增强了学习体验的多样性。

以电视为媒介的远程教育在电视家庭普及率高的国家率先探索。电视台主要通过播放教育类节目的方式，为目标观众提供学习的机会。悉尼函授学校、日本放送大学、新西兰技术函授学院都是较为知名的电视函授学校，法国国家远程教育中心在电视直播课程时，学生可通过电话的方式向老师提问[33]。1978年，教育部在北京成立了中央广播电视大学，拉开全国性的电视和广播远程学习的序幕。改革开放后各省市也相继建立起各自的广播电视大学，使得远程教育的人数迅速增长[34]。广播电视大学主要通过播放教学录像和交互式电视节目等方式，为学生提供远程学习的机会，让更多的非在校生有机会提升自己。

20世纪后期，随着卫星技术的不断发展，许多国家开始利用卫星进行远程教学。20世纪末，中国的地方卫视迅猛发展，从中央到地方各种教育卫视频道播放各类教学节目，从综合频道的教育类节目到专门的教育频道，这是电视远程教育的巨大进步。由于制作成本和拍摄技术的局限性，在电视和收音机时代，教育内容的呈现相对单一，学生只能被动接受内容，无法参与互动和定制，但较之前教学辅助资料更加充沛，磁带、光盘、教材、教具成为常用的学习资源。目前在网络条件较差的偏远地区，电视和收音机依然发挥着教育和传播信息的功能。

三、远程教育的互联网阶段

21世纪初，全球范围内的互联网普及和计算机应用技术的不断提升，推动远程教育进入飞跃发展期，多媒体教学成为远程教育的主流，学习者可以实现实时交互和在线学习，从被动学习开始向主动学习迈进[35]。学生摆脱时空限制，可以在自己的家中或者其他任何能够接入互联网的地方进行学习。利用计算机网络技术，教师和学生的学习活动可以进行远程传输和交互，但初期由于网络传输速度较慢，视频直播的质量尚有瑕疵。通过互联网，教师和学生可以实时交流，进行在线讨论和答疑解惑。学生可以通过网络即时获取教学材料，参加互动活动。互联网让自主学习的目标得以实现，学生不仅可以在线上课堂中学习，还可以利用互联网获取海量的辅助资源。

计算机网络技术的成熟为远程教育的大规模发展提供了强有力的支持[36]。在过去的20多年，互联网技术经历了从局域网到广域网，再到如今的互联网＋的飞速发展。在此基础上，远程教育也逐渐形成了以线上课程、网络会议等多元化教育形式为特征的发展格局。社会对教育需求的不断增加使得远程教育成为一种必要的教育方式。此外，由于传统教育方式的局限性，例如时间和地点的限制，使得远程教育成为一种更为便捷和灵活的教育方式。特别是在新冠疫情期间，远程教育更是得到了前所未有的推广和应用，成千上万的学习者和教师通过远程教育成功地完成了教育和培训的目标。

互联网远程教育的发展创新了教育理念和实践，不仅让更多的人能够接受高质量的教育，扩大了教育的覆盖面，还催生了更为灵活和多样化的教育方式，为自主学习和个性化教学提供渠道。通过互联网，全球范围内的师生可以相互联通，实现教育资源的全球共享。以外语学习为例，地道的母语环境和经验丰富的教师是语言学习的关键要素，在没有互联网的时代，这样的学习资源既稀缺又成本高昂。然而，有了互联网的助力，今天的外语学习者可以轻松地找到母语教师和陪练语伴，极大地丰富了学习方式和资源，更加贴近学习者的需求和兴趣。未来，互联网远程教育会成为教育创新的核心领域，更多的技术突破将推动远程教育质量的不断提升。

四、远程教育的数字化阶段

数字化转型是远程教育发展的崭新阶段。进入21世纪以来，随着互联网和移动设备的普及，数字技术对教育的赋能日益深入，远程教育变得更加便捷和实惠，师生互动性显著增强。大量的远程教育平台应运而生，Coursera、edX、Udacity、幕课（MOOC）、可汗学院等开始在全球范围内产生影响力。中国大学慕课（MOOC）与全国众多高校合作，提供了超过1 000种免费大型公开线上课程，极大地丰富了中国学生的教育资源和学习方式，目前已免费向全球用户开放[37]。随着数字技术的不断迭代和成熟，远程教育的质量和成本也不断优化；巨大的市场需求和资金的投入也在不断驱动远程教育的技术革新。移动通信技术和智能手机的普及也极大地推动了远程教育在发展中国家的跨越式发展。远程教育不仅是发展中国家普及教育的重要途径,还是实现教育公平,提升国家竞争力的有效策略。

数字化远程教育为教育领域注入新的活力。数字化远程教育平台能够提供更加丰富和多样化的学习资源,例如虚拟实验室、线上图书馆、虚拟仿真场景等,实现更加智能化、个性化和互动化的学习方式。远程教育平台通常具备线上讨论、网上问答、作业提交等功能,通过利用即时通信技术增进师生之间的互动,提高学习效果。以 AI 助教为例,人工智能助力的教学方式为儿童教育带来更大的吸引力。每个孩子可以根据自己的喜好选择 AI 助教造型,由这些"老师"辅导学习或参与答疑解惑,这不仅可以提升学习的趣味性,还可以提高教学的质量。随着人工智能技术的不断拓展,远程教育正逐步朝着个性化、定制化和趣味化的学习方向迈进,远程平台可以根据学生的学习情况和个性化需求自动调整学习内容和进度,开启自适应学习时代。

远程教育的数字化发展也面临不少挑战。首先,技术迭代期缩短让远程教育在技术能力和设备升级上面临更高的成本投入。为了实现远程教育的数字化,教育机构需要斥资购买先进的设备,对教师及工作人员要进行新技术的培训,否则将面临被淘汰的风险。其次,数字化远程教育对学生和家长的数字化素养提出较高要求,特别是低年龄段的学生,在上课前需要熟悉软件和平台的基本功能,这样才能更好地参与数字化远程教育。否则,可能会因技能不足无法跟上学习进度,影响学习效果。最后,数字化远程教育还面临着网络监管和隐私保护的问题。青少年在用互联网进行学习时,家长和教师需要做好监护工作。教育机构管理结构要有严格的管理措施,保障学生个人信息的安全和隐私,防止信息泄露和滥用。

第二节　理 论 基 础

远程教育的理论需要汲取跨学科的"营养"。先进的理论观点和方法可以激发教育工作者的创新思维,启发教学内容、教学方式、教学资源等方面的创新,避免在探索实践中走弯路。远程教育的主要理论,包括联通主义、认知主义、建构主义和其他研究理论等,针对远程教育不同发展阶段出现的问题提供了重要的指导，为远程教育的发展提供了多元视角，启发未来的持续创新。当然，任何理论都存在不足之处，远程教育的理论正在实践中不断完善。

一、联通主义

联通主义作为一种新型的学习理论，在网络化学习背景下应运而生，核心理念是通过联通学习的各种要素即节点，学习被视为连接专门节点和信息源的动态过程，而非孤立的静态行为[38]。联通主义强调通过与外界环境和他人之间相互连接、相互影响和相互交流完成学习任务。在联通主义看来，教师的作用已经发生重大迁移，不再是学生完成学习的核心要素，而是充当帮助学生连接各种信息和资源的节点。教师需要为学生提供学习资源和机会，例如推荐相关资源、介绍最新研究成果、提供实践机会等。联通主义对学生的自主性和自我管理能力都有更高的要求，学生要学会寻找和筛选有价值的资源，并在学习过程中进行自我评估和反思，主动与他人进行合作和分享等。

联通主义的教学理论强调学生的自主性学习。学生在教师的引导下，自主学习、探索、发现，培养自己动手解决问题的能力。学校和教师为学生提供多种形式的学习资源和引导，协助学生建立个人学习网络，连接到各种优质资源和外围资源[39]。学生在学习过程中要融会贯通，不能孤立地依靠教师、课本或者学校，而要动态、不断地尝试和反思，联通更多的人、资源和机会。联通主义重视合作和与外界的沟通，让学生在与他人合作和分享中学习，使得互相学习成为学习习惯。在联通主义的教学模式中，教师中心主义被颠覆，教师不再是学习获取知识的唯一权威路径，教师更多充当介质的作用，把各种优质的外围资源链接给学生，让学生通过各种资源的沟通和梳理进行自主学习。

联通主义对远程教育产生深远的影响。传统的远程教育主要基于常见的教与学模型，即教师教授知识，学习从教师那里获取的知识，教师和学生就是单向的教与学的关系。联通主义兴起之后，教师的作用发生了关键性的转变，不再是知识的传授者，而是学生连接各种资源和节点的引导者。远程教育弱化教师的中心地位，强调网络、节点、联通性和知识流动等概念，将学习看作是连接不同节点和资源的动态过程。在远程教育中，联通主义凸显学生的能动性，通过各种丰富资源的供给，鼓励学生通过连通各种信息和资源来构建自己的知识体系。在实践方面，联通主义对远程教育的课程设计和教学方法提出了更高的要求。教师需要为学生提供更多形式的学习资源和支持，如网络资源、多元讨论、实践项目等，资源共享成为学习的重要组成部分。

二、认知主义

认知主义探究人类如何形成概念、理解事物、进行思维和解决问题，认为“学习不是简单地改变或增强行为习惯，而是心智主动活动的行为表现，是形成、扩充、改革知识系统等内在认知表征的过程”[40]。学习就是通过获得知识来改变认知，个体参与学习的过程就是修改和完善认知结构的过程，此过程要加强刺激与反应的联结。学生的学习应该是主动的、有目的的和系统性的，认知主义理论倡导采用能促进学生思维和认知发展的教学方法和策略，如发现学习、探究学习、合作学习等。在教学中，该理论认为学习是学习者主动知识的获取和构建过程，重视学生的主动性和自我管理能力。

认知主义学习理论重视以学生为中心的自主学习，强调学生应发挥主观能动性，主动探究、发现和思考，才能获取真正的知识和技能，培养思维能力和问题解决能力。学生成为学习的主体，学习的过程就是通过对知识和信息的处理，建立新知识与学生原有知识结构的联系[41]。教师的任务不是填鸭式教学，而是从激发学生的学习兴趣和动机出发，设计新颖的课程和互动环节，以便学生自我管理和自主学习。教师需要提出具有层次结构的问题，引导学生进行思考和分析，使外部环境刺激作用于学生的内部心理结构。教学内容和方法应具有系统性和结构性，帮助学生建立知识体系的内在联系和深层结构。课程设计要凸显教学内容的逻辑结构，确保新知识与学生已有的知识结构相互连接。

认知主义学习理论对远程教育实践有着重要的启发意义，引发基于认知科学的教学改革，特别是对学生认知结构的重视。从事远程教学的教师要充分利用课堂讲授的时间，通过图像、音频、视频、动画等方式来传授学科的整体知识，使学生掌握学科的基本知识和结构，同时也学会应用学科的基本方法。课程设计应针对知识点巩固和练习，无论是理论学习还是技能实践，习题的设计需要考虑与现实的关联度，同时也要分析个体接收信息、消化和理解信息的程度。教师应鼓励学生加强元认知能力，即对自身认知构成和调控的能力，注重建立新学的知识与已有的知识结构的联系。学生则应清楚自己认知的基本特点，例如记忆黄金期，感性与理性思维倾向等，更好地计划、执行和评估学习全过程。

三、建构主义

建构主义学习理论是认知主义的重要流派，主张学习者在学习过程中，逐渐建构外部的知识信息，从而促进自身认知结构的发展[42]。知识并非个体被动接受或直接吸收外部世界的信息，而是在个人与环境互动过程中，通过感知、思考和构建形成的。建构主义理论对教学产生了深远的影响，打破了传统的观念，认为教学并非简单地传授知识，而是主动引导学生通过与外部环境的互动建构知识体系。教学过程应强调学生的主动性和自主性，注重学生的个性化需求和学习风格，但更强调学习的社会互动性和情境性。这种教学方式对于培养学生的创新能力和解决问题的能力均有积极的作用。建构主义是对传统教育理念的突破，学习不再是孤立的、由教师主导的行为，而是学生个体自觉与环境进行信息交互的过程。

在教学过程中，建构主义强调学习的主动性和情景的重要性，学习者基于情境认知，与所学知识的相互作用，主动建构知识的内部特征[43]。这种教学理念同样强调学生为中心，摒弃传统的知识灌输方式。建构主义鼓励学生主动参与具体情景下的学习过程，自己探索、思考和解决问题。教师要扮演引导者和支持者的角色，关注学生的个性化需求和个体差异，根据个体经验确定学习方案，因材施教，为学生提供合作学习和交流的机会。建构主义强调学生学习的社会互动性和情境性，认为学习是一种社会性的活动，学生只有通过与他人合作和交流才能建构自己的知识体系。因此，教师还应了解学生的原有知识和经验，以便更好地帮助学生建立新旧知识的关联，引导学生进行知识整合和自主学习。建构主义认为，知识是在特定的情景中建构起来的，因此教学要尽可能与实际场景关联起来，重视知识与实践相结合，激发学生的兴趣和动力。

建构主义在远程教育中的应用主要体现在自主学习与自我建构、情境创设与合作学习、多样化的教学手段和工具等方面。该理论认为,学习者主动建构内部心理表征的过程才算学习,因此学习就是自主学习与自我建构结合的过程。在远程教育中,学生需要在没有教师面对面指导的情景下,通过自主选择学习内容、制订学习计划和评估学习结果,完成学习任务和目标。该理论强调情境创设和合作学习对学习的重要作用。在远程教育中,学生更需要借助与他人合作,共同解决问题,才能完成自己的学习任务。教师无法实地指导,因此可以利用远程虚拟技术或模拟平台来增强场景实感,帮助学生更好地应用所学的知识。建构主义理论重视多样化的教学设计和手段,可以利用数字化远程教育平台的交互软件,提供丰富的学习资源,帮助学生更好地理解和掌握知识。

四、其他研究理论

远程教育作为一个相对较新的领域,它的理论建立在各个相关的学科基础之上,涉及教育学、心理学、信息学,等等[44]。信息处理理论是远程教育的重要理论基础之一。该理论探究人类接收、处理和记忆信息的方式对学习的影响,将人视为信息处理机器,重点在于描述人的智力结构、描述能用来解释知识展示问题的处理过程,将智力简化到最基本的结构、过程等因素,并提出知识获得的机制[45]。借助这一理论,可以建立人类学习行为过程的计算机系统,结合计算机技术与通信技术,构建计算机网络,实现信息的双向交流,共享学习资源。在远程教育中,学生主要依赖技术手段来获取知识,学生的学习过程可以被视为对外部信息的处理过程。远程教育线上平台要加强大数据建设,通过技术手段来了解学生在学习过程中的信息处理情况,从而更好地把握学生的学习特点和需求。对学生大脑信息处理特点和方式的深入了解,可以帮助远程教育提供者设计更符合学生需要的教学方法和手段,从而提高教学效果。

社会文化理论对远程教育也有很大的启示。社会文化理论强调社会交往在认知过程中的核心作用,认为知识是在人际交往中,依靠社会情境和社会参与者实践发生的,而不仅仅是通过内省而获得的[46]。绝大多数的人都需要通过社交才能提高认知和实践能力。在远程教育中,师生面对面的交流被削弱,容易导致社交活动不足,因此课程设计尤其需要注重教学互动。例如,教师可以组织学生通过远程线上平台进行话题讨论或开展小组活动来分享自己的观点和知识理解,促进相互学习和知识共享。社会文化理论还强调教师和学生之间的互动。在远程教育中,教师更需要设计活动来加强的师生交流,设置引导性的问题或任务,引导学生通过与他人交流来互相学习。

自我决定理论在远程教育中的应用也十分重要。该理论主要关注学习者的动机、自我认知和情感等因素对学习效果的影响,学习者以内在动机为出发点,具有自我成长、自我实现的潜能[47]。在远程教育中,自我决定理论可以帮助教师更好地了解学生的需求和期望,激发学生的学习动机,从而提供更符合他们需要的学习资源和激励措施。例如,摸清学生感兴趣的主题或话题来设计课程,教师提供更多相关的学习资料、视频或组织讨论,来满足他们兴趣所需。自我决定理论认为,学生的责任感和动机对学习过程和学习成果发挥重要的作用力。教师可以通过了解学生的这些特点,为他们提供适当的支持和指导,教学过程也促进教师自我价值的实现。

第三节 技 术 创 新

教育技术创新为远程教育提供智能和高效的服务。现代远程教育的基石是科技革新,科技的不断进步是远程教育不断演进的动力。信息通信技术、网络技术、人工智能等数字技术的不断革新为远程教育带来巨大的变革。技术创新是远程教育的强大生命力,不仅显著提高了教育质量,还极大地减轻了教师和学生的负担。普惠技术的应用降低了教育的成本,让更多人享用到优质教育资源,通过慕课等远程在线平台,任何人都可以轻松找到所需课程,泛在化学习触手可及,促进了教育公平。技术进步还推动了教育理念创新,通过线上协作工具和虚拟实验室等技术手段,加强师生之间的互动和协作,提高学生自主学习的能力,推动教育个性化和自主化改革。

一、网络技术

现代远程教育高度依赖互联网技术,网络质量决定其传播的广度和深度。在数字时代，只要有互联网和智能手机，教育资源唾手可得，不受时间和空间的限制。灵活便捷的教育模式为教学变革带来巨大的潜力和可能性。远程教育还有助于个性化教育的探索。不同学生有着不同的学习习惯和偏好，有些学生喜欢通过视频进行课程学习，而有些学生则更喜欢通过虚拟实践场景或图像理解学习；每个学生的黄金学习时间也可能不同。通过远程教育平台，则有可能利用全球范围内的教育教学资源，满足不同学生的个性化学习需求。在现代远程教育兴起前，外国学员学习汉语，找一位合适的老师，可能会存在地域限制、成本高昂等困难，而如今，通过数字化平台不费吹灰之力，就可以找到汉语老师，轻松地进行汉语课程的远程学习。

网络技术创新推动远程教育的高质量发展。仅有因特网的畅通并不能自动实现高质量的远程教育。网络技术创新为远程教育提供层出不穷的教育平台和工具，例如线上课程平台、直播课堂、测试与评估数据的可视化、智慧管理系统等，推动远程教育的纵深化发展，同时也驱动教育模式进行自我革新。线上课程平台能够为学生提供丰富的学习资源，常用智慧学习工具，还可以预约线上教师辅导。学生可以根据自身情况选择课程，按照自己的计划进行学习，也可以选择在线一对一、一对多等学习模式。在直播课堂中，学生和教师可以通过视频、语音和文字进行实时互动和交流，同时平台自带多语言的同声传译功能，帮助外语水平薄弱的学生更好地理解课程内容，还可以生成录播视频供复习，学习效果绝对不亚于传统的面授教学。

网络技术创新在远程教育发展中发挥多重效应。首先，网络技术创新极大地降低了教育的成本，使得更多的人可以得到高质量的教育资源。例如，线上课程平台能够汇集全球优质课程和老师，为学生提供更充沛、多元和高性价比的教育资源。同时，教师的信息素养和教学能力能得到相应的提升。由于学生有更多的教学资源可选择，教师如果不能积极主动地提升教学能力和使用现代化教学工具的能力，则可能跟不上数字时代的步伐，面临被淘汰的命运。因此教师应主动学习，提升数字化发展能力，利用各种资源库、优质软件、网络平台来优化课程内容，提高授课质量，同时也减轻教学的负担。另外，高质量的远程教育有助于提高本国教育的国际影响力。过去，远程教育主要由西方发达国家“唱主角”，导致全球范围内的教学资源相对单一，且普惠性不足。基于网络技术的远程教育使教育资源的流动更为顺畅与快捷,发展中国家的广大学习者也能以低成本使用数字化的学习资源,有效地促进教育公平。

二、系统软件

教学工具创新也是推动远程教育发展的关键。现代远程教育面对的主要是国际用户,这对教育质量提出更高的要求。语言沟通是首先要解决的问题。师生畅通交流的基础是远程知识学习的基础,在远程学习如此普遍的情况下,聘请翻译人员全程参与授课翻译不是理想的解决方案。当前多数在线学习平台提供的机器翻译或 AI 翻译工具成为首选。例如,钉钉平台支持各种人数规模的线上培训,可以实现 12 种外语的自动文本翻译,同时也支持英汉双语的同步字幕翻译。高质量的教学管理系统在促进学生的自主学习发挥重要作用,不仅方便教师进行远程课程管理和教学资源的共享,还能为学生提供了线上学习资源、线上测试与评估、小组活动、AI 问题解答等功能,带来优质的学习体验。同时,线上学习平台还兼具档案管理系统和课程数据库的功能,每期课程的相关资料都会被自动保存,有助于教学研究和课程系统的持续建设。

学生个人学习管理系统也正朝着更智慧化、人性化的方向发展,为接受远程教育服务的学生提供个性化的支持,有助于提升学习的质量。对于学生而言,好的学习管理系统能够像家教一样帮助其诊断、分析学习情况,鉴于远程教育过程中师生无法面对面进行交流,学习管理系统则能扮演线下教师的角色,提醒、督促和跟踪学生的课程学习。系统还能提供最基本的常用功能,如预约选课、作业提交、反馈查询、学习互动等,根据学生的作业质量、错误率和上课回答问题的情况,自动导出可视化的知识点消化巩固效果图,并推荐针对性的学习资料。部分系统自带的翻译功能、提醒功能、文本校对和格式自动匹配功能,可以节省师生大量的时间和精力。

数字化教学软件显著增强教师的教学能力,帮助学生有效地掌握知识。远程教育中,师生面对面接触交流的机会有限,教师需要重新优化课堂讲授时间,利用各种智慧工具和软件进行教学创新,既降低教育成本,又让学生体验技术带来的全新感受。远程教育中的实验教学是一个较大的挑战。因为理论讲解终究无法代替学生真实的实验操作。通过虚拟仿真实验软件,模拟真实的实验环境，让学生在线上虚拟实验室进行实验操作，能有效解决这一问题。随着技术的不断发展，教学类软件的创新潜力将进一步被激活，为远程教育注入更多的活力。

三、教学资源供给

远程教育中的教学资源供给是更大的“活水池”。这就意味着应增加供给的源头，添新去旧，完成教学资源的更新迭代。在远程教育中，教学资源供给的方式已经从传统的面对面授课、纸质教材阅读等转变为线上教学工具、网络课程、虚拟实验室、线上讨论社区等多种形式。随着 ChatGPT 等人工智能自然语言处理工具技术的不断升级，今后记忆性知识的学习将不再成为教学的重点，更应该注重培养学生应用工具检索、甄别有价值信息的能力。各种新型教学工具能够迅速根据教学需要生成 PPT、动画和视频，速度和质量都会大幅度提升。例如，OpenAI 于 2024 年初发布的首款文字审查视频模型 Sora，能够根据文字设定，创造出逼真的场景，已经达到了满足人类视觉美感的较高级别。该技术的应用将使文字类教学资料被生动活泼的场景化视频所取代，视频类教育资源将出现井喷式发展。多元化的教学资源的供给方式将为学生提供了更加灵活、便捷的学习体验。

教学资源的可持续供应是远程教育质量提升的基础。创新资源供给方式可以保障资源的丰富性和多样性，同时也能有效降低教育成本，使得更多人可以接受高质量的教育资源，符合教育公平和普惠化的目标和使命。未来的远程教育致力于满足普通大众泛在化的学习需求。这也就意味着，每个人都有可能成为他人的老师，传授自己的专长和经验；任何有价值的技能和知识都可能成为授课的内容；任何有助于获得知识和技能的资料都是宝贵的教学资源。远程教育中的教学资源创新需要打破固定思维，创新教育资料的生产方式和方法，以更为开放和包容的态度来审视和创建教学资源。

四、资源共享方式

教育资源供应的初衷是使师生轻松、便捷地利用这些资源，无论是文件还是数据库，教育领域内资源共享已经成为常态。教学资源共享促进教育资源的优化配置和高效利用，教育的公平化和普及化，为学生和教师提供更加优质的教育生态。学生和教师可以获取大量的数字化学习资源，包括数字图书、电子期刊、网络课程和虚拟实验等，从而更高效地获取所需的知识和技能。在数字时代，信息存储技术为教学资源的共享和利用提供了技术保障。数字存储技术已经从磁带、光盘、闪存驱动器扩展到了网络存储和云存储，后者因为有专业的技术来进行数据生命周期管理等原因，具有容量大、速度快、高可靠性和安全性的特征[48]。

数字时代的教学资源共享需要打造多方参与、协同合作的机制。目前，学校和企业都在打造各种教育教学平台和资源库，这些相对零散的资源有待进一步整合，尚未发挥应有的多元共享价值。教育行政部门须发挥统筹协调的作用，形成固定的机制，激发各方积极性，确保各个平台发挥聚合作用，形成多平台联动，促进资源的共建、共享。教学平台和资源的建设投入较大，只有让越来越多的用户参与使用，才能最大化地发挥其价值，同时也有助于资源库的持续优化和升级。

数字化教学资源的全球共享也是对外传播的重要渠道。在互联网时代，教师和学生通过检索网络资源来寻找学习资料已经成为重要渠道。结合教学资源共享与文化传播，发达国家已经走在前列。数字技术赋能教育在中国已经得到广泛的实践，积累了丰富的经验，全世界范围内的资源共享在技术上也已经相当成熟。数字时代，我国也应通过加大资源供给量，创新共享方式，凭借远程教育的技术优势、特色课程、独一无二的优势资源库，如数字敦煌平台等，为世界教育的高质量发展贡献中国力量，同时能为全球更多的人提供学习汉语、了解中国文化的机会，促进国际教育合作与交流。

第四节　变 革 方 向

远程教育致力于为最广大的学习者提供公平和普惠的教育，自诞生以来已有一个多世纪的历史，历经书信交流、收音机、电视广播、互联网等阶段的发展与演变，现代远程教育与时俱进，积累了众多的经验与教训。在数字技术不断革新的当下和未来，远程教育仍具有十分广阔的发展前景和空间。未来的远程教育将朝着泛在化学习、非正式学习、游戏化学习、未来学校等方向，持续探索和创新教育教学方法，以满足社会不断变化的需求。

一、泛在化学习

泛在化学习“是指任何人，在任何地方，任何时间，利用随手可得的学习设备，以自己的方式获取自己所需的学习信息与学习支持，不会因为外界环境的变化影响人们接受新的知识及事物”，具有情境性、社会性、非正式性、连接性以及适应性等5个典型特征[49]。泛在化学习的核心理念是学习可以脱离传统课堂的教师面授模式，让学习成为日常生活方式，随时随地都可以开展。数字时代的泛在化学习，主要基于互联网技术，利用计算机和信息通信技术，通过智能手机、平板电脑、个人电脑等各种智能设备，人们可以随时随地获取各种学习资源和信息，进行自主学习。

泛在化学习强调了学习的个性化和嵌入式。学习者可以根据自己的需求和兴趣来选择学习的内容和方式，摆脱时空的限制。同时，泛在化学习也强调合作互助的重要性，通过网络和社交媒体平台，学习者可以与他人进行交流、分享学习资源和经验，人人都是知识传授者。泛在化学习鼓励跨学科、跨领域学习，掌握多样化的知识和技能，以适应瞬息万变的社会生活需要。泛在化学习将学习融入人们的日常生活中，扩大学习机会，提高灵活支配度，彰显个性化、自主性和终身学习的特征。互联网时代，越来越多的人在利用碎片时间学习，无论是在家中、工作场所还是在公共交通工具上，学习者都可以随时通过各种设备连接学习资源，通过学习提升个人综合素质和社会竞争力。

泛在化学习满足现代社会跨越时空自主学习的需求，使学习无处不在、无时不在，成为人们日常生活的一部分。然而，泛在化学习的开展也并非易事，涉及多个方面的参与者，包括学习者、教育机构、平台、教师，只有充分调动泛在化学习的关键要素，才能推动其高质量发展。泛在化学习充分利用远程教育科技的优势，离不开现代科技和信息通信技术的支持，学习者需要电子设备接入学习平台，才可以随时随地访问学习资源和参与学习活动。泛在化学习以其时空跨越、个性化学习、资源共享和终身学习等独特的优势和特点，成为远程教育发展的未来方向，将为人们的学习和发展提供更加广阔的空间。

二、非正式学习

非正式学习通常指在正式教育环境以外获取知识、技能和经验的学习过程，没有固定的学习模式和学习计划，是“学习者自身拥有的一种学习意识，是尚没有经过引导和组织的学习形式”[50]。非正式学习者可以根据自己的兴趣和需求，选择学习内容和方式，呈现自主性、增量性、非结构性和随意性特点。由于采用自由开放的模式，知识和技能大多是通过多次的学习经历和实践而获得。非正式学习可以在各种日常生活和社交互动中进行，例如与他人的交流、观察和模仿他人等，也可以是通过网络资源或利用培训课程进行。随着社会对复合型人才的需求日益旺盛，非正式学习已经成为个人终身学习和职业提升的必要环节。

非正式学习赋予学习者更多的自由选择空间，实现自主和灵活的学习、激发学习的兴趣和动力。学习者可以根据自身条件选择学习内容和方法，安排学习进度。非正式学习与实际生活和工作经验密切关联，因此学习者可以立即应用所学的知识和技能，真正做到学以致用。非正式学习实践者根据自己的兴趣和能力规划学习，更容易发挥创造力和自我管理能力。非正式学习强调终身学习的理念，在日常生活中不断积累知识和技能，会获得更高的学习成就感。

在数字化发展的背景下，非正式学习将获得更广泛开展和应用的空间。网络社区学习已经成为一种重要的非正式学习模式，志趣相投的人们自发聚集在线上社区共同学习和分享经验。为鼓励学习者进行实践和创造，培养创新思维和创造力，各类主题的网络大赛通过竞赛，选拔优秀的学习者。近年来，博物馆和各种机构组织的对外开放日和各种讲座也越来越专业化，这些都为非正式学习提供了机会。校园学习仅是个人学习生涯的一个短暂过程，非正式学习的实践才能养成长期学习的习惯，为学习者提供了更长久的学习模式，促进个体的终身学习和全面发展。传统的阅读、视频、参加研讨会等非正式学习的方式还在沿用，但通过互联网利用全球范围内的优质资源进行非正式学习，逐渐成为主流的模式。

三、游戏化学习

游戏化学习是指将游戏元素融入学习活动、评估或课程中的一种学习方式，通过鼓励行为促进学习和解决问题[51]。游戏化学习利用兴趣是最好的老师这一心理基础，将游戏的设计元素和机制应用于学习过程中。学习游戏既有规则性，又充满挑战性、趣味性和成就感。游戏化学习能够利用学习者的兴趣来激发学习的专注度、参与度和对结果的关注度，借助游戏的特性，如挑战、奖励、竞争和自我决策，激发学生的积极性和主观能动性，把学习的内容潜移默化地渗透到全过程。游戏化学习可以应用于各个学科和教育阶段，也可以采用不同的形式，包括智力游戏、模拟游戏、角色扮演和联机版游戏等。游戏化学习通过奖励机制来激发学生的学习兴趣、学习热情和积极性。

优质的学习型游戏是教育者、游戏工程师、美工设计者共同参与设计出来的，在整个过程中综合考虑审美、科学精神和学习者的心理感受。学习目标和任务的设定，学生的兴趣和难易程度，学习内容的趣味化设计都要经过科学的测算。众多全球教育机构正在尝试游戏化学习平台和软件的开发。Duolingo 和 Quizlet 等公司基于聊天机器人研发的新型学习软件在很大程度上离不开游戏化特质，这些应用程序通常以游戏的形式呈现学习内容，通过互动和挑战来提高学生的学习效果和参与度[52]。游戏化学习在职业培训和技能发展领域也得到了广泛应用，如军事作战、驾驶技能和消防安全类的培训等，可以增强学习的吸引力和有效性，促进技能的快速掌握，同时降低心理负担。全球范围内的学者和教育专家积极探索游戏化学习的最佳实践、有效策略和评估方法，通过使用者的数据来分析学习的效果。

游戏化学习利用游戏的互动性、挑战性和奖励机制，提供了一种激发学生学习兴趣和积极性的方法，并帮助他们开发各种技能和知识。长期以来，游戏化教学被认为是最受儿童欢迎，也是最高效的教学模式。视觉技术的发展让游戏开发迅速融入学习产品的开发中，目前发达国家在游戏化学习方面已经取得非常好的效果，寓教于乐得以很好的实践。以植物学和中草药为例，任何一个学校和博物馆都无法把全球范围内常见的草药和植物搬到学生面前，现在学生可以通过 VR 技术看到这些植物，感受到他们的生长环境，能对他们的药性有深入的了解。整体来看，游戏化学习目前还处在初级阶段，主要用于低幼阶段的教育，今后要加强对高阶性学习内容的游戏化开发。目前针对评估游戏化学习的效果、游戏化元素与学习目标的耦合度等方面的研究还须加强。随着游戏技术的不断发展和教育理念的演变，今后游戏化学习有望发挥其更重要的作用。

四、未来学校

未来学校是一种教育理念，融合了现代信息技术、教育学理论以及对未来社会发展的前瞻性思考，旨在探索和实践能够适应不断变化的未来社会和技术发展的教育模式。随着虚拟现实、增强现实、沉浸式场景、人工智能和物联网等技术逐渐深入应用于教育过程中，社会对教育的未来变革的期待越来越高。未来学校注重加强学生实践创新能力培养，以及为学生提供更好的参与现实世界的问题解决和社会实践活动的机会，从而提升他们的创新能力、团队合作能力和解决复杂问题的能力。未来充满复杂多变的挑战，未来学校将提供更具弹性和灵活性的学习环境和模式，培养学生的创新能力、应变能力和终身学习的能力，应对未来社会的不确定性。

21 世纪以来，科技进步日新月异，与人类生活深度融合已成为不争的事实。未来需要具有批评性思维、终身学习能力、创新合作能力和信息化素养的人才。然而，作为社会发展进步重要支柱的教育，其改革步伐却相对缓慢，显然无法满足学习者的需求和社会的期待。当前学校教育之所以常被人诟病，主要是因为许多学校未能深刻认识到学校存在的意义和价值。未来的学校需要秉持开放与协同的办学理念，提升数据化、开放化、多元化和协同化的治理能力。学校教育应该向校外延伸，与社会各界建立紧密的合作。同时各行各业的专家也应该走进校园，使学生接受更新鲜、更接地气的教学内容，唯有如此，学校教育的功能和地位才能得到强化。未来学校将更加注重学生个性化、多元化的发展以及协同学习的能力，通过数据和智能化技术来提高教学效率和学生的学习体验，成为当今学校教育的参照。

中外在未来学校领域都进行的探索与实践。新加坡在未来学校建设方面起步较早，20 世纪末起，基于信息与通信技术，制定包括四个“五年计划”在内的系列政策，促进信息技术与教学的深度整合，推动教育系统化、可持续发展。新加坡未来学校的特色在于推动学生为中心的教学模式转变以及信息技术驱动学习空间的拓展[53]。AltSchool 是一所位于美国加利福尼亚州旧金山的私立学校，坚持为学生提供个性化教育。微型校园、小班化教学、多元课程以及家校联系网络化是该校办学特色[54]。利用高度个性化和科技驱动的教学方法和场景，学校提供灵活的学习环境，通过项目学习培养学生的创新能力和解决问题的能力。

位于浙江省杭州市的云谷学校作为中国未来教育改革和创新的试点，旨在探索面向未来的教育，涵盖幼儿园、小学、初中、高中的一站式教育。该校是由阿里合伙人投资创办的非营利性民办学校，享有数字技术和互联网＋的优势资源，努力实践打造开放、分享、绿色的教学生态系统。学校坚持“以人为本、个性发展、多元开放、科技导向、教学创新”的办学理念，旨在通过科技的力量，让优质教育惠及更多的孩子，融通东方智慧和世界文明。北京未来科学城学校是一所注重 STEM 教育（科学、技术、工程和数学）的国际化学校，提供充足的实验室、创客空间和先进的教育技术设施，培养学生适应未来社会与终身发展的能力。

第三章 数字时代对外文化传播的特征

新时代的对外文化传播是一项宏大而崇高的使命，旨在向世界展示中国的历史、社会和现代发展，增进国际社会对中国文化的理解与认同[55]。对外文化传播基于对等、互利、共赢的原则，以真诚、开放、包容的姿态，积极向世界推广中国的优秀文化成果。在传播方式上，充分利用现代科技手段，如互联网、社交媒体等，创新传播形式，使文化传播更加生动、形象、富有感染力。无论是宏大的文化景观，如博物馆、艺术展览，还是微小的文化元素，如民间艺术、地方戏曲，都可以借助数字技术的力量，实现全球范围内的传播。现代文化传播摆脱时空的限制，跨越文化差异，将丰富多彩的文化内容传播到世界的每一个角落，促进世界各国之间的文化交流与互鉴，推动人类文明的共同进步，共同书写对外文化传播的辉煌篇章，为构建人类命运共同体贡献力量。

在数字化发展的浪潮中，对外文化传播经历巨大的变革。高质量的对外文化传播必须关注时代的特征和在地的传播媒介，借助先进的信息技术，促进各种文化符号、思想观念和生活方式以前所未有的速度和广度跨越国界，使得全球范围内的文化交流与互动成为可能。数字技术让媒体行业进行自我革命，传播理念不断得到更新，传统传播模式逐渐向新媒体转型。融媒体带来理念的创新，多模态从单一到多元，微传播从封闭到开放，让“媒介之间的边界由清晰变得模糊”，人人都成为媒体资源制作者和消费者[56]。借助数字化平台，当代传播者汇通各种资源，聚心合力，全方位设计，利用一切可以利用的资源、人力和素材，把握时机，全力推进对外文化传播事业。

第一节　新时代背景下的对外传播

新时代背景下传播内容、方式和受众都要及时应需而变，否则就容易陷入“失声”的被动局面。近年来，中国对外传播已经取得显著进展，但在传播能力建设、传播策略创新等方面仍存在不足，导致西方媒体借机制造各种负面话题，很大程度上捏造了负面的中国形象。当前对外传播的重要任务是通过积极主动的国际传播，增强主动权，促进中国与世界的交流与合作。我们十分有必要向全球传递真实、客观、全面的中国形象和中国声音，增强中国的国际话语权[57]。充分掌握话语权，才能让中国的声音和形象得到更广泛的传播和认同，为推动中国的“走出去”战略和参与全球事务做出积极贡献。这既是中国自身发展的需求，又是推动世界文明互鉴的必要举动。

一、新时代背景下对外传播的总体要求

对外传播指通过一系列活动，将优秀的经济、政治、文化发展成果传播到国际社会中，以增强国际社会对中国的认识和理解。这种传播不仅能够促进文化交流和相互理解，还有助于提升中国的软实力和国际影响力。中国共产党的二十大报告明确指出，“增强中华文明传播力影响力。坚守中华文明立场，提炼展示中华文明的精神标识和文化精髓，加快构建中国话语和中国叙事体系，讲好中国故事、传播好中国声音，展现可信、可爱、可敬的中国形象”，这为中国对外传播制定了总纲领，提出了总要求[58]。如何在国际社会上塑造好真实的中国形象，向外界传递能听懂的中国故事，让中国的传播声音被认真倾听，是如今对外传播的当务之急。

对外传播需要博采众长，不能仅以自我为主。深入研究目的国家的文化特征，文化传播才能提高针对性和实效性。在传播内容和主题的选择上，更多考虑普通大众的需求，因为欣赏高雅文化需要具有相当的文化素养，往往曲高和寡。通俗文化拥有更为广泛的受众基础，小微叙述更能引起情感的共鸣。例如，中国的电视剧、流行音乐、现代美食等具有浓厚的通俗文化色彩，在国际社会中拥有较高的知名度，广受欢迎。历史、文化和现代发展

充满故事性，如何利用好这些素材，讲好中国日常生活的故事，让外国人自己去感悟中国人的价值观和生活方式，是所有媒体人的使命。

中国作为四大文明古国之一，在外国人眼中始终充满异域魅力，借用现代化的思想和理论来指导对外传播实践，才能真正吸引他们的关注。在传播方式上，须充分借助现代科技手段，特别是数字媒体技术，创新传播形式，利用融媒体的裂变效应，让文化传播内容更加真实、可靠、富有感染力。通过公益频道将具有中国文化特色的娱乐、音乐、影视、文化教育产品推荐给全球各国，尤其需要重视针对发展中国家的宣传。此外，还需要注重与世界各国的文化交流与互鉴，通过主动开展文化交流活动、艺术节、展览等形式，促进不同文化之间的相互了解和融合。

二、新时代对外传播的使命

“向国际社会努力传播当代中国价值，有助于中国的稳定和发展，对外有助于提升中国的国际形象和软实力，是中国从大国走向强国的强力推进器”[59]。积极推广中国语言与文化，让国际社会了解中国文化及人民的传统美德、价值观念等，增进中外人民之间的友谊和理解，不仅能够消除误会，还能收获更多的友谊。文化交流建立在长久的信任关系之上，要建立长期的合作，无论是经济方面还是文化交流层面，都需要以互信为基石。中国文化彰显“以和为贵”的精神，和平发展是中国人的家园情怀所致。面对越来越多的冲突和灾害频发的局势，全球和平与稳定显得越来越重要。通过对外传播，积极参与国际合作，共同应对全球性挑战，具有重要的现实意义。

中国的发展奇迹举世公认，很多国家都想了解驱动中国快速发展的“金钥匙”。长期以来中国的发展经验被西方国家扭曲为压榨劳动力、过度破坏自然资源等，现代媒体的技术足以让外界看到真实的中国，必须打破西方的传播屏蔽和封锁，对外发出真实的声音。中国对外传播还需要加强对中国国内政治、经济、文化和社会等方面的宣传，提高国际社会对中国的认知和了解，从而增进中国在国际社会中的影响力和话语权。同时也必须建立起专业的国际传播人才队伍，培养有传播潜力和专业素养的媒体人，才能积极应对国际上的负面言论和舆情，提高自身的国际形象和声誉[60]。在对外传播中，始终坚持和平、发展、合作的理念，推动建立更加公正、合理、平等的国际秩序，实现互利共赢的目标。在传递真正的中国文化方面，通过多种方式向世界展示中国文化的独特魅力和深厚底蕴，增进中外文化交流和理解。

三、新时代对外传播的机遇

全球一体化趋势使得不同国家和地区之间的文化交流越来越频繁，越来越密切。在这个过程中，对外文化传播借助全球化的东风，加强不同国家和地区之间的文化交流和互动，促进世界文化的多元化发展。中国日益增强的经济实力和国际地位，使其成为国际大家庭的重要成员，更容易吸引外界的关注。随着中国在国际舞台上的力量不断凸显，世界对中国的关注也日益增多，为中国的对外传播带来难得的机遇。越来越多的外国人表现出对中国的兴趣，渴望倾听中国的文化、社会和经济发展故事。当下的重要任务是通过精心策划讲好引人入胜的中国故事，才能引起国际社会的共鸣，拓展国际传播空间，提升国际传播影响力。

中华文明作为世界上少数从古至今延续不断的文明，拥有丰富的文化资源，包括传统文化、红色文化、现代文化等，长期以来吸引着外国人的兴趣。优秀的文化资源是对外文化传播的强有力支撑，因而需要顺势而为，利用现代化的传播技术把古代中国和当代中国在科技、文化、体育等领域取得的成就，将中国特有的民族精神和气质，用外国人能明白的方式展示给世界。同时也要结合先进的对外传播理念，设计更多具有“国际范”的文化产品，才能提高中国文化在全球的影响力。对外传播平台能为中国文化输出提供坚实的基础，汇聚更多的专业传播人才。例如文化和旅游部设立的“全国对外文化交流服务平台”、人民日报海外版网站“海外网”、成立于香港的“中国文化艺术研究中心”等，都在对外文化传播研究和实践领域取得非凡的成就。遍布全球的汉学家、来华留学生、海外华人都是中国文化的传播力量，他们的声音也是中国文化传播的重要载体，能淡化硬性宣传的色彩，使中国文化以更自然、更具亲和力的方式走入国际社会。

近年来，全球动荡不断加剧，地区冲突呈现不断攀升的趋势，中国始终发挥着维护和平发展的积极力量。中国提出的人类命运共同体的思想，为全球治理提供了崭新的思路，倡导各国相互尊重、主动寻求合作，共同应对挑战和解决问题，倡导始终站在全人类利益的高度，加强全球合作，真正解决气候变化、公共卫生危机、贸易保护主义等问题[61]。尽管中国在数字技术、社交媒体网络等领域蓬勃发展，对外传播在技术方面已有了坚实的基础，但如何才能更准确、更便捷、更高效地向国际社会传递中国的声音，更好地传播命运共同体的理念、和平发展的决心以及推动全球治理的信念，仍是需要深入思考和探讨的问题。

四、新时代对外传播的挑战

西方媒体发展历史较长，同时受益于起步较早的工业化分工和媒体产业化，形成较为严谨的话语体系。与国际传播强国相比较，我国对外文化传播在信息传播力和内容影响力方面仍有一定差距，传播系统势力单薄，缺少援军，战略还不够清晰，限制我国对外文化传播的效果[62]。中国文化的思维模式、价值观和叙述模式与西方存在显著的差异，导致西方社会在接受中国媒体输出的思想和内容时，存在认知方面的挑战，甚至对于其中的逻辑过度挑剔，从而影响对外传播的效果。在新时代的背景下，对外文化传播的需求愈发凸显，不仅需要重视中国历史积淀、文化魅力和现代发展成就的主观推介，更需要创新传播模式，增进国际社会对中国和中国文化的客观理解与认同。

文化差异是对外传播的主要障碍。中国的媒体人长期以来不懈努力，向国际社会推介中国，讲述中国发展的故事，但传播效果还需要进一步提升。很大程度上是因为中西方文化在信仰体系、生活方式、价值观等方面的差异，导致西方受众在理解和接受中国文化方面存在困难，难免出现误读或排斥等情形。因此，需要改进对外传播的方式，朝着“听得懂，听得进，有共鸣，有共情”的目标努力，利用国际通用的话语体系进行传播，用外国人习惯的方式来讲述中国故事[63]；同时需要聚焦普通中国人的故事，以小见大来展示日常生活领域的人与物，适当减少宣传色彩浓厚的宏大叙事。此外，积极借鉴国际先进传播理念和经验也是必要之举，加强与国际媒体的合作，通过联合制作、特约报道、邀请本土媒体人采风等方式，让更多的外国受众了解中国的历史、文化和现代发展，才能不断丰富和创新对外传播的方式和手段，提高跨文化传播的穿透力，增强对外话语的创造力、感召力和公信力。

语言障碍也是对外传播中不可忽视的问题。虽然近年来汉语热在全球悄然兴起，但英语依然是国际交流的主要语言。我国各大媒体有海量的中文资源，但这些平台的内容只能用中文搜索，或者因为平台没有设置翻译功能，外国人即使能够检索到感兴趣的内容也无法完全理解，因此主流媒体平台的双语呈现能力亟待提升。一方面，要主动扩充英文资源的报道量，通过英文电台、电子报纸、英文专题频道来加强对外英文媒体的宣传，同时鼓励更多的民间力量、商业机构探索英文宣传的商业化路径；另一方面，也需要加强中国媒体平台的双语检索功能，增加百度等搜索引擎的自动翻译功能，使更多的人能够方便快捷地获取关于中国的信息。此外，中华文明典籍的对外翻译和推广，也是克服语言障碍，向全世界展示博大精深的中国文化的重要途径。

第二节　融媒体的复合传播形态

融媒体是新型的复合媒体形态，重组传统孤立的传播主体，通过技术手段将各种媒体形态的要素进行整合、优化和再造，实现信息的多渠道传播、多平台互动、多方位覆盖，从而提高信息的传播效率和质量，满足公众需求，提升传媒产业的竞争力和影响力[64]。融媒体的出现给传统的社会传媒形态开辟了新的信息传播渠道和媒介，为对外文化传播提供新的机遇，在融媒体技术的加持下，文化传播能够突破传统的桎梏，在新的传播领域内获得新动力[65]。通过调动多元传播主体的参与，发挥各自的优势，从不同层次、不同视角对同一事件展开叙述，形成立体报道，发挥传播合力。融媒体的主要特点包括整合性、互动性、便利性和独特性，不同传播媒介可以形成信息矩阵，用更为方便快捷的信息传输方式进行传输，使用户可以根据自己的需要来选择获取信息的方式和渠道，提高信息传播的效能。

一、对外传播中的融媒体

融媒体在对外传播中扮演着重要的角色。由于起步较晚、专业人才不足等原因，中国对外传播的融媒体矩阵尚未完全成型，导致中国对外传递的观点经常没有引起重视。融媒体的聚合力对传媒产业产生了深远的启发。国际主流媒体之间的竞争越来越激烈，占领舆论高点就意味着获取更多的社会发展话语权。随着科技的进步和信息传播方式的多样化，公众对于信息的需求也在不断变化，要求信息更加丰富、多元、快速和精准。在融媒体时代，各种媒介不再是孤立的，而是相互联系、互为促进。利用融媒体使中国声音被聆听，提升中国形象的触达能力是当下对外传播亟待解决的任务，否则国际社会对中国文化的理解与认同就难以进一步深入。通过融媒体的方式，各种媒介实现优势的互补和资源的共享，推动传媒产业的创新和发展。在全球化背景下，各国之间的交流与合作日益加强，融媒体已经成为各国政府和民间进行对外传播的重要手段。通过融媒体的方式，各种媒介综合发力，以更快捷更具有渗透力的方式向全世界发布信息。

利用融媒体做好对中文及其衍生品进行 IP 化[①]运营。融媒体在中国的对外文化传播中得到了广泛应用，通过各种媒体综合展现了中国的形象、政策和文化等，提高中国文化的传播效果和国际影响力。与硬性宣传内容相比，外国大众更喜欢中国的网络文学、游戏、短视频、电视剧、歌曲等多模态内容，在这些作品中加入中国精神、中国范儿的元素，让富含中国味道的创作不仅有可视性，还能产生互动性或沉浸式体验的感受。整合各种媒体资源，创新产品的共享度，让喜好报纸、电视、广播、网络平台的用户都能触手可及，实现信息在不同平台间的流动，这样才能提高的传播效果和影响力。融媒体在信息的传播速度、范围和效果等方面呈现绝对的优势，通过融媒体的方式，信息可以更快地传递给受众，并且以更加生动、形象的方式呈现出来，吸引更多的关注和讨论。

数字时代的融媒体不拘一格，具有融会贯通的开放式格局。云计算、大数据、人工智能等数字技术之间相互赋能，形成了数字技术的“集群效应”。媒体技术不断催生出新的媒体方式和传播方式。数字化时代对外传播的媒介需要因地制宜，应根据目的地国家的市场需求设计和投放。主流社交媒体如微信、微博、Facebook、Twitter 等，已经成为全球范围内的主要信息传播平台，可以通过这些平台传播各种内容。在线视频平台如 YouTube、B 站、爱奇艺等已成为重要的视频传播渠道，也可以通过搜索引擎如 Google、百度等，将信息推送给潜在的受众。移动应用程序如抖音、TikTok、WhatsApp 等应用

① IP，直译的意思指以知识产权形式存在的故事中的某种形象，IP 化通俗讲就是将品牌人物化、动漫化、公仔化等。

程序已经成为全球年轻人的主要社交和信息分享平台，可以为特定的受众提供定制化的信息服务。

二、对外传播中融媒体的重要性

融媒体传播彰显传播主体、传播媒介、传播方式的融合度，能够聚合传播要素形成合力。根据“跨媒介叙事”的理论，在国际传播中应通过多种媒体组合呈现的方式才能达到最好的效果，因为每种媒介的文本都能做出“独特而有价值的贡献”[66]。传播主体的融合首当其冲。对外传播主体应该从官方扩充到智库、企业、民间机构或个人等，呈现多层次、跨领域、全方位的多元传播主体矩阵。融合不同媒体平台和渠道的传播方式，可以更全面、更立体、更多元地展现信息内容。在对外传播中，只有利用好在地国家的媒体，传播内容才可能有效抵达目标受众。因此，需要根据国际主流媒体的发展趋势，紧贴在地媒体的地气，内外结合创新对外传播的策略，提高信息传递的效果和质量。

融媒体时代，借助于网络平台开展对外文化传播，通过线上线下结合的模式，不仅能拓宽公共文化服务机构的对外传播渠道，还能提升对外传播的整体效应[67]。在融媒体中，传播主体可以通过各自擅长的平台和渠道来传播信息，同一新闻可以由各个媒体及时进行转发和解读，投放在社交媒体、网站、移动应用、电视、广播、报纸等。同时，通过不同的媒体平台和渠道传播的信息内容也可以互相呼应、互相补充，从而提高信息传递的效果和影响力。这一做法既能避免传统媒体较为单一的局限，又有利于立体表现和多方位阐释，契合于西方的文化阐释观念。强势传播行为通常在外国民众心里产生天然的疑虑或排斥感，而民间的解读和多重渠道发布的信息方能产生持久的渗透力。

融媒体模式强调融合和整合，凸显集合现有各种媒体形态聚合传播，可以实现信息的多样化、多频道、多形态发布，提高传播效力和质量。与传统的各自为政的传播方式相比，融媒体常采用多种形式的媒介手段，如图片、视频、短视频、直播、报道等，力图使信息更加生动、直观，传播更加快速，维度更纵深，角度更多元，让受众结合各方面的报道形成立体的感受。加强与国际主流媒体的联结，融媒体可以实现信息的全球化传播。融媒体是新媒体时代竞争力的核心，固守单一模式的传播意识容易被市场淘汰。在信息爆炸的时代，传播的使命就是要让更多媒体来转播转载信息，民众可以通过多种渠道了解其他国家和地区的文化、风俗习惯和人文风情。融媒体能够让各方媒体找准自己的优势，通过各自领域的创新提升影响力。走向国际市场的融媒体传播，首先要做好语言、在地市场需求、传播路径等方面的综合布局，通过虚拟现实技术，可以让观众身临其境地感受现场氛围，而通过人工智能技术，则可以实现信息的智能化推送和交互等。

三、对外传播的融媒体特征

对外传播要研究制定因地制宜的在地传播策略。国际媒体生态有着明显的国别区域性和多样性特点，对外传播必须综合考量受众所在地区的整体媒体生态状况，包括主流媒体、技术水平、受众喜好和禁忌等。因此，在进行对外传播的内容制作之前就必须充分了解当地市场的媒体环境和受众需求，制定多元化的媒体运营部署，以适应受众多元化的需求。例如，经济相对落后的国家或地区的媒体环境可能更偏向于传统媒体，这就需要加强与在地媒体机构的沟通，否则就无法进入该国市场。而对于一些新兴市场或地区的媒体环境更偏向于新兴媒体，如社交媒体、短视频等，那么在传递信息时就要充分利用智能手机的功能，在公众最常用的小程序上进行融媒体矩阵传播。

融媒体满足对外传播领域迅速增长的互动性需求。“融媒时代的技术逻辑，实质上就是要让数字化驱动传统媒体和主流媒体的发展，因为数据化可以打通不同信息之间的联系，包括不同行业信息的联系，可以实现信息的跨界融合。这种跨界不仅仅是跨媒体，更多的是跨地区、跨行业”[68]。与传统的单向传播模式不同，融媒体模式强调与受众之间的互动和沟通。通过社交媒体、线上问答、评论区等渠道，与受众进行即时的互动和情感沟通，增强彼此的信任和情感联系。互动过程不仅可以增强传播效果，还可以为受众提供更多的反馈信息，使传播更具温度和人情味。在社交媒体平台上发布传播内容后，可以实时关注用户评论和反馈，及时调整传播策略，以满足受众的需求和口味。借助大数据、人工智能等先进技术手段，可以对多种渠道和平台的信息传递效果进行实时监测和评估，实现传播效果的量化和可视化，不仅可以有效把握传播效果，还可以为后续的传播策略制定提供参考和指导，使传播更具可控性和可预测性。

融媒体提升了对外传播内容与受众的适配度。当下国际舆论大环境较为复杂，要改善中国的全球形象就需要避免因内容不当或方式不妥而产生误解和曲解。不同国家和地区的文化背景、价值观念、语言习惯等都存在差异，因此必须深入了解当地受众的需求和偏好，制定具有针对性的传播策略。抖音国际版因为部分内容被认为违背了当地的文化价值观，在多个国家被禁止使用。对外传播的融媒体模式需要针对不同国家和地区的受众需求和媒体环境进行有针对性的调整，这在技术上完全可以实现。在文化差异较大的国家或地区，可以聘期本土专家献言献策，采用符合当地审美和价值观的媒体形式和传播内容，这样更易被受众接受。对于语言通用度较低的国家和地区，可以提供翻译服务或其他语言支持，以增强传播效力。

四、对外传播的融媒体模式案例

中央广播电视总台是中国最重要的国际传播机构官方平台，近年来积极构建全方位、多层次、宽领域的融媒体传播矩阵。利用数字技术融合其电视、广播、互联网等多种媒体形态，向全球观众和听众传播中国声音和讲述中国故事。通过“候鸟迁徙”“大象迁徙”实时线上直播互动的方式，全过程、立体式展示了这些事件的全过程，避免因为人为解读造成的偏见，同时也向全球观众亮出中国报道的数字技术支撑模式。每年的“央视春晚”也是中国向世界展现融媒体传播实力的重要契机。如何在向全世界的观众实时转播晚会的同时，也能让他们参与到节目的互动中来始终是传播设计团队关注的重点。2023 年网络春晚跨媒体总触达 13.65 亿人，其中新媒体矩阵直播观看量超过 1.5 亿次，全球用户可以通过更多元的路径来观看和参与节目，迈出了中国融媒体对外传播的“一大步”[69]。

浙江日报报业集团打造的“印象浙江”英文网站于 2019 年 5 月正式上线，致力于打造具有国际影响力的对外传播平台，面向华人华侨及海外用户提供媒体服务。以英文网为基础形成浙江对外传播的融媒体新平台，汇集了网站、App、社交媒体等新媒体形式，以国际化的思维和表达方式，全方位介绍浙江的文化、旅游、生活、娱乐等资讯。融媒体整合对外传播资源，衔接国际视野与浙江本地资源，在内容呈现上以短视频为载体，双语展示浙江的前沿文化、经济、环境等方面的发展情况，第一时间向全球传递浙江的最新动态。该网站设置包括商业、文化、旅游、服务等多个领域在内的专题内容，聚焦浙江前沿的发展信息，内容紧扣时代脉搏，制作有人情味、故事性强的报道，体现了人文关怀，增强了新闻的感染力。新媒体矩阵已累计拥有约 30 万海外活跃用户，与海外超过 2 500 万用户开展互动，成为全球检索“浙江”这一关键词时的第一入口[70]。

融媒体在“一带一路”倡议宣传过程中也发挥了重要作用。2023 年“一带一路”媒体合作论坛有来自 70 多个国家和地区的 110 多家媒体负责人、记者、媒体人参会。自 2014 年论坛发起以来，10 年间各国媒体一直在探索宽领域、多形式、常态化的协作机制。系列有关“一带一路”倡议的影视作品，如纪录片等，以生动形象的方式展示了“一带一路”倡议的进展和成果，通过多元化的媒体渠道进行推广和传播，增强了受众的理解和支持。多元的文化交流活动，如文艺演出、文化展览等，向全球宣传“一带一路”倡议的文化内涵和价值观。多年以来，中国在“一带一路”共建国家实施了 2 000 多项工程，每项工程的背后都有着许多感人的故事。如何与在地媒体合作，讲好这些故事，让世界听到有关“一带一路”倡议的新闻、报道，触及丰富的新闻素材资料，需要中外融媒体共同努力与协作。

第三节　微传播的大众媒介功能

微传播指在社交互动中，通过个人、小群体、私人微观层面的传播活动，结合自我传播、人际传播、组织传播和大众传播的特点，实现信息的交流、分享、传播和扩散；与传统的主流媒体传播相比，内容更加个性化，方式更灵活，因此在传播速度、厚度和广度等方面更胜一筹[71]。微传播的形式和内容更加丰富，传播模式更率真、直白，容易引起受众的共鸣，能在对外文化传播中扮演重要的角色。由于官方传播更注重国内外经济、政治、社会发展等“大主题”和“大事件”，而微传播更加契合普通大众自发传播的需求，通过微传播，可以更生动地讲述中国普通大众的故事，让各国民众更真切地了解中国普通大众的生活状态和情感状态。

一、微传播的方式

基于大数据、云平台、云计算等新科技基础的融媒体改变大众的媒体接受和反馈方式；与此同时，通过微博、微信、微视频进行传播的"微传播"也正在成为普通大众欢迎的媒介生活方式[72]。微传播的核心特征离不开"微"字，即微主题、微介质及微受众，通过社交媒体平台进行个人或小团体之间的信息传播[73]。与主流媒体传播相比，微传播具有信息传递快、互动性强、成本低等特点。传播主体在个人社交媒体上发布新闻、事件、评论等信息，通过自行转发、评论、点赞等互动方式进行传播，带有明显的私人色彩。微传播的内容和主流媒体无太大区别，包括文本、图片、视频等，也可以通过虚拟现实、增强现实等技术让受众产生沉浸式的体验，丰富文化传播的形式和内容。

微传播随着互联网技术的发展和用户个性化的需求演变而来。传播主体常通过微博、微信、QQ空间渠道等发布文本、图片、视频等类型的内容，分享个人的观点、体验或生活细节，也可以通过关注其他用户来获取感兴趣的信息。在国外，常见的微传播平台包括 Facebook、Instagram、LinkedIn 等，用户可以在平台上建立个人资料，上传照片和视频，分享自己的生活经历，同时也可以关注和联系其他用户。通过轻量化的传播媒介，与好友、家人和同事进行实时通信和交流，也可以通过新建聊天群组来分享信息和讨论话题。与传统主流媒体相比，微传播让个体拥有更多的话语权和表达空间，具有鲜明的去中心化色彩。微传播通常传递碎片化、日常化的信息，满足个人用户自我表达、日常交际和休闲娱乐的需求。

数字时代的微传播释放更大的传播力。微传播改变传统媒体的"中心"地位，传播主体与受众不再是群体或团体，而是分散的"碎片"；这些信息传播"碎片"满足多样化的个性需求，改变信息传播与接收的方式和习惯，正在成为主流的大众传播方式[74]。微传播可以通过大众最常用的媒介迅速传播信息，信息传播的速度比传统媒体更快，这种个性化的信息更容易引起关注。微传播成就"人人都是媒体人"的大众需求，人人参与创作自然会产生更多元、更丰富、更新颖的内容[75]。这种更立体、多元的信息来源提升了信息的可信度和公信力，有助于真实社会和事件真相的回归。同时，微传播是日常人际交往最常见的方式，吸引周围的群体参与，更容易形成共同的文化认同和集体意识，在特定舆论环境中能够产生积极的传播影响力。

二、微传播的功能与优势

微传播以其独特的优势，精准满足当代人对信息传播的诉求，因此能在较短的时间内得到迅速发展，传播市场不断扩大。相较于传统的宏大传播模式，微传播在信息传递方式上展现更迅捷的优点。例如，微信、微博等社交媒体平台具有实时更新的特点，可以迅速传递各类信息，实现即时互动。考虑信息的及时获取对于决策的重要性不言而喻，微传播无疑是具有重要应用价值的工具[76]。不仅如此，微传播在成本控制方面也有着明显的优势。微信、微博等社交媒体平台的传播成本相对较低，甚至可以做到免费传播。随着大数据技术的成熟，利用微传播媒介收集反馈信息、舆情监测等方面更加便捷高效，有利于及时把握大众的舆论动向，采取更为积极有效的传播策略。

微传播淡化硬性宣传的色彩。在传统媒体时代，主流媒体通常由官方主导，信息传播以单向为主，缺乏与受众之间的互动；与此相对，微传播具有去精英化和低门槛的特点，人人都是平等的传播者，为信息生产与传播创造了广阔的空间[77]。在信息爆炸的时代，最令人苦恼的事情莫过于被淹没在“信息洪流”中，过量的信息让人无所适从。相对而言，微信、微博等平台因为有相对固定的关注群体，具有一定的私密性。参与评论、点赞、分享的人都是相互联结的个体，代表个人分享观点和看法。当然，通过微传播，也可以实现公开、广泛的传播，微信、微博等社交媒体平台上的知名人士拥有相当数量的粉丝，其发布的内容往往会引起国内外媒体人的高度关注，产生名人效应，同样能够提升对外传播的效果和影响力。

三、数字时代对外文化的微传播模式

在数字时代，文化的微传播模式有了更大的创新空间。中国的新媒体技术水平在世界前列，这就意味我国媒体已具有兼容各种新媒体的实力和能力。从抖音国际版就足以看出，全球受众对多元化媒体的欢迎程度已与日俱增。当下应当顺应潮流，打造更多的具有国际影响力的媒体品牌。对外文化的微传播模式不断创新和发展，涵盖社交媒体传播、短视频传播、移动应用传播、线上活动传播等形式和路径，不仅为对外文化传播提供更为广阔的空间，还为受众增加更加多元化、个性化的体验。随着数字化技术与文化传承的不断融合，更多的文化微传播模式将会诞生，在对外文化传播领域发挥越来越重要的角色。

短视频成为新的微媒体传播载体。由于短视频制作简单、创意空间大，可以灵活地展现日常生活的趣味性及区域文化的多样性，可以让大众在碎片时间里轻松消遣，迅速赢得大量粉丝的关注和分享。比如，李子柒、滇西小哥等新媒体人制作的美食和生活类短视频，具有鲜明的区域文化特色，在YouTube等国际平台发布以来，迅速引起大量国际用户的关注，成为中国文化对外传播的有效方式。随着抖音、快手等短视频平台在中国的井喷式发展，可以充分利用这些平台推动中国区域文化的对外传播和宣传，通过制作和传播更多美食、旅游、乡村文化类短视频，让更多国际用户了解和体验中国的日常生活。平台可以根据用户需求推送个性化视频，加强大数据智能推送产品的功能，提供个性化的服务和体验。

网络直播和线上带货也是当下十分流行的微传播模式。网络通信技术的日新月异，使得网络直播间经济迅猛发展，直播间涉及的业务包罗万象。网络主播也从最初的产品推销员蜕变成为文化达人，凭借独特的魅力，将文化因素融入直播过程中，吸引大量用户的关注。主播群体也迅速扩大，其中不乏企业家、专业媒体人、知名艺人、在华留学生等，利用其专业背景和生活经历，从事户外旅游直播，产品推销直播，语言教学直播等，在拓展业务的同时，也积极传播中国文化。与电视直播相比，网络直播更加轻松自如，互动性更强，容易拉近主播与观众的距离，成为数字时代对外文化传播的新引擎。

四、数字时代对外文化的微传播案例

微传播成为数字时代对外传播的重要模式，通过社交媒体平台、移动应用平台等渠道，为中国文化的传承和发展开拓了新的路径。北京故宫博物院通过官方微博的方式，向全球用户推广故宫文化，进一步弘扬了中国的传统文化。通过发布故宫建筑、文物鉴赏、文化知识等相关内容，吸引了大量国内外粉丝的关注和转发。让全世界的观众可以突破时空限制，欣赏博物馆珍藏的宝藏，感受其背后承载的文化意义。此举是中国高雅文化走向普通大众的亲民化尝试，让那些深藏于博物馆的文化能够向外延伸和拓展，博物馆利用专业的文化讲解员和馆藏文物，实现了教育和展览的多元化服务，使文物发挥其应有的文化功能。

浙江省在利用微传播进行对外文化传媒方面进行了大胆的探索，开设多种社交媒体(包括中英文 Facebook 专页、Twitter 平台、新闻客户端和微信公众号等)进行海内外文化推广传播。在 2019 年“美丽浙江展现浙江改革开放成就”活动中，英文或中英双语图文视频就通过中英文 Facebook，Twitter，以及浙江日报报业集团新媒体运营中心等传播平台上以电视、广播、图文等形式进行宣传推广，在全球 70 余个 Facebook 社群及粉丝微信群中进行互动，得到了热烈反响，读者和观众们纷纷分享自己在浙江求学、生活、工作的经历，表现出对浙江文化的强烈好感和向往。活动期间，各平台累计推送相关主题内容逾 580 次，总覆盖人数超 2 600 万人次，其中 1 600 万人次来自 Facebook，4 个 Facebook 专页与粉丝的互动合计超 80 万次；Twitter 平台上的推送得到了包括英国华文媒体《华文周刊》、印度纺织部中央丝绸委员会等海外媒体的关注与转发[78]。

世界各国也在探索对外文化的微传播策略。新加坡国家博物馆锁定国际主流社交媒体 Facebook、Instagram 和 Twitter，策划主题活动，积极发布有关新加坡历史和文化的帖子和视频，通过系列活动的策划吸引用户互动。博物馆主动向全球推介本国文化，让用户能够在云端欣赏博物馆的馆藏，这对于无法亲临现场的群体具有很强的吸引力。这种数字化形式的传播扩大了新加坡的全球知名度，同时也让新加坡文化的传承和发展有了更大的群众基础。印度积极利用数字技术向全球推广瑜伽文化。印度是瑜伽的发源地之一，印度让这个实践性极强的传统文化瑰宝在数字技术的加持下焕发生机，制作多部瑜伽纪录片、瑜伽教学视频和瑜伽书籍等文化产品，向全球用户介绍瑜伽的起源、发展和益处。用户可以在网上购买和下载这些产品，这让更多人接触到了瑜伽文化。多元的数字化产品和线上瑜伽教学的开展，有效推动了印度瑜伽文化的传承和发展，吸引了越来越多的外国游客去印度学习和体验瑜伽文化。

第四节　多模态的传播效果

多模态传播指通过多种媒介(如语言、图像、声音、动作等),调用多种符号系统(如视觉、听觉、触觉等),进行信息传递。多模态传播的特点在于能够充分融合多模态传播形式和方法,提供更加全面、生动、有趣的传播体验,更容易引起受众的关注。多模态传播通过多种感官或媒体形式来传递信息,提供更加生动、有趣的传播体验,可以提高受众的理解和接受程度,是更有亲和力、鲜活性和生活化的柔性传播。在智能传播时代,多模态已经成为对外传播的重要策略,具有强大的传播力、引导力和影响力。随着数字技术的飞速发展以及人工智能理论的日趋完善,传统的单模态文化传播逐步转向多模态融合发展,需要传播者因势利导、顺势而为,借鉴新技术,扩宽新渠道,充分利用多模态融合传播好中国声音[79]。

一、多模态传播

模态一词本是生物学概念,指生物凭借感知器官与经验接收信息的通道。多模态指将多种感官进行融合,在现代计算机科学领域中,多模态交互指人通过声音、肢体语言、信息载体及环境等多个通道与计算机进行交流,涉及多个感官或媒体形式的信息处理和表达方式[80]。在自然语言处理领域,多模态通常指同时处理和理解多种输入方式,如文本、音频和图像等。简单说来,一个多模态的机器学习模型有能力使用多种模态的信息来理解同一篇文章。多模态传播已经越来越受到重视,原因在于其能够更高效地生成传播所需内容,更好地满足受众的需求。ChatGPT 等人工智能自然语言处理工具可以自动生成文本、代码、网页、图片、海报甚至视频等素材。这些素材不仅具有科学性和理论基础,还带有明显的观点和意识,对受众产生深远的影响。

多模态传播是不拘一格的混合式传播,不局限于任何单一的媒介和传播模式,而是通过多个渠道和多元载体,如文本、声音、图像和视频等,传达更丰富、具体和生动的信息。这一传播方式积极利用多种媒介和传播符号,使得传播内容更具有立体感和真实性。多模态传播可以应用于多个领域，如广告、宣传、教育和娱乐等，为受众提供更丰富的信息，形成更立体的印象。跨文化传播领域也可以通过使用不同的模态，针对性地满足不同文化背景的需求。例如，在电视节目中，可以使用图像和声音等模态来传达文化产品信息；在社交媒体上，可以使用文字和短视频等模态来吸引国外受众的关注。

二、多模态传播的功能与优势

多模态传播策略通过使用不同的媒介和符号系统，将信息以文字、图像、音频、视频等多种形式传递给受众，使信息更加立体和生动，能够有效地提高传播效率和受众的接受度。"在多模态方式下，多样化的符号能指有利于拓展符号信息的发出者与接收者之间的联系，建立两者之间更为持久、更加多样的沟通与交流，更有利于增加彼此的信任感和共识"[81]。在全球化语境下，信息的传播方式和手段不断发展和演变，传统的单一传播方式已经无法满足现代对外传播的需求。多模态传播已成为对外文化传播中的重要模式，通过丰富文化传播的形式和内容，提高文化传播的效果和影响力。因此，多模态传播策略的运用对于提高对外传播效率具有重要意义。

多模态传播策略能够最大程度规避语言造成的交流障碍。新媒体技术让语言交流不再是唯一关键性要素。人性是相通的，通过非语言模态同样可以进行信息传递和情感交流。以京剧艺术对外传播为例，京剧的欣赏不局限于理解演员口中的唱词，通过听觉、视觉，服装和模仿表演等多模态，观众同样可以感受京剧独特的文化魅力。多层次、立体的体验有助于深化观众对于京剧的理解，从而增强传播效果。数字时代的多模态传播能够利用大数据技术，选择更接地气的传播手段和渠道，确保合适的内容以合适的方式找到目标受众，这不仅是多模态传播的理念，还是其追求的目标。

多模态传播有助于构建丰满立体的中国文化形象。从多模态的情感机制入手，把握对外传播的模式与规律，有利于优化传播方式，提升对外传播的效果[82]。长期以来，对外传播常采用"以我为主"的模式，通过文稿、图片等传统方式主观呈现传播内容。这种单维度的传播模式容易产生刻板印象，导致国外受众对倾听中国声音的兴趣不浓。多模态传播则是要颠覆传统单一的硬传播模式，把真实、立体和丰满的中国形象呈现给世界。例如，诸多电视节目依托多模态媒介手段，创新的叙事形式和表现技巧，根据其所表现的文化类别，将传统文化中晦涩难懂的内容转化为可视、可听、可感的综合艺术形态，形成了具有特色的多元图景[83]。中国传播界已经认识到多模态传播的重要性，2021 年，上海外国语大学成立了中国故事多模态国际传播研究中心，邀请国内外专家集思广益，汇聚多模态语料库资源，构建多模态传播格局，开展中国故事国际传播研究，进一步推进中国文化的国际传播。

三、数字时代对外文化的多模态传播模式

数字时代对外文化的传播模式愈加多元化。如何应对挑战，抓住机遇，通过多模态话语传播手段和技术特征，将其与在地文化融合，为对外文化传播注入时代新动能、新活力是当下需要解决的问题[84]。数字技术让多模态话语成为文化传播的主流模式。长期以来，文化传播主要依靠文字和图片等单一的方式，而多模态话语是指除了文本之外还带有图像、图表等的复合话语，或者说是以任何一种以上的符号编码实现意义的文本，通常包括文字、图像、音乐、表情、手势、姿势等各种符号，这些符号以多模态形式出现，合力传递更丰满生动的形象和立体的信息，更具有真实可信度[85]。对外文化的多模态传播模式具有重要意义。尤其是在当前的国际环境中，部分别有用心的外国媒体刻意抹黑和扭曲中国的形象。通过多模态传播，构建立体、真实的中国形象，是对不实报道的最有力回击。

数字化和信息化等新技术的快速普及加快多模态传播的实践探索。例如，非遗文化对外传播融合了口头语言、文字、声音、影像、虚拟现实等展示形态的多模态手段，生动再现非遗传播的交互式、沉浸式等特点，凸显非遗对外传播的吸引力和生命力[86]。越来越多的博物馆、展览馆和艺术家通过社交媒体发布图片、文章、视频或评论，向全世界展示他们的藏品或观点。众多博物馆和展览馆利用虚拟现实技术，让观众通过头戴式设备在虚拟环境中参观展览，也为致力于展品研究的人士提供了便利。为了增强沉浸式体验的真实度，部分展馆利用虚拟现实技术，再现历史上的场景和人物，让观众身临其境地感受历史文化的魅力。在数字时代，人人都是媒体人，人人都在从事多模态传播。公共场合的媒体投放，读电子书，浏览新闻，“刷视

频”，无疑不调用全身感官的参与。在数字时代，媒体传播已经完成从传统视觉符号认知到多重感官感知的跨越，尤其需要擅用技术工具创新文化传播方式，优化组合多模态传播形式，才能满足受众多样化接收信息的要求。

四、数字时代对外文化的多模态传播案例

多模态传播模式已经应用于博物馆、文化遗产传承、艺术作品展览、动画制作等不同领域的文化传播中，通过多种形式和媒介的呈现，实现文化内容的深入传播，提高传播的效果和影响力。新加坡国立大学博物馆就是多模态传播应用的佼佼者，通过虚拟现实等数字技术的运用，将新加坡丰富的文化遗产进行数字化的生动呈现。博物馆利用多模态传播的方式，将图像、声音、文字等多种形式的信息整合在一起，让用户可以全方位地感受新加坡文化的魅力。通过线上参观博物馆，用户可以深入探索新加坡丰富多彩的历史和文化遗产。从传统建筑到现代城市风貌，从美食到民俗文化，无一不展现新加坡文化的独特韵味。用户可以在虚拟环境中自由探索，从而更加深入地领会新加坡文化的多样性和包容性。

多模态传播在国际中文教育领域的运用潜力巨大。目前全球范围内学习汉语的人数不断攀升，汉语的全球推广离不开多模态传播的参与。巧妙运用社交媒体平台，各类有关汉语学习的信息得以迅速传播。从最初的“汉语桥”世界汉语大赛，到书写大赛，绘画大赛，歌曲大赛，故事大赛，通过形式多样的学习活动吸引更多的人学习汉语。全球主流媒体频道上有关汉语学习的教学视频日益增多，其中大多数视频都是由个人制作和上传的，为自学汉语的人士提供了丰富的资源。中国电视剧、电影、游戏、歌曲等文化产品的“出海”也推动了汉语学习的普及和深入。为了便于阿拉伯国家学习汉语，“中文联盟”联合汉考国际等机构打造了“知远中文学习网”平台。该平台提供 30 多门课程、电子教材和配套游戏等资源，通过组合式的多模态宣传，掀起区域范围内的学习汉语的热潮，参加汉语水平考试(HSK)的人数不断被刷新。

德寿宫遗址博物馆位于浙江省杭州市，是南宋临安城仅次于皇城遗址的重要宫苑遗址。为了做好保护和利用的双重工作，博物馆借鉴了意大利瓦伦蒂尼宫遗址等国外遗址保护和展示的先进经验，通过声光电等高科技

手段，在不破坏遗址的前提下展示当时南宋皇宫的生活场景。作为中国首个在充分复原研究基础上，有机融合遗址原址和数字化手段的博物馆，德寿宫遗址博物馆不仅展示了遗址信息，还再现了中国南宋时期的建筑之美和园林之美。该博物馆借助数字化技术丰富遗址的可看性，布设 11 个数字化“打卡点”，通过 3D 互动装置、动态长卷、数字投影、交互 AR 增强现实和虚拟现实等多种方式，营造原真性、即时性和沉浸式的观展效果[87]。虽然目前德寿宫尚未开通线上云游的服务，但相信在不久的将来全球游客完全可以云游德寿宫，身临其境地体验南宋时代皇宫的日常生活。

第四章 科技汉语与中国文化对外传播的模式探索

中华文明绵延五千多年，具有延续性、创新性和包容性等特征，对整个泛亚太文化圈具有影响力，为世界的发展贡献智慧。可惜由于近代中国遭受列强欺凌，导致外界对中华文明的科学性产生怀疑，其中的科技成分不被广泛认可。著名英国学者李约瑟用毕生的精力梳理中国历史上的各种科技成就，完成了《中国古代科技史》系列著作，表明中国在西方现代科学技术兴起之前，已有自成体系的科学技术，且对周边国家和地区均产生了巨大影响，但该著作在全球的关注度尚不够高，对于中国原创能力和创造精神的质疑声音时有听闻[88]。近年来，随着国际局势愈加复杂多变，地区冲突此起彼伏，中国发挥大国的地位参与全球治理，让越来越多的国家认可，接受“命运共同体”理念，以此为基础建立和维护健康、安定、团结的全球发展生态，成为重要的历史使命。只有树立起良好的国际形象，才能在国际事务中发挥越来越重要的作用，中国语言与文化的重要性也才能被重视。

随着中国影响力的不断攀升，国际社会对中国的关注度也在增加。中国对国际事务的态度也开始受到广泛认可及尊重，但是这种高度关注在某些西方媒体的镜头中往往负面成分居多，即用有色眼镜来看待和解读中国发生的变化，近年来甚至出现了故意扭曲和错解的势头[89]。要扭转这种局面，只能加强中国自己的国际传播效能，利用互联网传播技术优势全面革新传播策略，探索让外国人喜闻乐见的传播路径。外国人了解中国文化的丰富性和多样性不仅可以通过书籍和视频资料，还可以通过使用中国的电子产品，下载中国的软件或 App，这些都能够让他们对中国的科技发展有更深的体验。很多国家尚未完全解决温饱问题，借鉴中国式发展的经验，利用中国的科技来造福更多的人，也是中国科技对外传播的初心所在。

第一节　国家战略主导的整体推进模式

当前国际舆论生态不太利于中国的全面发展，为了营造更好的外部发展环境，同时也为了将中国的发展经验和智慧分享给全球，对外传播需要提升到国家战略的高度。尽管我国已经成为外交大国，积极参与联合国主导的各种国际援助活动，但由于对外宣传的效力和影响力在国际主流媒体中影响力还不够，外国民众眼中的中国形象还有待进一步提升。因此，亟待采用整体推进的模式，向有全球影响力的媒体大国学习，在传播理念、传播队伍、传播媒介和传播路径方面补齐短板。国家做好顶层设计，发挥国家主导的监管和协调的角色，充分利用国内外一切可用资源，重视对外传播高质量人才的培养，同时也要不拘一格，吸引其他领域的人才来参与传播工作，整体推进对外传播，更全面地向国际社会展示中国现代化成就。

一、整体推进模式

整体推进模式，即“国家模式”是由国家制定战略，举国家之力，内部联动，由上而下，重点发展支持有影响力的媒体，整体推动对外传播事业的发展的模式[90]。新加坡曾采用这种模式以对抗西方传播，开展对外传播领域的竞争，最终在国际传播市场占有一席之地。长期以来，我国的媒体人大多是专业领域的人员，有着良好的职业素养和丰富的国内传播经验，但在国际传播理念和实践上存在明显短板。虽然我国对外传播队伍在数量上具有优势，但国际顶尖的媒体机构和人才还是较为缺乏，制约了我国对外传播事业的发展。此外，缺乏能够产生国际影响力的媒体人和能够引起关注的媒体频道，虽然越来越多的人已经参与到中国形象的对外传播事业中来，但目前在规模、模式和整体质量方面都存在提升的空间。

在国家战略主导的整体推进模式下，顶层设计和主导意见决定了传播效能。在数字时代，国际传播的环境应新技术的产生而发生深刻变革，对外传播需要积极响应形势变化，同时也要审时度势，对目标国的媒体环境进行准确研判。在"人人皆为媒体人"的时代，需要制定一系列的政策法规、设立专门的协调机构和监督机构、加强信息共享和内容的监管；同时各级政府和相关部门也应建立良好的沟通和协作关系，共同推动对外传播的整体发展。在全球化的背景下，只有形成有利于中国发展的舆论环境，让外国人对中国保持良好的印象，软实力的提升才会产生积极的效应，对于来华投资、中国企业走出去、在国际事务中的话语权提升都会产生积极的影响。

对外传播应多借鉴发达国家的成熟经验。从美国文化、英国文化、日本文化风靡全球的现象不难看出，文化传播策略对效能有着直接的作用。长期以来，中国人认为德国、美国、英国、日本这些国家在科学技术方面领先于中国，这种影响是各种媒体综合渗透作用所致[91]。因此我们需要学习他们的经验，这样可以少走弯路。对外传播涉及众多方面，所有要素共同发力才能产生更好的耦合效应，任何一个要素的缺失都可能导致传播效果不佳，甚至会产生反作用力，因此需要科学的顶层设计和指导。例如，手机支付使中国智能支付水平跃居世界前列，但短期来华的外国人却无法享受这种便利性，这导致他们无法有深入的体验。但要解决这个问题，就必须促成银行、企业、公安等不同部门单位之间的协同合作，共同探讨并制订可行的方案。

二、模式发展过程

数字时代的传播形态具有革命性突破，信息裂变的速度和穿透力都更强，也更难把控，因此要提高战略目标定位，发挥顶层设计的主体和指导作用力，坚持数据驱动、创新理念、融合联动，坚持不懈抓质量的同时，也要加强与国际媒体的交流合作。精准把握国际媒体和国际形势的变化，把"讲述好中国故事，传播好中国声音"作为对外传播的根本使命。对外传播不能完全根据"以我为主"的主观意愿，否则就容易陷入"你讲你的我不听，你越讲我越不听"的恶性循环。因此，需要站在外国人的角度来分析讲什么和如何讲的问题，因地制宜地开展传播工作。

改革开放以来，中国的对外传播体系构建迎来了新的历史节点，电视台、报纸杂志等行业开始百花齐放、百家争鸣，中国媒体的海内外经营活动不断扩大，传播能力和舆论引导能力不断增强[92]。传统的媒体由于媒介相对单一，无法做到“核裂变”的数量模式，且由于成本较高，主要由政府部门主导参与。由于缺乏有力的竞争对手，市场化不高，发展的内驱力自然就不足，在很长一段时间内对外传播的局面无法全面打开。随着互联网的迅猛发展，中国的媒体传播也开始产生天翻地覆的巨变。大众了解外面世界的窗户从过去的一扇增加至多扇，互联网让他们可以多方位地获取外界信息，传统的纸质杂志和报纸因而逐渐“失宠”，取而代之的是社交、视频、音频等电子媒体。国内媒体产业迎来了第二个春天，因为富足起来的人们有更多的时间和精力来享受高质量的精神食粮，渴望获取更多的信息，同时也愿意参与到各种传播活动中。

近年来，国内媒体的对外传播理念已经大有提升，不断探索新的传播模式。中央电视台，中国国际广播电台，上海、深圳等地方电视台都在加强英文类节目的多元化建设，邀请国内外嘉宾参与互动访谈类节目的比例也在稳步上升。然而，纵观全球有影响力的媒体频道、专题节目和杂志等，关于中国的正面报道仍然不够多，这也说明国内媒体的国际节目上无法有效获取国际关注。这也反映出尽管我国经济实力强大，但对外传播能力还有待进一步提升。由于缺乏积极正面的中国声音，当出现重大事件时，中国的真实声音难以有效传递给世界，这也为反华的舆论媒体提供了可乘之机，他们长期的抹黑和颠倒黑白，导致越来越多的外国普通民众对中国产生负面的印象。因此，中国的对外传播迫切需要创新和改进。

三、模式的核心

中国对外传播要坚持多元并举的总方针，但同时也要坚持以传播中国特色核心价值观为主的方向不动摇。讲好中国故事，对于推动我国国际传播能力建设、提升国际话语权、改善中国形象、促进中外交流交往具有重要意义。通过整体推进的模式，有利于多管齐下，多方动员，重视民间力量、海外华人、国际友人，把多元背景的群体都动员起来。世界各国之间发展的竞争越来越激烈，谁掌握了话语权，谁就掌握了主动权和影响力，就能够通过积极良好的形象获得信任和机遇。因此，尽管对外传播的国家模式在资源整合、规模效应、覆盖范围等方面具有明显的优势，但也应不断创新传播策略和路径，才能产生最大的效能。部分中国资深媒体人长期从事媒体舆论的报道实践，有着与国际媒体人共事的丰富经验，更重要的是他们拥有坚定的文化立场和文化自信，对于中国对外传播无疑是宝贵的财富，但他们身上带有官方宣传的印记，这体现在语言风格、思维模式中，常常难以引起西方媒体广泛的兴趣。因此，在自媒体时代官方媒体人也需要在传播方式和方法方面做出调整。

对外传播要做好科学量化数据分析，才能有的放矢。世界文化因多元共存而更有活力和创新力，但保持多元化离不开科学技术的支撑。发达国家对其文化进行强势传播，尽管威胁到很多的本土文化，但其传播模式也有可借鉴之处。例如，美国文化在全球顺利推广，在很大程度上离不开国家政策的扶持和科学的规划。麦当劳、肯德基从广告设计到选址、菜品和内部装潢无不彰显美国文化，美式快餐文化在短时间内席卷全球，对很多国家的国民饮食习惯都产生了巨大的影响。中国文化的对外传播起步相对较晚，我们一定要利用好科技的力量，发挥高科技对媒体传播的增值赋能力量，通过生动有趣的素材来扩大传播影响力。从国家形象片、地方宣传片、行业宣传和企业宣传，都需要加强文化内涵，让外国人感知中国产品里面的文化内涵。许多发展中国家的互联网质量和电力供给都远不如中国。如果中国电力在对外宣传时能够凸显科技优势和高质量的服务，让外国民众认识中国电力的高科技力量，对于传播中国的科技和中国国家的形象将会产生双重效应，也将会对中国电力走出去产生积极的市场推动作用[93]。

加强跨国合作项目也是拓宽科技文化传播的重要路径。高科技产品对全球用户都有着很大的吸引力，中国的高科技产品性价比具有国际竞争力，具有传播文化和促进贸易的双重效应。在国家模式的推动下，主动参与和主办科技相关主题的国际活动，向世界展示中国科技力量，能够更好地借助高科技产品来推动科技类合作和贸易交流。讲好中国故事，要向世界展示一个更加真实、立体的中国形象，展现中国发展背后的高科技力量，增进外国友人对中国的理解和认同。因此，与国际媒体平台建立并加强沟通与交流尤为重要。鉴于中国媒体全球影响力的局限，急需动员各方力量，加强国际主流媒体中的中国内容供给量，通过增加中国话题和元素，改变国际主流媒体与中国主流媒体各行其道的不利局面，确保中国声音能跨越时空，真正传递到世界的每一个角落。

四、整体推进科技文化传播的典型案例

讲好中国式现代化的故事有着深远的意义。大多数外国人对传统中国文化并不陌生，但长期以来由于西方媒体惯用滤镜，通过一些敏感话题故意丑化中国形象，造成中国的现代化叙事被带偏，导致外国民众印象中的中国依然停留在 20 世纪[94]。为更好地展示中国优秀的历史文化和现代创新成就，让更多人了解和认识今日之中国，我们需要精心构建对外话语体系。将讲好中国故事上升到国家战略层面，这需要抓住良好的契机和制造一些窗口，才能把中国的故事讲得更好、更精彩。2020 年中国还笼罩在新冠疫情的阴影中，在文化和旅游部的指导下，全球 114 个中国驻外使领馆文化处组、43 家中国文化中心、24 家驻外旅游办事处，利用网站和国外各类社交媒体平台，开展了“云·游中国”线上系列活动[95]。活动内容包括旅游图片暨视频展播、中国抗疫主题短片和音乐作品展映、线上实时汉语课程和中国武术课等。此次活动使各国民众通过云游的方式领略中国的大好风光，感受中国的文化魅力，取得了良好效果，有效填补了因疫情而停止的旅游交流合作。

“汉语桥”成为借助汉语来融通世界的桥梁。开始于 2002 年的“汉语桥”经过 20 多年的发展已经产生巨大的国际影响力，模式也从最初的年度大赛发展成为覆盖儿童、青少年、大学生及社会人士等不同年龄段多个类型的系列“汉语桥”赛事，内容也从汉语和中国文化延伸到歌曲、诗歌、书法、朗诵、经典推荐等多种类型，并由线下发展到线上、线下混合的多元模式。据统计，已经有来自 160 多个国家的上百万学员先后参与，全球范围内的关注人数超过一亿人[96]。“汉语桥”作为中国联通世界的桥梁，为越来越多的外国人搭建起了解中国和学习中文的桥梁，同时也彰显中国人愿交天下朋友的友好精神。“汉语桥”的推动和良好发展势头离不开顶层的设计和世界各国媒体的宣传，随着品牌效应的建立，“汉语桥”在今后将继续发挥传播中国文化的力量，其溢出效应也不可估量。越来越多的人因汉语学习而结缘，他们或来到中国旅游，或参加学习交流营，或从事与中文相关的职业。

“一带一路”国际传播矩阵初具规模。随着项目的不断扩展，其影响力将不断扩大。中国倡导的“一带一路”把沿线国家和地区以共建项目的模式串联起来，由于大多数项目都涉及不同程度的科技援助，这种模式能够带动

项目所在国家科技水平的提升，实践共同发展、共同受益的合作机制。目前中国已经与超过100个国家和地区建立了科技合作关系，开展了一系列重要的科技合作项目，包括联合研究、人才培养、技术转移等。这些合作项目融通了民心，促进所在国的技术和经济发展，同时也展现了中国的科技水平。此外，中国积极参加联合国倡议的国际援助项目，长期向发展中国家派送专家，也资助大批留学生来华学习。近年来不断扩大来华长短期培训项目的规模，定向为发展中国家培养亟需的医务、农业和教师人才。这些活动都在提升中国的国际形象，为今后深入交流种下友谊的种子。用中国的发展经验和高科技帮助更多发展中国家走出发展的困局，减少了他们摸索的周期，同时也节约了资金，参考中国经验让越来越多的国家实现跨越式发展。

第二节 特色创新引领的自主发展模式

长期以来，我国对外传播的任务主要由官方媒体来承担，而部分外国人对官方媒体有着不信任和排斥感[97]。全面革新对外传播的模式、路径和机制是改革创新的第一步。对外传播需要官方媒体掷地有声的回应，也要鼓励自主多元的传播模式和多维度的传播路径。真实的信息是多维度信息源互涉，由主体自我构建而成的，白皮书式的信息本身价值有限。近年来借助新媒体的力量，中国影视剧、网络文学、游戏、数字类文化产品“出海”势头强盛，数字“华流出海”已经成为对外传播自主模式的代表。随着中国新媒体技术的不断成熟，未来该模式将成为中国文化走出去的重要模式。

一、特色创新为核心的模式

特色创新驱动的对外传播模式基于区域特征和自身特色，通过自下而上的方式开展对外传播。这种模式注重发挥地方特色和区域优势，通过多元化的传播方式向海外受众呈现中国文化、社会和经济发展的面貌。对外传播既要凸显本国特色，又要重视与国际接轨。中国地大物博，各地区和各民族都有着独特的文化、历史和社会人文景观，我们要把这些特色文化转换为对外传播的优势资源，通过展示地方和民族文化的独特魅力，来展现中华文明的多姿多彩。特色同样需要体现在传播路径和传播技术上，新媒体技术不断创新带来新鲜的体验感，注重发挥地方特色人文资源优势，通过多元化的传播方式向海外受众呈现中国特色文化。

对外传播发展就是不断创新的过程。特色创新驱动的模式重视从基层、民间、个体等视角发声，多元的观点综合起来能形成更为立体的报道，才能增加传播的可信度和公信力。模式强调从下而上的视角和声音，体现对个体和基层的尊重和重视。普通人的视角往往更关注日常生活、风土人情、家庭温情，通过普通人的视角向外界传递中国的文化更有人性的温度，更容易产生共情。互联网主导的媒体世界具有更加开放、包容、扁平的性质，适合"草根媒体人"的传播需求。当下中国新媒体主播大多来自民间，应当把他们当中的优秀者培养为国际传播达人，通过他们来展现中国。只有主动出击，创新策略，挖掘素材，做好共情，才能让中国的对外传播走出新路，改善中国在国际舞台上的影响力和形象，否则就容易陷入"自说自话"的局面[98]。

模式鼓励采用多样化的传播形式。通过打造有国际影响力的短视频平台或利用国际主流平台，主动在这些平台上发布有中国特色的内容，积极升级已有的新媒体平台和社交媒体工具，如小红书、抖音、B站等，方便外国用户检索和使用；只有增大外国人感知中国内容的接触面，互动交流才能开启，从而获取相关数据来调整传播策略，提高传播效能。对外传播应利用人性做好共情。许多外国人对国家大事不太关心，更愿意关注与自身生活相关的信息，这就要求对外传播要更贴近民众的需求。普通大众的声音和故事更具有真实性和感染力，普通的才是真实的，对外传播要接地气。《舌尖上的中国》系列纪录片展现的大多是中国地方特色菜肴，是老百姓享用得起的家常菜，在观众眼里"吃这样的饭菜"才算真实，每一集都闪烁着中国的风土人情和人文关怀。

二、模式发展的背景

没有特色文化的国家犹如没有灵魂。纵观全球有影响力的大国无一不重视本国文化的保护和传承。中华文明是中华民族绵延不断的基石，将这个"活化石"文化传承下来并不断发扬是中国人的使命，同时也是保持世界文化多样化的保障。中华文明的生命力在于包容兼蓄、融合创新的特质。

唐宋时期中国能够一跃成为全球最有影响力的国家之一，主要得益于繁盛的文化交流，汲取各种外来文化的精华。当前我们要完成民族复兴的使命，同时也须坚持对外交流、促进文化融合的策略。国家通过一系列的保护措施和资金技术支持来保护传统文化，让传统在现代技术的加持下焕发生机。大量文化遗产依靠地方政府和民间力量的保护，要充分发挥各方力量的积极性和主动性，才能保护好传统地方文化，也才有可能讲好中国文化故事。

保护独居一格的特色是文化传承的重点。改革开放后，中国的饮食习惯、建筑、交通、消费观念都受到西方文化的浸染，甚至有些人认为西方的生活方式更文明，很多电视广告在不知不觉地成为西方价值观的代言人。曾经一度，电视广告中满是提前消费、拜金主义、自我中心主义等西方价值观，这种内容侵蚀了中国人的灵魂，滋养了崇洋媚外的心理。以建筑文化为例，如今许多城市都是以现代建筑为主，甚至乡村田野间也弥漫着相似的楼房气息。这种趋同的建筑风格并未真正体现中国传统的建筑文化。缺乏特色的建筑难以成为文化的代表。近年来，随着中西方文化交流的深入，中国文化的自信心已逐渐恢复起来，越来越多的民众意识到了中华文明的独特价值和优越性。人们也逐渐意识到，筷子不是简单的用餐工具，而是中华饮食文化的象征。西方的刀叉固然有其特色，但对中国人而言永远也取代不了筷子，因为筷子与中国人的饮食文化紧密相连。

数字时代的传播更凸显个性化和碎片化，大众传播的焦点从宏大叙事转移到民间的微小叙事。许多外国普通民众对政治不感兴趣，对官方的宣传有着天然的“免疫功能”，因此非常有必要通过普通人的视角来讲述中国老百姓自己的故事，小微叙事本身就体现着多元、真实的视角立场[99]。当前中国自媒体已经相当发达，有影响力的自媒体人队伍逐渐壮大，应当对其中有潜力的媒体达人给予资金、政策、技术的支持，给予他们更多的发展空间。这些民间的媒体人身上彰显着原生态的气质，但对外传播方面经验不足，应对国外舆论的能力和经验也较为欠缺，因此还应为他们提供专业化的指导和团队支持。

三、模式发展的重心

挖掘特色内容是自主模式发展的重点，因此中国的对外传播应当凝练中华文明的优秀因子。中华文明长河的瑰宝比比皆是，不能仅围绕丝绸、长城、茶叶这些外国人已经熟悉的元素，还须努力挖掘他们尚不熟悉的文化特色，触发他们的思考和体验，自觉地进行对比对照。众所周知，《孙子兵法》和《道德经》的全球销量仅次于圣经，可是只阅读翻译本，外国人难以充分把握其内涵和精髓。我们应该利用好这个潜在的市场需求，组织文化专家对其内容进行阐释，要站在国际受众的角度来讲解。目前，互联网上有关传统经典的讲座很多，但针对外国观众的却鲜有发现，对外传播就需要迎难而上，填补空缺。

特色创新模式要求不断解放思想，思考如何才能讲好故事。与世界上大多数国家相比，中国有着独特的自然禀赋和少数民族大杂居的独特文化。这些都可以作为旅游的特色资源，在宣传自然景观的同时也要把生活在一方水土的居民融入其中，提炼原生态的味道。不少国家被国内民族矛盾所困扰，而在中国生活的各族人民和谐相处，文化相互融合又相对独立，体现中国“和而不同”的文化气质。如何讲好故事还应借鉴国际一流媒体的经验。英国BBC公司在全球范围内培养了一批在地的媒体人，因地制宜地设计对外传播的内容和模式，这种模式比自己外派人员去培养更高效。就传播路径来看，海外中国人、当地主流媒体、国外社交媒体是外国民众获取有关中国信息的主要渠道。中国驻外使领馆能发挥文化交流的核心作用，凝聚起在地中国人和华人的力量，通过各种媒体传播中国文化，身体力行地通过言行展现文化自信。

以特色创新为重点的对外传播模式要重视多元化的推广路径。多元化的传播方式有助于覆盖更大范围的群体，不能仅为了文化传播而开展工作，要跳出文化传播的窠臼来进行多维度的交流和合作。2024年2月，来自全球200多个国家和地区的2 400多家企业参展了在西班牙举行的“世界移动通信大会”，约有10万与会者参加各项活动，其中中国参展商有300多家，华为、中兴、联想、小米、科大讯飞等中国高科技企业及其产品都纷纷在国际舞台上亮相[100]。借国际赛事和大型活动来展现中国的产品，推动中国品牌走出去，此类传播模式不仅能够瞄准受众群体，还更具影响力，将成为今后对外文化传播的主趋势。同时也要加强在国外高校建设中文学习和文化研究机构的步伐，学习英语在中国推广的成熟经验，把在地人才的培养作为重点任务来抓，从教学资料、图书馆资源、奖学金政策等多方面给予援助，这些机构的运行会加快中国文化在学术圈的影响力。近年来，中国前往海外留学的人数不断攀升，这个群体有着很强的文化交流意识，言行举止洋溢着时代感，同时也展现出真实而深刻的个人印记，通过他们塑造更加立体、生动的中国形象，能增强国际社会对中国文化的认同和好感。

四、典型案例

中国的高科技企业在对外传播方面扮演起越来越重要的角色。随着全球产业布局的优化，越来越多的中国高科技企业走出国门，在全世界建立生产基地。这些高科技企业带去的不仅是先进的技术，还把中国的管理理念和企业文化传播出去。这些企业和当地政府、华人社团、当地的工人都有密切的交流，承载着造福地方、双方共赢的使命。这些企业是中国科技文化的使者，对于中国科技成果推广，培养在地技术人才都起到积极的作用，他们的产品和技术不仅获得丰厚的经济利益，还推进了在地民众对中国科技成就的认同。随着中国科技实力的不断提升和国际合作的不断深化，越来越多的高科技企业将在对外传播方面发挥更加重要的作用。中国的跨国企业将通过更加紧密的国际合作和技术创新，推动全球科技进步和经济发展，为构建人类命运共同体贡献更多的力量。

华为技术有限公司（简称为华为）作为全球领先的通信技术解决方案提供商，已经在全球范围内建立了广泛的业务网络，“华为精神”也被解读为“中国企业精神”。华为在5G、云计算和人工智能等领域的技术创新，不断推动全球通信技术的发展。华为在全球建立了研发中心和分支机构，与当地的企业和研究机构建立了合作关系。这些合作不仅推动了华为在全球的业务拓展，还为中国科技创新成果的对外传播搭建了桥梁。此外，深圳传音控股股份有限公司专注深耕非洲、南亚等新兴市场，其手机产品在非洲市场占有率超40%，凭借高性价比、个性化的产品设计及良好的售后服务赢得了当地市场[101]。小米科技有限责任公司推出的（简称为小米）系列产品在欧洲享有很高的知名度，改变了欧洲人对中国制造的看法。

阿里巴巴集团（简称为阿里）作为全球最大的电商企业之一，也在积极开展对外传播活动。阿里的云计算、大数据和人工智能等技术，为全球范围内的企业和政府提供了数字化转型的解决方案，帮助建立高效廉洁的运营系统。阿里还积极参与国内外公益事业，2023 年统计显示有 5 亿用户参与其平台的公益倡议，有 200 多万的商家将 1.7 亿多件商品设置为公益宝贝，所得善款用来支持妇女儿童和老人服务事业。中国的高科技企业已走向世界，这不仅是在向世界重新诠释中国制造的内涵，同时也是在传播“商以载道”的中国文化[102]。

第三节　合作共赢推动的内生外发模式

中华文明能够保持五千多年的生命力凭借的就是兼容并蓄和求实创新，对外来文化始终保持包容学习的态度。随着全球化的深入推进，各国之间的交流交往日益频繁，通过合作与共享，打破文化壁垒，促进文化间的交流与理解，将中国的声音传递给更广泛的国际受众。内外合作模式共同推进文化的国际传播，也能更好地理解和接纳其他国家的文化，进而实现文化的多元共融。借助国际媒体平台，通过共享资源、互换信息，能够增加中国文化在国际平台上的曝光度，向世界展示中国的文化魅力和发展成就。通过吸引更多的国际投资和合作机会，共同制作文化产品，打造传播策略，不仅能促进文化产业的发展和创新，还能为经济增长注入新的活力。

一、内生外发的模式改革

内生外发强调内在因素和外在因素的共同作用，即内部的推力和外部的环境共同作用推动事物的发展。对外传播的效能取决于内外两方面的因素，只有内外要素都充分契合，才能达到预期的效果。这种模式的亮点就在于，中外合作方利用各自的优势和资源，实现互利共赢。具体到传播来说，中方有着原生态的素材和拍摄团队等优势，而外方有着深耕当地市场的经验、市场营销和在地资源等优势，两者有很强的互补性，能够解决成本问题，产生良好的传播效果。此外，中外合作模式非常适合当下中国对外传播的破局诉求。当自身传播的穿透力不足时，就需要借力使力，借用国际媒体的力量和在地媒体的力量，才能快速提升中国文化的国际地位和影响力。

2024年的春节晚会和元宵晚会节目充满着浓郁的中国文化味，中央电视台主动与全球多家有影响力的媒体机构、户外投屏运营商合力推送，向世界展现了中国传统的节日，让全球观众感受中国的年味。

中国文化走出去需要利用好在地的多方力量。通过中外合作双方共同投资、联合制作和联合运营等方式既能降低成本、提高效率和扩大市场影响力，又能结交更多的媒体朋友。在地媒体机构、电视台和媒体平台长期深耕本国市场，有着丰富的本土经验，与他们合作有助于本土化的推广。此外，还可以主动寻求与在地的艺术文化中心和博物馆等合作，举办中国主题文化交流活动，为国内外公众和学者交流提供机会。与当地的知名品牌合作，开发具有中国文化元素和特色的文化产品，满足当地消费者的审美需求。甚至可以考虑在有国际影响力的大城市设立中国文创机构，推广销售产品的同时，为商演和文化交流活动提供专业化的在地服务。中外合作的对外传播模式本着互利共赢的目标，激活双边的资源，风险共担，利益共享，探索出可持续发展的模式。

内外合作的对外传播模式在提升跨文化交流方面具有显著优势。随着中国经济的迅速崛起，中国产品的国际影响力也在不断提升。中国正在探索中国文化传播的多元路径，目前主要通过公益性质的中文教育来培养更多“知华、友华、爱华”的群体。为了把汉语教学延伸更广阔的领域，需要在语言学习中融入中国文化，因为语言和文化本就难以割裂开来。各个中国驻外使领馆在文化推广方面发挥了桥梁的作用，主动牵线搭桥，通过与所在国的教育管理机构、非政府组织等主动对接，推动当地中文教育的发展。内外合作模式离不开双方的持续沟通和努力，这是个相互适应和理解的过程。但一旦合作局面打开，就会产生良好的连锁效应。沙特阿拉伯王国作为中东地区最大的阿拉伯国家，目前已经在所有的中学、大学开设汉语课程，其推广汉语的力度离不开两国教育管理层面的支持。随着中东地区汉语学习人数的不断攀升，该地区的地缘政治也会随之有所改变，充分展示了文化传播对中国形象的提升效应。

二、模式发展的背景

在我国对外传播的初期阶段主要由国家队担任宣传的主力军。当时由于可借鉴的外部资源非常有限，对外传播还是沿用对内宣传的模式，常陷入“你唱你的，我听不懂，也不想听”的尴尬境地。改革开放之后，随着外语人才队伍的壮大和与世界交流的机会增多，官方媒体在学习国外经验的基础上开始慢慢调整，虽然在技术上与发达国家相比尚有较大的差距，但已经积极学习探讨，展现借鉴外国传播模式的强烈意识。但当时由于受西方文化的强势冲击，中国文化的自信心不足，对本土优秀文化的挖掘度和提炼度还不够。随着中国文化市场的逐步对外开放，中外合作的对外传播模式开始有了萌芽，双方人员交流机会的增多，促进了具体项目的合作。1980 年日本曾拍摄纪录片《中国之食文化》，虽然当时由于我方技术力量不足，主要负责排场场景的统筹安排，但却是中外文化合作传播的有效尝试。

通过中外合作，持续培育具有国际视野的传播人才，向国际传媒市场推广具有中国特色的文化产品，对提升文化交流活动的影响力和中华文明软实力有着重要的意义[103]。进入新世纪，对外传播被提高到战略高度，想要提升传播能力就必须积极主动寻求与国际一流团队的合作。通过中外联合策划、制作和宣传，已打造出众多优质作品，如《金丝猴王国：勇者的世界》《重走马可·波罗之路》等，《功夫熊猫》系列动画片是中美合作的成功案例，两国的商业和文化资源汇聚起来，创造具有国际影响力、中国特色和商业利益的文化类作品。这些国际合作的成果走向国际市场，获得良好的推广和口碑。近年来，越来越多的中国主题艺术展在世界各地进行，这种活动得到在地合作伙伴的支持，并取得了商业领域的成果。文化出海的核心路径应该是走专业化和商业化道路。发达国家在对外传播方面有着更多的经验，今后我们还需要积极学习国际先进的文化传播理念，鼓励全世界的媒体人参与有关中国主题的作品和活动，利用全球资源为我所用。未来还须加强与国际一流团队的合作，通过共同投资、制作、生产和运行，建立起共担风险、共享利益的健康模式。

未来，国际传播市场的竞争将愈发激烈，只有通过国际合作，提升对外传播能力，才能在对外传播领域拥有主动权。只有拥有了足够的话语权，中国的主张才能被听到，这既有利于为中国发展营造良好的舆论环境，同时也有助于推动全球和平化进程。一方面，随着“走出去”和“一带一路”倡议的不断深入推进，中国企业在世界各地建厂，势必与更多国家进行交流，越来越多的人需要学习汉语，了解中国文化，有效的对外传播能化解因文化差异造成的冲突和误解。另一方面，中国在数字媒体技术的应用上已经走在世界前列，虚拟现实、增强现实、元宇宙、沉浸式体验等可以借鉴给技术薄弱的国家，帮助他们抢救传统文化，保护好人类共同的遗产文化。同时，今后应更注重在地运营模式的探索和创新，以更好地适应当地市场需求，避免宣传误差造成的资源浪费。中外合作将继续推动中国文化更好地走向世界舞台，增强国际影响力和竞争力[104]。

三、模式发展的重点

内生外发模式注重语言与文化的融合。中文热已经在全球悄然形成，借机推广有关中国文化的教育顺应了市场发展的需求，同时也能规避意识形态冲突等敏感议题。教育交流合作模式日趋多元化，借助教育项目合作积极宣传中国文化具有独特的优势。汉语的教学势必要涉及中国文化和社会的背景材料，可以把中国历史、经济、科技、艺术等领域的主题融入文化课程中。通过与外国教育机构合作，能够在当地推广中文教育，并深入探讨中国文化的各个方面，从传统的艺术、历史到现代的经济、科技等，以增进文化理解。对于中国高校境外办学项目，要通过课程体系来嵌入有关中国文化的课程，让外国的学生能够接受更为真实的中国文化，让他们对中国古代文明，特别是科技文化有更强的感知。而参加中外合作办学项目的学生更有机会走出国门，他们自身就是中国文化的名片，要树立起他们的文化自信心，成为外国人感知中国文化的直接素材。

内生外发模式需要注重自身能力的提升。世界范围内对于汉语学习的热度不断攀升，要利用好这个大好的机遇需要提高中国国际中文教育的实力，主动做好市场的产品供给，加强中文教育资源的打造，让国际中文教育成为中国教育出海的拳头产品。随着来华留学生人数的增加，国际中文专业师生的人数也开始攀升，应动员从事实践教学的老师进行对外汉语教学理论、教材和教学工具的探索。常规的线下中文教育需要一定的成本投入，因而线上教育模式受到越来越多外国人的认可，应充分利用全球资源，打造有关中文学习的权威平台，从图书资料、考试辅导、在线课程、到来华留学、奖学金政策等实现一站式服务全覆盖。语言学习本身不是所有学员的终极目标，许多人要想通过学习汉语了解中国的社会文化，接触更多中国人，进而到中国留学或就业。

科技进步能够驱动内生外发模式的进一步发展。科技创新为中国文化的全球传播提供了强大的驱动力。有了互联网和智能手机，人们就可以随时随地了解中国文化，作为中文资料的供给方，我们需要提供充沛的在线资源和咨询服务。随着抖音国际版、B站国际版的上线，越来越多的中国平台开始重视国际用户的需求，这些媒体平台极大地丰富了资源供给。平台利用大数据算法来确定用户的使用倾向，为他们推送更为个性化的内容，减少检索资源的时间。中国数字媒体技术的应用已经非常广泛，疫情期间大多数博物馆都上线了云游功能，通过这些技术让观众身临其境地感受异国文化的魅力，丰富体验，同时也能凸显中国科技的卓越力量。

四、发展案例

中外合作办学是教育高质量发展的创新之举。中国教育部大力支持合作办学，其目的就是借用国际一流的教育资源来发展中国本土的高等教育。课程设置通常包括跨文化交际和国际交流实践，这些课程可以帮助学生体验外国文化和中外教师差异化的教学理念，提高跨文化意识和跨文化交流能力。中外合作办学项目的学生更有机会前往外方院校学习，通过亲身体验不同文化之间的差异，感受不同教育体制和文化的交融碰撞，使他们的跨文化思考和交际能力得到锻炼和提升。中外合作办学项目带动国内外教师和科研等更大范围内的学术和人文交流等，促进教育方面的深入合作和可持续交流。

西交利物浦大学是中国西安交通大学和英国利物浦大学合作举办的中外合作办学机构。双方强强联手，互相学习和交流，不仅提升了两校各自的办学实力，还促进了中英文化的传播和交流。西交利物浦大学非常重视文化交流活动的策划和组织，为学生提供更广阔的文化视野和更深入的文化体验。例如学校的“语言文化周”活动精心设计项目来展示世界各国的文化特色和传统，国际学生可以参加中国书法、绘画、剪纸、画扇、香囊等传统手工艺活动；中国学生可以通过外文歌曲演唱、莎莎舞表演、外国电影竞猜、cosplay 大赛等体验西方文化。西交利物浦大学还积极推广中英两国的教育和学术交流。学校开设了中英联合实验室和科研团队，为师生提供更广阔的学术交流平台和机会。同时，学校还邀请中英两国的学者、艺术家和文化名人进行交流和演讲。西交利物浦大学通过丰富多彩的文化交流活动和联合学术活动，以点带面带动了更大范围的中英文化和教育交流。

浙江科技大学也在国际交流方面取得了卓越的成绩。浙江科技大学将国际化建设作为兴校之本，几十年来踏实推进学校优势学科与德国高校的合作。目前，该校与德国高校的合作已经成为合作办学的典范。学校利用德国多所高校的资源来提升自身学科建设，同时也为师生赴德国交流提供更广阔的平台。该校留学生质量和数量均呈连年攀升的趋势，在国内外的声誉已明显提升。每年学校都举办丰富多彩的文化交流活动，其中包括学生社团、文艺演出、艺术展览、文化讲座等多种形式。"国际文化节"，即年度特色活动，在此期间学校会鼓励中外学生参与其中，如"非洲文化节""西班牙文化节""德国文化节"等，让全校学生可以近距离了解不同国家和地区的文化传统和风俗习惯，同时也借此促进留学生和中国学生的交流。在文化节期间，学生可以欣赏到来自不同国家和地区的文艺演出、手工艺展示和文化讲座等，近距离感受留学生带来的多样文化。

第四节　汇通古今激发的"返本开新"模式

中华文明源远流长，是世界上唯一未曾中断过的文化，由此可看出中华文明的生命力和韧性。然而在过去的几千年中，中华文明并非一成不变的，相反它一直在有所坚守中自我革新，否则随着时代的演进，陈旧的文化早就被先进的文化所取代。"返本"是指激活传统"自在"文化，而并非全盘吸收拿过来，"开新"是指积累式创新，而非毁灭式再造。中国传统文化价值观以儒道文化作为根基，它的思想左右着中国人治世、修身修心的日常生活。当今的中国处在全新的时代，面对全球风云迭起的大局，还需要继续返本开新，既要睁眼看世界，寻求国际交流与合作，又要汲取本民族文化的智慧养料，传播和发扬中华传统文化。

一、“返本开新”模式

“返本”是指返回事物本来的面目或根本原则，即立足于本真；“开新”是指创造新的发展，结合新时代新环境进行创新。“返本开新”重视传统与现代、思想与实践、本色与发扬的实践探索。中华文明凝结了千百年来中国先贤的智慧，这些经验智慧和思想智慧源于中华，涵养中华文明。这样悠久的文化基础是世界上其他国家少有的，因此说当代中国有着厚实的根基。中国人在历史上曾多次遭受劫难，但最终依靠着特有的民族精神活出了今日的姿态，在历程民族危亡之际中国人都经历过“返本开新”的蜕变，这些血与泪的教训同样是不可多得的丰厚遗产。中国在短短四十年的时间完成了发达国家需要近百年才能完成的发展目标，从科学技术的“一穷二白”发展到今日在全球科技舞台占有一席之地，足以显示中国人有着特殊的学习本领和悟性，中国人的学习之心从未懈怠过。正是这些具有中国特色的禀赋成就了中国的发展速度，中国在数字时代同样要继续借助技术的力量，保存继承好本民族的文化，同时也要让中华文明中的智慧成分滋养全世界。

“返本开新”模式能够更好地挖掘传统。首先要意识到“返本”的重要性，只有动力十足地去“返本”，才可能有创新发扬和继承。现代人过度注重西方科技文化，以至于忽视了传统文化的优秀本质。事实上，中国传统文化中具有很多宝贵的内容。新文化运动启蒙了当时的国民，让他们有机会开眼看世界，接触西方先进的思潮和技术，但与此同时由于过度重视西方文化，造成中国传统文化被冷落。改革开放之后，中国越来越全方位地努力与世界接轨，大量的外来文化充斥在媒体和日常生活之中，加之教育未能及时填补对传统文化的教育，导致很多年轻一代从小就吃西方快餐食品，难以真正意识到中国传统的家庭饮食文化。因为从小就学习英语、钢琴、学习素描和 STEM 课程，导致年轻一代对书法等中国传统文化的热情大不如前。因此，对外传播过程中，首先要深入挖掘中华优秀传统文化蕴涵的思想观念、人文精神、道德规范，同时也强调要继承创新，展现中华文明的时代风采。

探求事物的本源或本质，通过深入了解和研究其基本原则、核心概念和本质特征来把握其精髓，才能在此基础上进行创新性思考和实践。因此，要对自己的文化有足够的了解，对文化现象或传统习俗的本质进行深入了解，理解其历史渊源、文化内涵和社会意义，才可能产生真正意思的大创新。在对外文化传播中，“返本开新”是必须坚守的底线。只有深入理解和研究自身的文化，才可能溯本清源，阐释其独特性，呈现其魅力。“返本开新”模式摈弃了错误的二元对立思想，强调继承式发展、创新式继承，为推动全球传统文化的创新性继承提供了指导思想。文化多样性是文明得以继续发展的蓄水池，防止被外来文化同化，保持各自文化的基因对弱势文化群体已经越来越难了，这就需要国际社会发挥积极的作用，否则失去了多样化的基因也是全人类的损失。

二、“返本开新”模式的重点

做好对外文化传播是一项长期而艰巨的任务，需要不断地探索和实践创新。只有浓缩提炼好本国或本地区的独特文化资源，借助多元化的传播途径和手段，才能在国际舞台上更好地展现其魅力。各国文化的对外传播面临的情况千差万别，没有可以完全照抄照搬的路径和模式，要发挥个体和集体的创造力。对外传播涉及文化、语言和制度的差异性，因此要充分发挥协调好内外力量，“打好组合拳”。首先要利用好在地华人华侨，他们已经扎根当地，对当地的文化有着更深的了解，他们的建议和参与更高效，华人社团组织往往都有自己的出版物和宣传渠道，这些都是重要的宣传资源[105]。另外，要发动当地的留学生社团、商会和驻外使馆，发挥各自的优势，作为组织机构他们有着更广泛的联络网络，他们的动员力量非个人能比。

“返本开新”模式强调传统与现代的融通。创新式继承凸显对本土文化精髓的传承和发扬，这有助于延续传统文化的生命力。通过这种方式，激励更多的人深入学习自己的文化，没有足够的学习者和研究者就谈不上传承发扬。例如中国的风水文化，曾一度被认为是封建迷信，错误的认知和指导思想导致出现继承人断代的局面。上千年传承的文化必然有其科学性，世界尚有许多科学无法解释的事情，不能因为现代科学无法解释就质疑其科学性。“返本开新”模式倡导在尊重传统文化的基础上进行创新，利用现代理念和技术来创新，也使得晦涩难懂、复杂难学的技艺被更多人理解。从古至今，风水常识在中国建筑设计中应用广泛，其深远理念和实际应用为绿色建筑的发展奠定了坚实的基础。市场上已经有不少风水学的小程序和应用软件，关于这门学科的各种讲座视频也可以平台上找到，这些现代技术对风水学今后的发展都有积极的促进作用。

"返本开新"模式鼓励创新。外国人不知道古代中国的科技发展水平有多高，当然就无法正视当代中国的发展奇迹。长期以来，对外传播方面偏重丝绸、书法等传统文化的推广，继而形成中国文化不过如此的狭隘认识，也容易造成外国人认为中国古代没有科学技术的错误认知。对古代科学技术介绍不多的重要原因之一可能是很难用文字和有限的图片讲清楚其技术流程和原理。随着数字媒体技术的不断发展，可以应用虚拟技术复原古代冶金、造纸、酿酒的全过程，通过生动有趣的动态呈现形式，让越来越多的技术"活起来"，为参观者提供身临其境的体验。

三、模式的主要内容

中国文化的对外传播要坚持共情策略，注重"在地文化场景、共享情感类型和共情内在机理"等路线探讨，才能更好地讲述中国文化故事[106]。"返本开新"意味着在传承和创新之间寻找平衡，从人类共有的情感需求出发，产生共情和共鸣。真正意义的文化交流首先要理解和尊重其他文化，文化互鉴也是为了自身文化的创新和发展。多数外国人没能有机会来中国亲自看一看，走一走，他们对中国的认知完全建立在自己获取的信息基础上。对外传播过程中就尤其需要创新传播方式和内容。长期以来，我国对外传播注重京剧、丝绸、书法、旗袍这些符号性明显的主题，然而除了这些令人赞叹的"高大上"题材，外国普通民众可能更想了解鲜活的中国生活。因此，在对外文化传播中，应该多强调这些人性共通点，涉及家庭、友情、爱情等主题，呈现普通人的喜怒哀乐，才能引起共情。要把真正的中国故事讲清楚，可以少一些宏大叙述，多讲当代中国人的生活。

保持与国际接轨也是模式的重要内容，可以最大限度地减少适配成本。对外文化传播的内容需要与国际接轨，采用外国人常用的理解和接受方式，淡化政治色彩，才能最大范围地引起共鸣和关注，避免引发负面效应[107]。中国的"熊猫外交"就是很好的例子，通过可爱的熊猫形象来传递中国的友善与和平理念，同时也展现了中国文化的独特魅力[108]。随着多元化的传播内容延伸到更多产业中，如网络游戏、电影、音乐等，通过这些软文化产品来加强普通外国人与中国文化的触碰[109]。对外文化传播的内容应该有鲜明的本国文化特色，辨识度不足的文化很容易被淘汰，故意炒作制作传播噱头更不可取。

“返本开新”模式是文化对外传播的指南针。随着人类进入工业时代，大规模批量产品的快速生产让传统技能无法维系，传统手工艺的传承已经成为世界性难题。中医作为中国文化的名片，因缺乏国际认可的量化标准而无法被科学界广泛接受，这也导致中医人才在国外难有较大的职业发展空间，中国的中药产品常常无法获得国际广泛认可。对此，我们需要深入研究国外成功的营销策略。与此同时，中国高科技企业也应参与中医药的振兴事业，通过科学大数据算法来助力中医的与时俱进。此外，也应加强国家层面的交流沟通，因为只有沟通才能找到解决方案。为使中医人才和中药早日造福全人类，需要研究出接地气的策略，否则也不利于中医的可持续发展。通过深入了解和研究不同文化，尊重文化差异的基础上进行交流，发挥跨文化人才的智慧，是做好传承与发展的关键。

四、典型案例

饮食是最能引起外国人共鸣的话题，中华饮食文化千年传承而不断，其精髓就是“民以食为天”的生活理念。对于中国人而言，“吃好、吃得健康”就是生活的意义，所以中国人愿意在食物上花费精力，愿意研究食材、烹饪的学问。系列纪录片《舌尖上的中国》在国内外引起了前所未有的关注，证明饮食文化对中国人的意义非同一般，同时也透露出外国人对饮食文化的极大兴趣，这就是共情的力量[110]。他们通过这个节目不仅看到了中国各地丰富的食材，还看到了中国人对食材原生态的追求，烹饪方式与食材的配合，饮食与节气的深刻关联。通过一个饮食节目来了解中国人的性情，中国人的理想，中国人的人生追求，中国人的人生态度，它的文化传播效果已经冲破了饮食这个狭小的话题，以小见大，产生巨大的文化外溢效应。

推广有关中国的各种节日文化是国际传播的新路径。近年来，中国各级政府部门、民间机构积极参与创立“中国文化年”“国际中文日”等特色活动，充分借助各驻外使领馆的资源，在当地举办有明显中国味的文化活动，通过举办大规模的文化活动，如文艺演出、艺术展览、文化论坛等，吸引海外受众的关注和兴趣。法国的“中国文化年”、俄罗斯的“中国文化年”、意大利的“中国文化年”，越来越多的国家参与其中，活动形式和内容也越来越充沛。法国、意大利等地举办的中国传统文化展览、中国书画展、中国戏剧节等系列活动，促进了中欧国家的文化交流和合作[111]。党的十八大以来，在全球举办了30余次大型中国文化年(节)系列活动，围绕着“古老的中国”“多彩的中国”“现代的中国”等主题，促进中俄、中美、中欧、中阿、中非等文化交流合作机制向更高层次发展，成为全方位展示中华文明精粹和国家形象的重要平台[112]。

非官方交流项目积极促进不同国家和地区间的文化交流和理解，推动文化创新，提供新的视角和思考方式。2017年起，秦始皇帝陵博物院与美国史密森尼学习及数字访问中心合作联合线上数字教育资源，开创中美“兵马俑史密森尼数字教育”线上模式，让中华优秀传统文化创新性地走进美国中小学课堂，扩大秦文化在美国的传播，增进中美博物馆之间的合作和发展[113]。新媒体技术让人人都能做主播，这些主播身上有着原生态和朴素老百姓气质，他们的平民化的视角更适合外国人的需求，其叙事更接地气，更容易产生共情。中国老木匠“阿木爷爷”在国际社交媒体的走红就是一个例子。这位普通的老木匠，通过锯、刨、凿、磨等传统木工手艺，不用一根钉子、一滴胶水，制作各种精致的木器，特别是孔明锁系列玩具，他的作品在YouTube上吸引力了越来越多的外国粉丝，让外国人看到中国玩具的科技含量[114]。他就地取材自己设计制作的独木桥、水车等手工艺品，向世界展现出中国木工的匠心精神。在外国人眼中，他是一位了不起的爷爷，从其作品中不仅看到了中国工匠精神、技艺的发扬创新，还感受到了含饴弄孙的家庭温馨、勤劳俭朴的中国百姓生活。

第五章 科技汉语与中国文化对外传播的技术支撑

中国的大国形象不仅体现在人口和经济总量，更应体现在文化的影响力上，只有硬实力和软实力相得益彰，才能体现"丰满圆润的健康态"。目前，我国在国际舆论场中还未取得足够的话语主动权，常处于被动发声的局面，既不利于自我形象的塑造，又无法及时发出正义的声音。数字媒体时代为扭转这种局面提供了契机，人工智能技术正在重新定义全球传播生态，技术将突破政治和经济的藩篱，赋能公平正义的国际传播秩序。科技汉语与文化的对外传播效能需要新技术、新理念的赋能，只有不断创新技术手段，如人工智能、虚拟现实、大语言模型等，才能提高传播的效能[115]。当务之急是要加快国际传播理论体系和新型传播人才队伍建设，同时加强对国际传播趋势的研究。

与传统中国文化的对外传播有所不同，科技汉语与文化传播凸显科技层面的交流与理解，旨在展现科技进步对社会发展的支撑力。科技汉语课程也会主动将更多与科技相关的话题融入语言教学中，让充满科技感的现代生活与汉语教学关联更紧密，学习更接地气的汉语。同时也要求针对不同受众，采用不同的教学方法和技巧。例如，针对在华留学生的教学，要利用他们所能接触的高科技场景来培养学生的交际能力和科技文化素养。而对于不在中国的汉语学习者，需要给予足够的背景知识补充，借助于多媒体技术和网络资源，让外国人感受科技在中国日常生活中的高渗透力，了解科技在中国迅速发展中的巨大贡献。当他们感悟到科技进步驱动中国高质量发展的事实时，自然会身体力行地去讲述中国式现代化的故事，成为各种谣言的粉碎机[116]。在这个“万物皆媒”的新时代，做好传播既要主动发力，又要擅于借力，利用国内外一切可以利用的资源，从他塑转为自塑才能展现真实的自我。

第一节　传播技术环境的打造

中国现代化发展成绩斐然，众多发展中国家渴望了解中国道路、中国方案，期望通过中国智慧、中国经验、中国思想来解决发展中遇到的问题。向世界讲好中国式现代化的故事，需要艺术，更需要技术。国际传播趋势正在从宏观大叙事向微观小叙事转变，今后个性化和碎片化的传播将成为主基调。要在全球新媒体竞争中占领一席之地，即需要极强的市场感应度，更离不开技术的赋能。对外传播需要利用传播技术和设施，建设高效、便捷、舒适、安全的环境。新媒体时代，以文本为媒介的传统模式逐渐没落，取而代之的是影像视频、虚拟场景、直播平台等新型模式，更加直观和引人入胜。新媒体技术日新月异，不主动升级理念和技术，就容易被淘汰。

一、对外传播的技术环境

以 ChatGPT 为代表的生成式人工智能和系列数字平台已经开始进入全球传播的赛道，对外传播正在从文本时代向视频时代逐渐过渡，Sora 的出现则更是加速了这个进程，技术已经成为影响对外传播的重要变量。对外传播的新生态和新秩序都随着新技术而发生演变，技术正在颠覆以往“西强东弱”的格局。新媒体时代传播行业必须主动变革，积极应用新技术，合力打造专业化的传播矩阵。想要有效地进行对外传播，就需要对目标受众群体和所在国家的媒体环境进行准确研判，对于中国媒体界而言，这是一个巨大的挑战。所幸的是，中国数字技术和算力已经走在世界前列，从技术上来说已经具备弯道超车的实力。全球有影响力的媒体集团大都来自发达国家，他们能够发展壮大依靠的就是经济和技术优势。中国已具备打造国际影响力的媒体所需的经济和技术条件。然而目前尚缺足够的经验，需要不断借鉴他国的先进经验，以便能抓住这个难得的发展空窗期。

中国的数字技术应用已经呈现普惠化特征，从技术成本和实力来看已居世界前列。智慧型社会关联普通人生活的各个方面，这与互联网质量和智能手机的广泛普及紧密相关，各种数据资源的高效率广泛应用，也使海量的信息转变为媒体库资源，这些都是信息技术的重要价值体现[117]。中国的互联网技术和媒体技术位居前列，但中国媒体在全球的影响力并不瞩目，如何让技术赋能传播是需要深思研究的当务之急。全球各个国家的文化、基础条件和媒体生态差异非常大，既要利用本土技术，又要利用当地资源，对外传播需要内外两手抓，摒弃“闭门造车、以我为主”的主观思维。否则，不但无法实现期待的传播效果，反而可能引发不可预期的后果，损害我国对外传播的形象。

智慧平台和资源体系建设是对外传播的有效保障。通过大数据算法，可以精准定位传播内容、受众和方式，因人而异，因地而异，主动寻找舆论焦点。BBC依靠遍布全球的外派和在地媒体人，把英国文化和价值观传递给世界，尽管花费了巨大的人力成本，但其所产生的影响力也是巨大的。中国有足够的技术和资金打造出世界级的网络传播矩阵，实现弯道超车。中国形象的传播应采取双轨并行的策略。一方面，要动用一切力量在国际主流媒体平台上进行主动传播，例如主动增加 Twitter 等平台上有关中国的信息资源，提供立体充沛的可检索资源；另一方面，要加紧打造具有国际影响力的本土媒体平台，抖音、B站及爱奇艺的海外发展已经产生积极、广泛的国际影响力。

二、技术环境打造的必要性

中国面临着险象重重的国际舆论环境，唯有掌握话语权和主动权才能变被动为主动。国际舆论常被西方大国掌控，针对中国的各种不实报道往往由于缺乏来自中国本土的立体声音走向负面发酵，整体来看中国形象的“自塑”能力还须进一步提升。为应对这些挑战从而赢得良好的发展环境，必须加快加强对外传播能力的建设，同时把优秀的中国文化和经验分享给全球。近年来已经取得显著的成绩，从抖音出海、“原神”手游的走红到受欢迎的网络文学和 ReelShort 网剧短视频，数字技术发挥了前所未有的传播效能，这些中国文化产品的“出海”将会重塑外国公众对中国的印象。“平台世界主义”已经成为国际媒体圈关注的趋势，世界主义作为人类长期憧憬的愿景在网络主导的国际新格局中逐步成为现实[118]。在新媒体时代,人们可获取更丰富的信息资源,全球舆论开始去中心化,技术鸿沟导致的不公平将得以有效改善。中国需要鼓励并支持像抖音、B站等媒体传播平台“出海”,加强国际市场中中国文化产品的供给量,让国际用户在体验中国文化的过程中感知立体的中国。

中国的“科教兴国”战略值得全球借鉴。中国经验对大多数发展中国家都有极高的借鉴度,只有加强对中国科学技术文化的对外传播,才能让世界感知中国高质量发展背后的科技力量,让中国的科技赋能全球更多国家的发展,避免他们再走弯路,实现高效、可持续的发展。只有积极主动分享科技创新成果,才能真正履行发展人类命运共同体的使命。科技不仅能减少对地球资源的损耗,还能为更多的国家带来发展的希望和机遇。从古至今,中华民族就崇尚实践和创新的精神,古代中国的科技成就与现代中国的科技实力交相辉映,形成了一幅绚丽多彩的画卷。然而由于长期缺乏有效的对外传播,导致国际社会虽然认同中国悠久的历史,但对中国文化的科学性持有疑问。现在中国有能力向世界展现一脉相承的科学创新精神,我们有责任讲好中国科技的故事,为自己正名,也为全球发展贡献中国智慧。

随着中国国际影响力的提升,开始在越来越多国际事务中发声,但目前中国发声的主动权和力度还与大国身份不相称。为了让世界了解中国的国家治理智慧、文化及中国对世界的贡献,需要掌握舆论的主动权,不能任由西方媒体任意筛选屏蔽。在全球性事务中,中国始终主张和平对话,2023年中国促成沙特和伊朗的握手言和,为解决世界性难题树立了良好的范本,然而西方主流媒体对于此事件要么轻描淡写,要么干脆避而不谈,由此可见加强对外传播的紧迫性和重要性。当务之急,是从技术上找到突破口,确保中国的声音发得出去,传得更远,让世界听到我们的立场和贡献。

三、技术环境的重点

随着人工智能和大型语言模型参与国际传播,数字时代更有利于建立公平、公正的国际传播秩序。为确保对外传播走在世界前列,需要建立高效的联动机制和政策保障体系。对中国而言,深化对外传播的体制改革和机制创新尤为重要。随着科技与对外传播的融合不断向广度和深度演进,建立前瞻性的对外传播机制和政策，是可持续发展的关键。优质的机制需要与之相匹配的高效监督评估机制，因此要保障媒体监督和反馈渠道的畅通，通过对监管过程的全链条跟踪，发挥释放数据红利和佐证作用，更加精准地评估传播效果。

高质量人才的挖掘和培养是对外传播工作的重中之重。新媒体传播带来的巨变引发人才培养模式的改革，跨文化传播人才的培养需要政府、高校及社会各界的共同努力，制订科学的培养计划，重视跨学科融合，确保人才具备多元的知识和能力，包括新闻传播、媒体设计、语言文化等。国际化视野的拓展和提升也是人才培养的重要环节，应鼓励和支持人才参与对外传播实践项目，参加国际媒体实习、国际文化交流活动等，以积累更多的传播实践经验；同时也应加强本土培养和人才引进的结合，积极引进国际教育资源，通过中外合作办学或联合培养的方式培育新一代传播人才。

互联网媒体思维和人工智能技术开启智媒时代的传播新模态。在数字时代，高质量的内容和准确的投放建立在算法支撑的基础上，大数据能够精准研判和分析目标受众需求，据此来制订传播内容和策略。因此，重视用户行为的分析，从在地受众需求出发，利用大数据实现个性化、精准化的内容推送。人工智能的介入使本土化的传播风格的更易实现，提升了内容的亲和力。数字时代的对外传播需要秉承创新思维，不断创新传播手段，建立科学的效力评价体系，加强传播队伍建设，以形成科学合理的对外传播模式。

四、技术环境打造的成效

当代中国人对媒体的开放程度有着切身的感受，从观看电视节目到畅游网络世界，获取信息的自由度逐渐放开。技术赋能不但扩大了获取信息的空间，而且让更多人参与到媒体传播的实践中。浙江省为了打造国际化名片，通过互联网媒体技术提升品质内涵建设，建设浙江省政务系统统一平台，过去费时费力的线下服务业务可以在线上畅通无阻地办理；通过支付宝搭载各种民生服务功能和新闻传播平台，实现大部分民生业务都能够使用手机办理，开启智慧政务的改革。近年来，越来越多的外国人来到浙江，接地气的智能服务让他们感受到中国的科技感，主动参与到宣传浙江的行列中来。“2023年杭州亚运会”期间，各种5G技术让来自世界各地的国际友人体验到杭州的传统与现代，杭州名片效应在未来将持续发力。

移动互联网时代传播的效能取决于对受众的研究。中国新媒体阵地已转场至移动端，抖音、B站、小红书、微博、微信成为受众获取信息的“大广场”。经过十多年的整合改革，中国的融媒体机构阵营强大，全媒体能力明显提升，产品的质量和数量有提质增效的趋势，媒体平台和文化产业数字化转型发展势头猛。5G技术的广泛应用，不仅为国内用户提供了高速、稳定的网络环境，还为国际用户提供更优质的服务，传播信息和文化产品的深度和广度均有巨大的突破。随着中国社交媒体平台的国际影响力不断提升，国际用户不断攀升，海量的资源，包括影视作品、娱乐游戏和音乐作品等，为他们了解中国、学习中国文化，提供了畅通无阻的渠道。通过抖音、微信等平台，有关中国的内容得以更快速、更便捷地传播至全球，增进了国际社会对中国及中国文化的了解和认同。

第二节　信息技术的广泛应用

长期以来国际舆论场主要由西方发达国家主导，要打破这种不公平的局面需要依靠科技的力量。信息技术在存储、处理、传递、展示和软件应用等领域全面赋能文化建设，为文化的全球传播提供了新的契机。云端存储使得海量信息的加工、调用、搜索能够在瞬间完成，加快了数据检索和保存的速度，为快速和高效的对外文化传播提供了强有力的支持。以敦煌艺术为例，数字技术不断推进敦煌壁画的保存和国际研究的深度，而数字图像和信息的全球分享让从事敦煌研究的学者们轻松开展研究，推动了敦煌文化的对外传播和研究[119]。各类应用流行软件、网络游戏更是直接提升了外国人使用中国产品的意愿。传统文化中的书籍、绘画、音乐，如果没有信息技术的赋能，就面临保护难、可持续发展更难的境地。传统文化与现代科技相结合，才能释放生命力，科技也因此获得更多的用武之地。中国“软实力”的建设和国际传播离不开信息技术的加持，据此能够增强中国在国际舞台上的影响力和话语权，提升中国的国际地位和国家形象。

一、对外传播的信息化基础

信息传播的效力取决于传播内容和媒介，为了实现预期的效果需要有坚实的技术支撑。以传播内容为例，如何定位目标群体、选定传播题材和语言风格，都离不开大数据的分析。在信息爆炸的时代，特别是对外传播经验不足时，大数据将成为重要的生产力要素。传播效果取决于传播媒介的触及率。随着智能手机的日趋普及，各个媒体平台都在增强智能推送的能力。在数字时代，流量不仅可以追踪，还可以量化分析，精准研判。与发达国家相比，我国主流媒体报道内容在国际媒体的转载相对较低，导致中国声音难以得到广泛传播。为改善这一状况，应利用大数据对全球有影响力的媒体数据进行分析，预判有关中国的舆论风险，及时公布事实真相，抢占先机，避免陷入被动应战的局面，让大数据在我国对外传播中发挥更大的作用。

基层信息化建设是高质量对外传播的基础。中国政府高度重视基层社会的信息化建设，制定了一系列相关政策和规划，给予资金和人力的扶持。目前全国各级政府和部门正持续建设和维护数字化网络平台，确保数据和信息的联通、共享及更新，为民众提供更加高效、便捷的服务。全国数据平台和全国联动的信息平台对于信息的收集、高效政务和动态监测都有积极意义。国际社会对外部信息的信任度通常建立在坚实的数据基础之上。以数据为依据，才能清楚地阐述观点，才能获得他人的认同和支持。国际传播的效能取决于对外阐述的能力，用事实说话并有足够的数据支撑才能占领舆论制高点。中国基层的信息化建设使普通民众有了更多、更直接的发声空间。中国在实施乡村振兴战略的过程中，完成网络基础设施“村村通”的惠民工程，如今村民们都有机会成为主播，将田间地头的故事分享给全世界，“草根”助力推动中国乡村文化“走出去”。

中国对外文化传播的信息化建设已奠定了坚实的基础，并已取得系列显著成果。共同发展是维持地区和平、促进人类福祉的关键。为了让更多的国家享受互联网信息化带来的红利，中国积极利用自身的经验，帮扶“一带一路”国家进行基础建设，特别是网络基础设施完善，充分利用“一带一路”新闻合作联盟和媒体合作论坛来加强各国媒体之间的合作。2020 年中国和缅甸等湄公河五国共同启动澜湄水资源合作信息共享平台，进一步加强这些国家在水资源数据、信息、知识、经验和技术等方面的共享，实时数据的发布和共享，对于应对灾害、采取联合行动、加强地区间的合作和交流都有重要意义[120]。未来，"一带一路"共建国家的媒体将不断深化合作，在国际舆论场中发出更强的合作之音，为推动构建人类命运共同体贡献媒体的智慧。

二、对外传播的信息化条件

中国有着群策群智的集体意识，同时也有国家主导的凝聚力。更重要的是，近年来中国的信息化建设已经全行业、全领域深入融合，新媒体传播技术位居世界前列。习近平总书记在党的二十大报告中对"增强中华文明传播力影响力"作出重要部署，要求"加快构建中国话语和中国叙事体系，讲好中国故事、传播好中国声音，展现可信、可爱、可敬的中国形象"[121]。全国上下都在探索有效路径，致力于扭转"有理说不出、说了没人听、听了没人信"的状况，加强中国声音的穿透力和影响力。传统的对外传播模式较为单一，内容表达上过于严肃，缺乏足够的主动性和互动性，传播策略不够接地气，当下要加强传播平台的国际化运营指导，加强数据赋能能力，对传播效力进行科学评估[122]。以上问题都需要针对性地深度分析，汇聚国内外传媒专家的智慧，研讨出科学的策略和方案。

对外传播要加强思想引领、理论挖掘和大数据建设。当前对对外传播内容的挖掘提炼还不够深入。跨文化传播效能的核心要素是优质的内容，中华文明浩瀚如烟且包罗万象，虽有众多好故事，却面临讲不好的窘境，大多是因为对外传播经验不足。口号式的传播内容缺乏人情味，难以触动人心。过多的宏大叙事与普通人的日常生活体验脱节，也难引发共情。在自媒体时代，人人都是媒体人，人人都可以分享自己的故事，个体的叙事常常更有感染力，但民间的对外传播也需要专业的指导和科学的策划，才能发挥最大的效应。

三、信息化的必要性

互联网时代最大的红利之一就是让信息从线性传播实现了裂变式传播，这种模式使得传播在广度和深度上实现革命性突破。数字技术让信息传播插上了翅膀，让信息传播具有了可验证、可跟踪性。在全球都开始重视信息化建设的时代，不作为和闭门造车都会成为信息洼地，故步自封意味着陷入信息孤岛，无论从国家安全的角度，还是可持续发展的角度来看，都会埋下危机的隐患。

信息化建设是民生和民权发展的重要表现。欠发达国家的信息化建设程度都不高，这也意味着管理方面会存在漏洞，因为监督审查难度加大。加强政务信息化建设能够有效解决消极怠工和缺乏公正性等问题，因为一切信息皆有据可查，区域链保障信息的真实性，因此说信息化建设是社会高质量发展的保障。此外，信息化建设让公民获得更多的发言权和参与权。没有强大的媒体监督和高效的信息发布机制，公民权利受到侵害时也无法发出响亮的声音，这不仅仅会损害公民的权利，同时也削弱了公民对法律的敬畏和尊重。社会治理需要来自基层的意见和声音，信息化让这些声音能够高效地被收集，有助于及时的调整和改善。

四、信息化取得的效果

中国的信息化建设已经走在世界前列，近年来中国政府建立健全了覆盖全国的各级政府系统，行政管理部门和事业单位间的平台也已联通。阿里巴巴研发的钉钉平台为企业、学校和政府机构提供安全、多功能的办公服务，作为在线工作、学习平台的典范受到高度认可。中国最大的知识数据库中国知网(CNKI)，经过 20 多年的持续建设，目前其功能不断完善，正在加强国际版的建设。越来越多的外文期刊也被收录其中，现已增加了自动翻译、国外人士检索信息的功能。此举是知网提升国际化、融入国际学术圈的举措，主动提升服务全球用户的能力，也是中国学术期刊积极应变的行动体现。长期以来，外国学者因为不懂汉语和访问权限受限，无法获取中文学术期刊的成果。信息化就是让信息释放价值的技术革命，只有加强信息化建设才可能实现信息转化为经济红利，减少信息误差带来的损失，让信息发挥造福全人类的功用。

信息化建设促进中国城市文化的对外传播。2023 年中国文旅产业指数实验室发布的 11 月全国省级文化和旅游新媒体国际传播力指数报告中，排名前五的分别为江苏省、安徽省、山东省、新疆维吾尔自治区和陕西省。指数报告基于 5 个国际主流媒体的加权值，包括 Facebook、Twitter、Instagram、

YouTube和TikTok，经过综合测算得出传播力指数。沈阳市通过数字技术，搭建了政府部门、专家智库、设计团队、高校等多方资源共享、跨界融合的长效工作平台，形成了融入式、沉浸式、生活化的原住民文化体验生态链条。济南市通过举办第七届中国非物质文化遗产博览会等重要活动，发布“连接现代生活 绽放迷人光彩”的主题宣言，成功地将非遗项目推向了全球。此外，福州、长沙、宜宾等城市也都在海外网络传播力方面做出了不俗的成绩。

“遇见中国”数字科技艺术特展也是国际传播的优秀案例。“遇见中国”数字科技艺术特展通过创新数字化开发、传播和表现形式，将中华优秀传统文化进行数字化呈现，有效推动了中国文化和科技产品“走出去”[123]。在新媒体时代，创新传播方式已经成为文化“走出去”的必然之举，也是赋予传统文化崭新活力的机遇。此次特展借助虚拟现实、增强现实、全息投影等先进科技手段，打破了时间和空间的限制，将中国传统文化元素与现代科技相结合，为观众带来了全新的沉浸式体验。同时，特展也促进了中外文化交流和互动，让更多的外国人了解和认识中国文化的魅力。在世界多国巡展期间，“遇见中国”数字科技艺术特展通过创新数字化开发和表现形式，将中华优秀传统文化进行数字化呈现，有效推动了中国文化的对外传播和发展。

第三节 教育科技产品的研发

人工智能技术重塑国际传播的格局和生态。随着虚拟主播、智能翻译、AI辅助写作、风格仿写、AI配图等技术的广泛应用，今后从稿件撰写、新闻播报、视频制作都可以由人工智能辅助完成。科技产品的迭代期越来越短，意味着媒体人要保持不断创新的学习态度，否则就会因技术落后而被淘汰。在教育领域，各种学习App不断推陈出新，基于互联网和人工智能技术的线上教育平台的不断升级，AI教师也开始正式入场。教育产品的研发，从数字教材、试题库、虚拟平台，到多媒体教学设备、智能终端等，进一步推动了知识传播的路径和方式，使学习体验变得更有趣、个性化和智能化，提高教学质量和效率。

一、国际中文教育技术的创新

长期以来，西方发达国家凭借着对科技和教育的高投入成为教育强国，而强大的教育又反哺社会和经济的发展。教育要满足时代的需求，解决时代面临的问题。随着中国与世界各国交流的日益频繁，国际中文教育的国际需求市场更加广阔，为中文教育提供了难得的机遇。英语国家的迅速发展与英语作为世界通用语的地位有着密切的关联。中文要走向全球，除了要借鉴英语推广的经验，更重要的是要适应新型教育市场的需求，在技术上和教育模式上主动开展智慧教学平台的建设和升级。中文线上授课平台、在线学习资源库、练习测试平台、多媒体资源库、电子教学资料库等平台的建设，为国际中文教学奠定了坚实的基础，智慧教育将成为今后国际中文教育的新模式。

基于互联网信息技术的各种智慧教育实践探索拉开了中国教育智慧转型的大幕，而新冠疫情的暴发使得发展的脚步进一步加快。数字化平台通过大数据、云计算等技术，为师生提供了更加个性化的学习体验和教学服务。海量的线上课程、学习数据分析、个性化学习资料精准推送，让学习者可以通过数据反馈来优化学习策略。“学堂在线”是清华大学自主建设运营的中国首个慕课平台，向全球超过1亿用户提供录播课程和线上直播课程，方便学生的泛在化学习，推动实现优质资源共享、教育公平与教育高质量发展[124]。云计算技术的应用主要体现在资源共用共享、大数据计算和存储资源的高效化，教育机构能够更高效地管理和收集数据，用户能够实现跨校区、跨国别团队协作。物联网技术的应用，使智慧教室和智慧校园得以推广，方便校园管理的同时，也方便师生学习、工作和生活。

尽管国际中文教育起步不算晚，但几十年来依然采用较为传统的教学模式和方法。由于教材研发和标准制定存在一定的滞后性，再加上中文本身的复杂性，国际中文未能像英语一样得到大规模传播和推广。互联网普及、各种学习平台和小程序的研发，特别是人工智能技术为国际中文教育的智慧化转型提供坚实的支撑。当前国际中文教育已经开启多元创新模式，智慧中文教室、网络中文课堂、混合课堂模式逐渐走向成熟。各种线上中文学习平台和学习软件也在不断推新，科技的不断创新为国际中文智慧化转型提供了动力。中文被认为是世界上最复杂的语言之一，中文语法是令师生都头疼的问题，文心一言、通义千问等大型生成式人工智能工具的出现，为外国人学习中文提供了更加智慧化的AI助手，在有关语法方面的讲解颇具优势。人工智能语音识别技术已经广泛应用于语音教学中，极大地减轻了教师的负担，满足了学生对即时反馈的需求。

二、教育科技创新的重要性

人类的知识和经验通过教育来传承，真正的教育离不开实验和实践。中国传统教育模式往往是教师讲解和答疑解惑，这种模式不利于培养学生的创新思考能力，在人工智能时代教育改革已经迫在眉睫。随着国际教育理念对中国教育的影响力愈加明显，中国教育也开始重视实地考察、实验模拟和实践环节。ChatGPT的出现让世界各国都开始修订教育的政策，全球教育界对人工智能的教育赋能普遍认可，不仅要升级各种虚拟仿真和实境平台，增加学生实践的机会，更重要的是引导学生利用生成式人工智能工具，培养提出问题、探索问题和解决问题的能力。

教育领域的科技创新具有复利效应。教育对个人而言是生活质量的决定因素，对国家而言则是高质量发展的基石。教育科技创新可以为学生、教师和社会的全面发展提供更好的技术保障。线上教育为传统教育注入了新的活力，这种更灵活、便捷的教育方式将成为泛在化学习的重要模式。对于学生而言，能够在体验中学习和了解先进教育技术，也有助于启发他们更高纬度的思考。虚拟现实、增强现实等技术可以为学生提供更生动有趣的学习体验，增强对知识的感知和理解。对于教师和管理者而言，互联网＋教育的模式可以突破地域和时间的限制，促进优质教育资源共享，提升教育的公平性和普及度，其优势已经日益凸显。教育教学的理念、模式、内容、方法要与国家的发展相匹配，教育才能造福个人和社会。

教育技术创新也是实现教育强国的重要路径。凡是能保持强势发展劲头的国家，无一不是借力于先进的教育，如美国、德国、日本等。中国教育近年来已经取得快速的发展，但总体来看教育的整体质量，特别是高等教育的质量与世界强国相比还有一定的差距。虽然我国来华留学生总量已经逐年增加，但发达国家学生到中国高校来学习科学技术的人数并不多，这也间接反映出中国高等教育水平有待进一步提升。强大的教育会吸引优秀的人才,同时也会反哺经济社会的全面发展,这是近现代西方社会发展总结出的重要经验。美国、日本、德国、英国的可持续发展无不依靠强大的教育产业所产生的红利。只有通过不断的教育创新,多向教育强国学习,才能吸引世界范围内的优秀人才。人工智能在各行各业广泛运用,为教育带来了技术升级的契机,加强校企的合作与交流,通过创新教育模式来推动教育与产业的深度融合,培养产业急需的技术人才,既是教育的使命,又是行业发展的需求。

三、教育新技术产品的应用

新技术的不断涌现,拓展了教育者的认知边界。移动学习平台让用户可以随时随地学习,5G 技术提高了远程教育的质量,实现实时清晰画质的传输,大数据让学习更加科学化,数字化技术正在逐渐走进远程教育领域[125]。长期以来,如何以生动、易懂的方式呈现抽象、枯燥的知识点是教学过程中的难点。虚拟现实和增强现实技术为学生提供了身临其境的学习体验,使学生能够在虚拟环境中获得类似实境的体验,这种体验对于历史课、地理课、科学课等实践要求高的课程尤为重要。在医学专业的教学中,在真正进入医院临床实习之前,学生需要有足够真实的操作实践,通过增强现实技术,学生可以在模拟的真实环境下反复操练,这样既能降低实践成本,又能提高学生的实践能力。虚拟现实技术可以创建更逼真的虚拟环境,3D 立体模型、动态图像可以将抽象的概念具体化,让物体的呈现更接近实物,帮助学生更好地理解和记忆复杂的知识点。

线上资源的开放共享为师生提供了更多的便利。由于信息迭代不断加速,终身学习已经从可选项变成必选项。教师的知识储备必须不断地更新才能将最新的研究成果传授给学生,才能保证学生获取前沿、全面的知识。互联网线上资源的共享,让教师和学生都能找到自我提升的多元路径。学生和教师有问题也可以通过互联网自行学习,探究解决方案,有助于培养学生自主学习的能力。部分在线学习平台提供人工智能助服务教,对于常见的问题可以及时答复。对于一些需要大量记忆知识点的科目,如法律类课程,教师和学生的负担明显减轻了。过去,法律类专业学生需要大量的背诵和查阅纸质资料,但有了大数据库就可以瞬间调出引证,大大提升了学习的效率。平台大数据可以分析学生的学习行为，为每个学生提供个性化的学习建议，帮助学生优化学习策略。同时，线上协作工具也可以让师生方便地进行团队合作，提高工作效率。学习数据可为学生、教师、研究者和管理者提供更科学的决策参考。

人工智能学习机是儿童教育的利器。现代家庭对于孩子教育的重视促使教育学习机的不断升级。儿童学习重在培养习惯和兴趣，个性化教育需要家长投入大量的金钱和精力，这是很多家庭无法承担的。智能学习机针对儿童学习的特点和操作习惯而设计，能够充当儿童家教、聊天助手，甚至玩伴。学习机的内容支持升级和扩充，家长可以根据需求对学习机的内容进行调配。人工智能英语陪练是智能学习机的重要功能之一。语言学习重在真实场景的应用，为孩子找到一个可以练习英语的语伴非常重要。学习机中的人工智能陪练能够满足日常口语的对话需求，同时其人性化的语言风格也更容易让儿童开口交流。学习机还能根据用户的需求来陪伴聊天，充当百科全书的功能来答疑解惑，能够满足讲故事、唱歌这些基本的儿童教育需求。智能学习机的功能还在日益丰富化，对于缺乏儿童教育条件的群体来说，集老师、家长和伙伴多重角色的工具对于儿童教育有着重要的补充作用。

四、典型案例

“中文联盟”正在聚集中国优质的中文学习资源，致力于连接世界中文教师、学习者、科研机构以及出版机构，推动中华文明在世界的传播与发展。该平台为来华留学生、海外中文学校、中文课堂、海外高校国际中文教育机构等提供一站式中文学习资源服务，是海外中文教师、中文志愿者等构建专业的交流发展平台，同时也为汉学家、中文教师、中文学习者等提供专业的学术交流平台。在远程教育领域，“中文联盟”不但已经上线了数百门录播课程，而且提供定制类课程的远程服务，还积极与国际知名线上课程平台合作，共同开发适合全球中文学习者的中文学习资源。作为当前最大的国际中文教育平台，“中文联盟”今后还将加强资源库建设，汇聚全球中文学习精品内容，提高客户的智慧服务功能，为全球中文学习者提供更方便、更快捷的服务。

“中国大学 MOOC”是由中国教育线上平台“爱课程”和全球领先的线上

教育平台 Coursera 联合推出的中文慕课平台。它与全国 100 多所高校合作，汇集了全国名校教师的优质课程，为全球学习者提供免费、高质量的学习资源，平台课程超过 7.6 万门，是当前国内参与高校最多、提供课程最多、总选课人数最多的慕课平台[126]。“中国大学 MOOC”国际影响力尚未完全发挥，但其“出海”战略已经在稳步实施中，未来通过这些精品课程，将实现中国高等教育和中华文明的国际传播双轨并行。中文慕课是中国高等教育成果不可或缺的一部分，为全球学习者提供了更多可选择的优质课程，既减轻了他们的教育成本，又丰富了他们的学习选择。同时，可以利用慕课平台加强对艺术、文化、历史、当代中国等中华文明类课程的建设，通过视频、音频和交互式学习方式，让全球学习者更深入地了解和感受中华文明的魅力。“中国大学 MOOC”通过创新教育科技手段，推动了中华文明的对外传播，为世界教育增加中国课程的供给量，同时也增进中国与世界的文化交流和相互理解。

第四节　教育技术鸿沟的跨越

教育是消灭贫困落后的最优手段。在世界范围内国家之间、地区之间、群体之间依然存在着巨大的教育鸿沟。依靠传统的教学人员和物质援助来弥补鸿沟犹如杯水车薪。互联网信息技术的普惠化使得教育成本降低，因此，可以基于网络信息技术帮助这些弱势群体接受教育援助。依靠数字技术和信息数据库，把全球范围内的优质教育资源整合起来，将优质的教育资源输送给最需要的群体，既能保障可持续发展，又能兼顾师生的个性化需求。教育援助从过去的线下援助切换到线上援助，从人力物力转换为技术，更重要的是援助的内容从教授技能，转换到教会学生检索有价值的信息资源和自主学习[127]。可以说，科技的发展让教育已经开始迈向从“授人以鱼”向“授人以渔”的理念转型。

一、对外传播的鸿沟

长期以来，外国人对中国的了解主要来源于本土的影视作品和主流媒体宣传。描绘中国的方式和传播内容由外方决定，中国的对外形象在很大程度上是“他塑”的。这种被动局面形成的根源在于中国媒体的声音缺乏足够的穿透力，缺乏本土化的传播基础，未能真正将中国声音传递给外国民众。因此，中国在对外传播方面依然还未真正崛起，要改变这一局面就要解放思想，多向发达国家媒体学习，主动进行创造性思考，“量体裁衣”，制定适合不同受众的传播策略。

多数发达国家不仅重视经济发展，更重视本国文化的保护和宣传。文化是国家的气质形象，文化自信才能展现国家发展的特色生命力。文化的全球传播能产生巨大的影响力和经济效益。英语在英美等发达国家的合力推广下迅速成为全球学习人数最多的语言，英语的全球推广不仅为这些国家吸引了全球精英，还产生了巨大的商业市场。全球每年参加雅思和托福考试的学生数量惊人，把英语学习和考试做成全球产业，英美等国无疑是最大的获利者。美国文化以各种各样的方式渗透到中国人生活的方方面面。从肯德基等餐饮行业，好莱坞影视作品、教育产品、养生保健产品、奢侈消费品，美国品牌无处不在，覆盖到各个年龄段的消费者。长此以往，许多国人就形成了美国产品比中国产品更好的观念，长期植入的文化观念让越来越多人认为美国文明更先进，以享受这些服务和产品为荣，热衷于到当地读书、旅游，甚至移民。美国作为获利者，不仅收获了更多的形象代言人，还吸引了更多的消费者和人才。这对于发展中国家而言则意味着更大的损失，一方面人才流失，众多优秀人才被吸引到国外，为他国发展服务；另一方面，由于本土产品的消费者较少，使民族工业企业的发展处于不利的局面。

二、对外传播公平的重要性

对外传播有利于扭转国际舆论不平衡的格局。长期以来，国际舆论主要由西方发达国家主导，导致大多数发展中国家的立场与西方主流舆论有分歧时就被“静默”设置。很多国家都经历过“声音发不出”“有理说不出”“讲了不爱听”的遭遇，长此以往就会出现舆论垄断，很多国家陷入弱小而失声的恶性循环，不利于事实真相的呈现。管窥“俄乌冲突”的舆论，不难看出国际话语权在国家和地区冲突中的作用。国际舆论在“亲乌阵营”的支持下，立体展现了乌克兰民众的悲苦，而有关俄罗斯普通民众所遭受的损失却鲜有报道。战争没有赢家,战争中的平民都是受害者,但两国民众所受到的国际关注度明显不均衡,显然俄罗斯在国际舆论场中处于相对弱势。只有把战争的真相和残酷性立体呈现出来,才能唤回谋求和平的力量。

为了避免由于自身话语权不足而导致的被动局面,中国亟待加强国际传播效力的建设。中国有五千年的文明发展史,有现代化发展的宝贵经验,但长期以来这些故事无法被国际社会听到和认可,在很大程度上就是因为中国媒体的声音被屏蔽了。要改变这种"西强东弱"的舆论失衡现状,应当联合更多国家的媒体参与国际舆论的新秩序建设,共同推动国际舆论朝着公正公平的方向发展。此外,中国要积极主动利用外媒来宣传中国文化,主动邀请发达国家的媒体机构,媒体人来华采风,发掘一批中外合作共创的项目,通过外国媒体人的参与为对外传播队伍注入新活力,联合制作的内容在国际媒体上更容易转载播放。国际舆论场的新秩序需要发展国际力量一起努力建构,但中国要发挥起积极主动的引领作用。

当前我国对外传播的重要使命是塑造良好的国际形象,增进沟通和认知。人类命运共同体理念指导下的对外传播旨在构建"公平、共赢、包容、责任"的世界传媒新秩序,为维护全球公共利益提供国际舆论支持[128]。中国常被各种负面新闻滋扰,被动卷入国际舆论战,被迫应对各种舆论危机,国际舆论生态对中国的发展空间有很大的制约。为促进良性的国际舆论生态环境,我们必须赶快建立起自己的舆论影响力,让外界能够积极主动了解中国,谣言自然不攻自破。我们在国际事务调解中也要主动发声,主动发声既是外交大国的展示,同时也能够让那些弱小的国家看到公平正义的力量。加强对外传播能力建设,不仅仅是为自己正名,让那些抹黑的中国的话语在立体的事实面前不攻自破,也有利于促进世界舆论走向公平公正的正轨。

三、技术促进教育公平的做法

教育资源分布不均匀的情况在世界各国都普遍存在,在发展中国家尤为突出。教育落后的根本原因是经济落后,经济落后地区更要意识到教育兴国的重要性,不能指望等经济发展后再去提升教育。在传统教育时代,高质量的教育需要师资和设备资源的投入,这些资源对于发展中国家而言短期内难以配置到位。因此,越发达的国家对人才就越具有吸引力,因为其能为人才提供更好的发展空间和工作条件。这种虹吸效应使得发展中国家的人才大量流失，最终教育愈加落后，甚至进入恶性循环状态。进入互联网时代，信息技术为发展中国家的教育提供了跨越式发展的机遇，凭借着低成本的资源供给以及优质资源的全球共享，发展中国家的学生也能享受到较为公平的教育，避免因资源匮乏或师资不足等导致的教育机会受限。

技术能够最大限度地兼顾更多群体的需求。长期以来，富有阶层往往能接受到更好的教育，起点优势保障他们在个人事业发展方面也能保持领先。发达国家的私立教育能够延续数百年，主要是因为富人或权贵不断投入足够的教育经费或资源，而他们的后代更有机会享受优质的教育。对于来自普通家庭的学生而言，私立学校的成本是他们难以负担的，这就从起点上造成了教育的不公平。技术却完全可以做到无歧视化，数字技术将推动教育系统性变革的因素，数字技术的普及将能够真正推动教育的公平[129]。中国凭借着5G技术，让全世界越来越多的人享受到优质、实惠的网络质量，而在此基础上中国迅速整合和建设了海量的教育资源库，任何人都能够享受到这些优质的课程，这些举措实实在在地促进了教育公平。此外，技术也在赋能特殊教育的需求。全球有很多人因为生理原因无法接受正常的教育，科技产品在此领域已经开始发挥越来越大的辅助功能，无障碍阅读软件等工具的开发将为这个群体提供更智能化的服务。

四、教育鸿沟跨越的意义

随着信息技术与教育的不断深入融合，越来越多乡村学校的学生们可以享受到高质量的教育，技术赋能让所有孩子站在同一起跑线上。虽然中国的义务教育制度根本上保证了教育公平，但由于过快的城镇化速度，不少乡村小学由于学生人数骤减出现难以维持的局面。优秀的师资不断向城市聚集，支教的年轻教师因为条件差很难留下，导致乡村学校的教育质量开始下滑。数字教育技术的迅速普惠化，让这些学生看到了希望。他们可以在线学习全国的优质课程，享受电子图书馆资源，享受到了各种博物馆的电子资源，虽然足不出户但能看到外面的世界[130]。对他们而言，网络世界不仅弥补了教育知识的缺陷，还拓宽了眼界，他们的自学能力和探索能力都会被激发出来，这对于他们今后的人生也是难得的宝贵财富。

汉语被认为是世界上较难学的语言之一，学习人数和规模一直无法取得大突破。虽然来华留学生和外派国际中文教师的规模不断扩大，但面对全球旺盛的汉语市场而言，这些传统路径已经无法满足需求。这个需求和供给缺口在新冠疫情期间被放大。为了应对这一挑战，“中文联盟”平台应运而生。这是一个集中文教育、文化学习、考试服务等功能为一体的数字化平台，汇聚国内教育结构的中文教学资源，为全球中文学习者、教育者及爱好者提供数字化教学服务和资源支撑[131]。短短 3 年，该平台注册用户已经超过 1 亿，向全世界提供学习中文和中国文化的免费专业化平台，同时也力争把该领域的资源都汇聚到平台上，避免了重复建设和零散分布。“中文联盟”每周都有免费中文直播课，定期举办有关中文教育的学术讲座，上线了越来越多汉语学习的微课，用户黏度不断提升。只有做好中文教育的智慧化转型，才能在数量和质量上提高智慧化中文和中国文化的教育质量，也才能顺应数字时代的教育需求。智慧中文教育能够突破地缘政治、在地教育条件薄弱和不可抗拒的外力因素的制约，为全世界的汉语学习者和中国文化爱好者提供可持续的优质中文教育。

第六章 科技汉语与中国文化对外传播的文化策略

文化传播的策略是为引导和促进文化发展，推动文化创新与交流而制定的政策规定、执行方案和整体要求的总称[132]。对外传播的文化策略不仅包括规章制度，还包括发展规划、方针和合作路径等，在设计沟通内容和方式上应充分考虑一切与文化相关的因素。随着世界范围内的交流规模不断扩大，不同文化的民族和群体之间的交流也随之增加，研究制定科学合理的对外文化传播策略意义重大。我国对外文化传播的总体要求是展现可爱、可亲、可信的中国，提高国家整体形象，争取在国际社会的话语权[133]。随着网络信息和新媒体等技术的不断成熟，对外传播的文化策略开始逐步走向立体化、多元化和全方位构建，强化对外传播的科技赋能，重视与数字化、网络化技术的全流程融合，不断创新传播内容和形式，打造具有国际吸引力的品牌，同时积极动员民间力量参与对外传播事业，主导发起或参与全球文化活动，扩展中国文化对外传播的国际空间。

传播策略直接决定对外传播的质量，要明确对外传播的定位和目标，制定相应的战略规划，确保对外传播任务的顺利开展。根据对外文化策略的目标和需要，调配各种资源，包括人员、财务、技术等。各项资源得到合理配置，才能保证项目按照既定方案保质保量进行，否则容易造成"短板"效应。制定和实施对外传播的文化内容，需要充分理清目标市场的现状和资源，包括文化产品的开发和宣传、文化活动的组织和推广等，因地制宜设计规划。应充分考虑在地的国民特性和文化禁忌，只有选准最佳传播渠道，量身打造产品，才能发挥对外传播所期待的最大效应。

第一节 数字时代对外传播的人文内核

文化性是区别国家文化气质与特性的标识。对外传播应注重展现本国的文化传统和知识体系，通常涵盖医学、历史、文学、艺术、风俗习惯等。传播内容是传播的核心要素，各国文化在交流过程中互学互鉴。各民族在文化符号、信仰、价值观以及行为规范上都存在不同程度的差异。文化差异容易激发交流的兴趣，但也容易引起误解和偏见。通过介绍和呈现自己的特色文化，可以帮助外国人更好地理解和接受，促进跨文化交流，减少误读。中国文化的对外传播需要凝练自己的文化性，萃取有鲜明特色的内容，运用恰当的传播媒介和符号体系，凸显中华文明特性和科学性，唯此才能讲好中国文化的故事。

一、对外传播的主体参与

中华文明拥有五千多年的灿烂历史和丰富内涵，对外传播中官方和“草根”媒体各有优势，但来自民间的微叙事更容易引发普通民众的共情。“中华文明走出去”战略离不开前瞻性的顶层设计，更离不开全球各国民众的主动参与。外国人普遍认为汉语是世界上较难的语言，能够使用中文来主动了解中国的人毕竟是少数，因此需要激励更多的人学习中文，同时要加强中文的作品翻译推介力度，打造高质量的新型复合式传播人才。积极动员在地华人和培养在地“中国通”名人学者，激励社会力量参与国际社交媒体，翻译相关作品，才能加强民间对外文化传播的声音。出国留学的学生和外派人员，例如国际中文志愿者、教师和公派教师也是对外传播的重要力量，应充分利用这支队伍的资源和影响力，鼓励他们在地传播中国文化。只有建立起足够容量的跨文化传播队伍，创新人才培养理念，吸收有国际传播经验的人才，才能迅速升级中国的对外传播能力。

长期以来，对外传播主要由官方的专业媒体人承担，对外信息的发布由政府单维度发声，由于缺乏多维度的印证素材和互动，这种信息较难引起国际社会全面的关注，因此，加强“多声部”立体传播的能力时不我待。随着全球自媒体平台的兴起，“人人都是媒体人”已成为现实，“草根”媒体人成为对外传播的生力军。通过各种政策来调动更多的力量参与对外传播事业，如外国媒体记者、文化学者、来华留学生、当地华人、驻外机构和中资企业员工等，才能保证对外传播内容和呈现视角的多元化。李子柒和滇西小哥等民间短视频创作者成为中华文明海外传播的代言人，尽管没有经过专业化的培训，也没有对外传播的经验，她们的作品持续在海外媒体平台上热播，广受好评，做出对外文化传播的奇迹[134]。由此可见，对外传播并非只是专业人士才能涉足的领域，在数字技术赋能的背景下，语言和文化的差异都不是对外传播的阻碍。文化传播需要立体化、多声部的叙事，调动具有多元背景的民间媒体人，也能讲出丰富多彩的故事。

受众背景影响对外传播的效果。传播者需要了解受众的需求、兴趣和特点，才能针对性地选择传播内容、方式和渠道，最大限度地引起受众的关注和共鸣，实现传播效果的最大化[135]。对于不同国家和地区的受众，应该采用不同的语言、文化和媒体渠道进行传播，以更好地适应其文化背景和社会环境，增强传播的有效性[136]。如果传播者对受众的特点和需求了解不够，就很容易造成误解和排斥等情况，从而影响传播效果和影响力。同时，不同国家和地区的受众对不同渠道信息的关注和认知也存在差异，这就需要传播者深入了解受众的背景和心理等更详细的信息，以便制定针对性高的在地传播策略。

二、对外传播的文化背景

在文化交流中，唯有文明互鉴，博采众长，才可能触发文化的融合和创新。同时，认同不同文化的差异性和特性，寻找共同的平衡点，才能实现多元文化的和谐共处。中国文化对外传播不仅是本土文化的对外推广，还必须具备国际视野和意识，以开阔的视野、博大的胸怀，积极参与世界文化的对话与交流，用各国都能够理解的方式表达自身的价值观，才能赢得认可和尊重[137]。中国文化以博大精深和兼容并蓄而著称，展现独特的包容性和多元性。对外传播的内容、方式、渠道都需要因地制宜，避免“以我为主”的旧思维。

中华文明历经五千多年的沧桑，其间遭受无数次的危机与挑战，但始终能够保持文化的传承及独特魅力，这显示了中华文明极强的韧性和包容性，不仅为文化的繁荣发展提供了原动力，还为世界的和平发展提供了借鉴和参考。目前，但凡有人类足迹的地方几乎都有中国人的身影，也再次证明了中国人有着“与人为善”和“和谐共处”的民族特性。正是这种精神品质让中国人能够走遍全世界，与各国人民结下深厚的友谊。遍布全世界各地的华人与华侨成为独特的民间交流力量，努力促进各国民众的友谊和互信，减少对中国文化的误解和偏见。在全球一体化的浪潮中，跨文化交流与传播成为不可阻挡的趋势，中国以其深厚的文化底蕴，为建设“美美与共，各美其美”的大同世界贡献力量。

文化对外传播不仅注重展现本国文化，更重要的是让更多的人意识到保护多元文化的重要性和使命感。文化遗产的保护是全人类的使命，只有借助于文化创新和创意产业的发展，本土文化资源才能转化为具有经济价值的文化产品和服务[138]。个体要主动参与到保护多元文化的行动中，才能让优秀的文化能够后继有人。越来越多的原生态传统文化在工业化时代已经难以坚守，这就需要借鉴发达国家的文化保护和传承经验来制定抢救的策略方案。通过传播的力量，使文化得到广泛认知和接受，才可能借助外界的力量保护好本土文化遗产。要讲好文化的故事，就需要深挖本土文化的历史、传统和价值，寻找与国际传播市场的契合度。

三、对外传播的人文内容

在全球化的大背景下，各国都非常重视文化的对外传播。中国经济的迅速崛起令全球瞩目，惊人的发展速度在某些国家中引发的“恐惧”“中国威胁论”甚嚣尘上。事实上，中国的经济成就得益于五千多年的灿烂文化和发展经验，与中国人勇于创新、注重实践、勤奋努力、和睦同心的民族特性紧密相连。中国文化的特性以及特有的国民性是在千年的儒释道文化滋养下形成的，中国不断前行的秘籍就是兼容并蓄。因此，有必要呈现中国经济发展和文化厚重之间的逻辑关系，消除国际社会对中国经济发展的误解和忧虑。国家形象的塑造是一个多维度、多声部的立体工程，未来的对外传播应在这方面多做努力，通过深入挖掘素材和广泛传播事实真相，才能够不断增强国家的软实力，也促进国际社会对中国的理解和认同。

多年以来，我国在对外文化传播方面偏重于物质和艺术文化层面，如介绍兵马俑、丝绸、茶艺等，对中国文化的深层内核触及得不够深，对中国文化的独特魅力淬炼得不到位，海外受众较难领会中国文化的内在价值，无法真正认同中国文化[139]。文化是一个宽泛的概念，小到一碗面，大到一个行业和知识体系。中国从来不缺乏有国际吸引力的故事和产品，而我们需要的是有国际理念的设计师和有国际范的文化产品，拥有良好的服务理念和国际市场的运营经验，才能不断展示国家文化的魅力和特色，提高国家的文化影响力。与发达国家相比，中国文化产业的国际化布局和水平都有待进一步提升，需要在服务理念和文化产品方面同时发力，充分尊重不同国家民众的审美标准、文化传统和生活习俗等，才能与国际市场产生深度的共鸣。以文化创意产品和文化服务为核心的产业集群也是国家软实力的重要组成部分，未来还须深耕这个领域，通过创新的产品和服务不断提升中国的文化影响力和竞争力。

对外传播需要注重品牌建设和学习先进的国际经验。任何文化产品的对外传播离不开科学的策略，要向全球有影响力的宣传策划案例学习，才能持久地吸引受众的关注和兴趣[140]。众多国际知名品牌的对外推广注重瞄准人性中共通的部分，通过深入人心的故事和小微叙事的风格，传达品牌的理念和价值。这些品牌注重结合本国的特色文化，深入挖掘品牌的渊源和凝练企业文化，以小见大，成功塑造具有民族特色的品牌形象。这种传播方式已超越了单纯的产品宣传，更是以产品为媒介的文化和情感交流。以瑞士手表企业为例，它们都擅长采取这样的传播策略，不仅向全世界展示精湛的制表工艺和优质的服务，同时推广瑞士工匠精神的核心价值。对外传播涉及社会、历史、产业、政策、技术等多个方面，需要选择适合的传播渠道，新颖的包装，准确触达目标群体，充分利用国内外资源，合力推广本国文化产品，通过民族品牌提升国家的软实力，才能实现一举多得的效应。

四、对外传播的文化意义

"为传播而传播"的单维度传播已逐渐失去市场。文化交流不是简单的社会、历史、艺术、科技成果的静态介绍，而是重在促进沟通和交流，进而创造更多的合作机会。双向度的交流才能弘扬优秀的本土文化，同时也学习和借鉴他国文化的杰出元素，唯有如此才能激发新的发展机遇。在21世纪，经济的全球化已不可阻挡，为建立良好的可持续发展生态，文化交流必须紧随其后，以化解因利益冲突而产生的摩擦和矛盾。文化交流相对独立于经济和政治，具有天然的亲和力，容易被彼此接受，并能引起广大民众的共鸣。不同文化碰撞和交融产生智慧的火花，有助于推动人类文明的多元化发展和创新。许多国家或地区冲突常源于文化差异和误解，只有从文化层面寻找彼此都能接受的方案，才能有效地化解矛盾和对立，有助于构建和谐共处的世界。

文化的对外传播有助于提高国家形象和软实力。只重视经济发展，而忽略文化建设，容易迷失前进的方向。世界各国都重视本国文化的建设，只有文化和经济都鼎盛发展，才是真正的强国，才能保障国家的可持续发展。美国被认为是世界上最年轻的强国，美国文化席卷全球，从迪士尼品牌到肯德基文化的全球推广，为其带来了丰厚的商业利益，更赢得了广泛的文化认可。近年来，亚洲各国加速向联合国教科文组织报送本国文化，希望获得更多的文化原产地的地位。韩国尤其重视文化品牌的推广，充分发挥文化产业的优势进行文化输出，以提升文化软实力，展现独特的国家形象。例如，江陵端午节和燃灯会等被陆续认定为韩国节日文化，体现韩国对传统文化保护与传承方面的重视[141]。为在全球舞台上更好地展示中国文化，让敦煌、长城、故宫、兵马俑、大运河等文化为全球所熟悉，我们需要加快文化品牌建设的脚步，加强文化数字化建设工程，使各国民众有机会在线上参观和体验这些传统文化景观，更深入地了解中国文化。

对外传播有助于优秀资源的共享和互鉴。每个国家都有独特的文化，只有通过主动推介，才能让更多人了解和欣赏这些文化瑰宝。对外文化传播就是要提炼本国文化的精华，用外国民众能够理解的方式，从而展现生活的多样性和丰富性。对外国人来说，五千多年的中国文化无疑是座宝库，但要自己寻觅感兴趣的内容，既耗时又耗力。对于没有一定汉语基础的人，想要深入了解中国文化，更是难上加难。对外传播就是要积极主动推荐、提供丰富的“菜品”供大家选取和品鉴。例如，要想了解南宋临安的都市生活和经济文化，中国人可能很容易想到《武林旧事》，但这本书在国外却鲜为人知，更不用说理解其中的内容了。因此，非常有必要通过专题研讨、书籍推荐或影视制作，主动向外国民众推荐这些优秀的文化内容，吸引更多人的关注，激发对中国文化的兴趣。

第二节　对外传播的文化发展新趋向

对外传播要瞄准国际文化市场的发展趋势。文化软实力提升和国际影响力的扩大需要与时俱进的传播策略。由于存在诸多不可控因素，国际影响力的正负效应难以准确把控。因此，对外文化传播的策略不仅要充分考虑本国的文化特性，更要考虑国际受众的多元背景，采用最佳文化策略才能真实、有效地传播中国的文化底蕴、价值观和独特的民族精神，以增强国际社会对中国文化的认同感和亲近感，进一步提高中国在国际舞台上的形象。另外，在对外传播过程中，需要不断创新和探索文化策略，深谙中国特色、把握时代特征和阐释好文化内涵，才能更好地展现中国文化的魅力，提高中国文化在国际社会的显现度。近年来，在对外传播文化策略领域有关全球一体化、跨文化交流、文化混合、本土国际化等议题的讨论日益增多，成为对外传播理论与实践发展的新趋势。

一、对外传播的全球一体化前提

全球化是指全球范围内各个国家和地区在政治、经济、社会和文化领域的一体化，使得各国间的关联越来越紧密，相互依存度逐渐上升。全球化是一个复杂而漫长的过程，涉及经济社会发展的方方面面，每个国家的全球化进程受到诸多因素的影响，但可以确定的是，任何国家的发展都无法孤立于世界之外。文化只有通过交流才能展现其生命力，全球一体化进程离不开文化的交融和传播。在对外传播中，不同文化之间的交流和互动可以促进相互理解和尊重，从而为推动全球文化的多元化和发展提供基础[142]。在全球化背景下，随着欧盟、东盟、拉美及加勒比国家共同体等地区合作的不断深化，今后共同发展体之间的跨文化交流将成为常态，使得各国之间的联系和互动越来越密切，跨文化交流和传播也将越发频繁。因此，对外传播的全球化理论与实践对于推动世界文化的多元化，促进各国之间的相互交流和合作具有重要意义。

全球文化治理是一个复杂而棘手的工程，需要各国共同努力和携手合作。促进全球文化治理和构建人类命运共同体是人类文明发展的动力，唯有文化交流才能开启互鉴和创新。诸多全球性问题的解决，例如环境和难民问题，不能仅从单个国家的立场出发，而是要站在全人类的立场。文化交流和互动有助于更深入地了解彼此的文化传统和价值观，从而为推动全球文化治理和构建人类命运共同体奠定重要的基础[143]。全球化在促进文化交流与互鉴的同时，也存在为本土文化带来毁灭性的风险。很多发展中国家或长期陷入战乱的国家连生计问题都难以保证，更无力保护本土文化免受外来强势文化的冲击，因而要增强保护本土文化的意识和能力，警惕文化交流中可能出现的不均衡现象。跨文化的交流可以减少文化隔阂，增进相互理解，同时还需要推动全球文化朝着更加和谐、包容、互鉴和创新的方向发展，以保证全球文化的多元生态繁衍。

多元融合是全球化时代的必然发展趋势。对外传播为各种文化的交融和创新提供平台和机遇，促进全球文化的繁荣和发展。传统文化在全球化语境下必须主动创新求变，积极以新的形态来吸引公众关注，从而满足商业市场需求，得以可持续发展。中国水墨动画片是有着鲜明特色的文化产品，但用传统的拍摄制作方式过于耗时耗力，视觉效果也难以实现新的突破。电影《深海》的团队在汲取前人经验的基础上，利用新媒体技术不断尝试，最终探索出粒子水墨的技术，利用数字绘画技术完成水墨动画的效果，向世界展示兼容传统文化和现代技术的中国动画类型，让传统文化得以创造性地继承发扬[144]。人类对视觉艺术的感知是相通的，水墨动画的探索是文化传播的有效实践，创新了水墨动画的技法，也丰富了视频制作的技法，让全世界的观众有机会欣赏更多、更精彩的动画故事。

二、对外传播的跨文化本质

跨文化传播的兴起源自全球化背景下日益紧密的交流与合作。跨文化传播理论汇聚了多学科的研究方法，“主张从跨文化的视角来研究人类的文化和行为，通过研究时空和结构中的异文化来理解人类共性、自性和他性”，研究在不同国家、地区或民族的文化背景下人类行为、心理特征和发展规律的异同，探讨差异形成的原因[145]。随着全球一体化趋势的加深，全球范围内的大规模人员流动已成为常态，跨文化研究已逐渐从文化比较过渡到文化对话。跨文化交流研究不仅有助于促进相互理解和友谊的建立，更是推动全球化和多元化高质量发展的关键因素。加强跨文化传播理论与实践的研究，对促进全球文化交流与合作具有重要的意义。

对外传播须结合“走出去”和“引进来”的方式。在传播过程中，需要准确而生动地展示社会、经济及文化的特色和优势，这无疑离不开跨文化理论的指导。长期以来，中国对外传播主要由官方媒体承担，叙事模式上倾向于宏大叙事。然而，由于国外民众对宏大叙事缺乏足够的信任，这种传播方式的效果不甚理想。为了更好地适应国际传播环境，需要转换传播策略，多采用小微叙事的方式，鼓励民间媒体人参与对外传播，以具体、生动和接地气的故事，分享普通人的生活经历和感受，展现多元、立体的中国形象。以“2022 年北京冬奥会”提供的餐饮为例，为了满足各国运动员的“家乡胃”，同时也展现中国丰富的地方特色美食，主办方在两者之间力求平衡，共推出近 700 道美食，8 天一个循环，24 小时供餐；大多数运动员对此次餐饮服务赞不绝口，但也有个别国家的运动员抱怨不好吃，对于负面评论也要敢于发布，让受众通过多声部的信息来形成自己的判断和理解[146]。

跨文化传播需要研究目标国家的文化环境。只有详尽了解其社会文化背景及环境，才能确保传播内容符合当地的价值观、习俗和信仰，避免产生误解和冲突。例如，大部分伊斯兰国家对于女性的着装、男性和女性之间在公共场合的交流等方面都有具体的规范。企业在进行相关广告宣传时一定要严格遵守当地的风俗和传统，要研究受众特点，包括年龄、性别、地区和文化背景等多个方面。以中国乡村的医疗保险制度为例，面对长期被外国媒体诟病的城乡差异问题，须结合具体的案例，解释中国医疗保险制度全面覆盖的实施，讲好中国乡村振兴的故事。新媒体技术的崛起，使全球用户有了更多的媒介选择，如电子书、短视频等，对外传播过程中，应充分考虑目标国家的文化偏好、语言习惯、政治环境、法律法规以及媒体生态等因素，在前期深入调查的基础上，选择生动的故事，用受众喜闻乐见的方式来讲述，从而增进国际社会对中国文化的理解和认同。

三、文化混合的特征

文化混合也称为文化杂糅，指不同文化在长期接触和交流中相互融合的现象。文化混合理论研究不同文化碰撞和融合所产生的变化，并注重分析这种变化对社会和个体的影响，对于本土文化保护和跨文化交流都有重要的意义[147]。作为跨文化传播领域的重要理论，文化混合重点关注不同文化之间的相互影响、交融和文化形态的创新，呈现多元共生、动态交互等特点。文化混合理论可以应用于与文化相关的领域，如教育、商业、国际关系等。

文化混合既需要开放包容，又强调坚守本色。文化混合理论强调寻找共性和协同效应，从而能够更好地解决问题。例如龙是东西方文化中都存在的想象类动物，但两者对于龙的精神有着巨大的差异。对外传播初期未能准确度量龙在中国文化和西方文化中截然不同的文化内涵，造成西方人对中国的误解，误以为中国崇拜邪恶的图腾动物，继而怀疑中国的文化精神。这种误解一直存在着，一直到 2023 年的春节主流媒体才提出用“Loong”替代“Dragon”。然而，仅在称呼上的改变是远远不够的，文化混合理论鼓励将不同文化元素进行融合和创新，从而产生新的传播内容和形式。与西方神话中的龙不同，中国的龙是一种吉祥、正义和惩恶扬善的象征。通过精彩的动画片或游戏来向外国人讲述中国龙，受众就会有全新的体验和认知。

文化混合理论在对外传播中发挥着重要的作用。全球化已经成为不可抗拒的发展趋势，任何国家都无法阻挡外来文化的影响，文化混合理论为跨文化交流提供了独特的视角和方法。文化要发展就要保持其足够的流动性，一旦失去流动性就容易沦为“孤品”，其可持续发展就难以保障。印第安文化拥有很强的自给自足能力，但遭遇到强势的基督教文明时，依然失去了竞争力。文化混合理论有助于更好地应对文化冲突，面对误解、偏见甚至冲突时始终秉承相互尊重，加强彼此之间的交流和交融，决不能厚此薄彼，鼓励将不同文化交融创新，从而产生新的文化形态[148]。这种创新可包括新的语言表达、视觉符号、信息传播渠道等方面，从而为受众带来全新的体验和认知。近年来，大批中国企业开始建立海外工厂，“加班文化”在中国被视为敬业的表现，但不少国家都排斥这种文化，我们应从文化混合的视角来看待、协调和解决这种文化冲突现象。

四、对外传播的本土国际化趋向

本土国际化融合了全球化和地方化这两个概念，强调全球化过程中一定要和本土化结合起来，只有两者优势互补才能在开拓国际市场时避免出现“水土不服”或其他“后遗症”。要进行文化的全球化传播和发展，就需要充分考虑本土文化因素和环境，在交流和融合中以推动文化的现代化和国际化，增强其全球影响力[149]。文化的本土国际化策略已融入各个领域的对外文化交流活动中，包括文化产业、教育交流、经济合作等。它可以用来指导“出海”企业制定国际化战略，实现与当地市场需求的精准匹配。以遍布世界的中餐馆为例，如果用中国人的标准来衡量，海外中餐馆的菜品大多不够正宗，但它们却是为了扎根当地、进行本土化改良的结果。在教育领域的本土化更加明显，在华的中外合作办学机构和项目既要满足国际教育的标准，又要符合中国高等教育的要求，因而这些机构和项目的培养方式与国外和国内的高校都不一样，但却培养了大量的具有国际视野和跨文化交流能力的本土人才，成为教育本土国际化的典范。

本土国际化是对外传播的重要策略。在全球一体化的背景下，跨文化传播已经成为国家实力的重要体现。由于文化差异而导致的误解和冲突呈增加趋势，加强跨文化传播是应对危机和争取话语权的重要策略。当前，全球文化呈现浓厚的同质性，美式快餐席卷全球，保护本土文化刻不容缓。世界各地都已经出现了文化被同化的现象，很多原住民文化面临后继无人的困境。多元化是人类文明多样性的前提保障，也是推动文化创新和发展的源动力。因此，必须挖掘本土文化的独特价值，建立文化自信，要培养会讲故事的人才，要在保持原汁原味和信息的准确性上下功夫，站在受众的视角来设计传播内容和方法，在对外传播过程中，注重对本土文化的自我认知和反思，才能激发更多的创新模式。

本土国际化有利于本土文化更好地融入全球文化体系，并增强其全球影响力。为了在全球市场上获得更好的发展，本土文化产品和服务在对外推广时都要进行在地化的改良，以适应当地的文化和消费习惯。肯德基等国际快餐品牌能够在中国持续火爆，离不开它的本土化策略，豆浆、油条等中国餐点出现在其菜单中，就是本土国际化的成功案例。中国的电影、电视剧、音乐、舞蹈等文化艺术作品对外国人有着天然的吸引力，对外传播过程中也需要融合国际化的元素和理念，才能为观众带来了全新的视听体验。本土国际化策略的巧妙运用，不仅能提升对外传播效果，还能为文化交流与创新开辟新的路径。目前，中国尚有数量庞大的民俗文化和特色手工艺有待挖掘。这些文化遗产的对外传播，不仅能让全球更多的人领略中国文化的魅力，还能在文化传承保护方面加强国际合作，补足人才、技术等方面的短板。也可以积极邀请国际专家学者参与文化的传承和保护，通过他们的专业知识和视角，为本土文化带来新的活力，推动本土文化的国际化进程，为本土文化的国际化创新和发展提供桥梁。

第三节　全球一体对外传播的文化挑战

随着数字时代的到来，文化的对外传播也要面临新的舆论生态和传播环境。在数字时代，数据已成为与土地、技术、资本和劳动力并列的第五类生产要素，数据作为生产力释放的红利增加竞争优势，而技术落后的国家则容易陷入被动，无法平等共享全球资源[150]。部分发展中国家的互联网和媒体技术水平还处在较低的水平，普及度也有待提高，导致文化产品在质量和性价比方面远远落后于先进国家，而外来的文化产品和服务由于“水土不服”等原因也很难满足民众的需求。数字技术使现实和虚拟的界限愈加模糊，人工智能数字产品已经具有强大的能力，例如 Sora 能够直接根据文本内容生成视频，这就需要新型传播人才不断提升新技术的驾驭能力。技术迭代意味着思想和理念的革新，更意味着要保持不断学习的姿态才能不被淘汰。

一、远程传播缺乏情感交流

远程传播在对外传播中扮演了重要的角色，利用数字化平台进行传播，如社交媒体、视频平台和网站等，提供了更多元的沟通渠道，同时也极大地节约了成本。但这种远程传播也会造成不同程度的疏离感，人类是情感动物，面对面交流无法完全被取代。因此，为了弥补远程传播的不足，线上线下混合式交流是较好的选择。在数字时代，人人都置身于多元文化的交融之中，这也加大了“文化洗脑”和文化冲突的风险。网络空间的舆论发酵往往伴随着非理性的成分，如不能及时引导，可能出现失控的态势，对社会稳定造成潜在的威胁。因此，在对外传播过程中，需要重视远程传播可能带来的隐患和风险。人人都要守住技术向善的初心，主动营造积极向善的媒体环境，坚持文化自信，对于外来文化也要保持包容的态度，尊重和保护文化的多样性。

与面对面交流相比，远程交流有着明显的不足之处。面对面交流不仅仅是语言交流，肢体语言也参与其中，有助于交流时获取更多的信息。远程交流缺乏眼神、肢体等非语言信息，这就削弱了人与人之间的情感连接。如果缺乏长期的面对面交流可能会滋生误解和隔阂，甚至会导致人际关系疏远。要获得高质量的沟通，线上线下模式相得益彰是最佳方案。本土文化扎根一方水土，要是离开了本土就难以展现其原汁原味。以古琴演奏为例，2023 年法国总统马克龙访华期间，中方安排艺术家用千年古琴为其现场演奏中华音乐，他可以现场聆听、观察和触摸，这种综合感官的感受是远程直播无法企及的。线上线下模式在对外传播中各有优势，但从成本和便捷度来考虑，远程传播也依然有大力推广的必要性。

二、数字虚拟技术对公众信息素养提出挑战

数字技术的快速发展已经深刻地改变了获取信息的方式和途径，但同时也开始模糊现实与虚拟之间的界限。与传统媒体如电视、广播相比，数字社交媒体以其高效性和交互性优势更受大众的青睐[151]。然而，这种新型的传播方式也带来了众多问题和挑战，其中最引人关注的就是信息真实性和可信度问题。数字社交媒体的内容审查更宽松，这在一定程度上增加了甄别信息真实性的难度。由于社交媒体上的信息数量庞大，普通用户如果没有高度的防范意识，就容易被带偏。有些网红为了追求流量和博取眼球，不惜违反道德规范甚至突破法律红线，制造和传播虚假信息，给社会带来了严重的负面影响，因此必须出台严格的法律规范，同时提高公众的信息素养和辨别能力，才能营造健康、有序的网络环境。

虚拟技术的成功应用是人文与技术的跨学科合作的结果。虚拟技术虽然源于计算机科学技术，但只有通过跨文化、跨领域合作才能在具体的领域实现应用并产生效益。目前，就国内的学科布局而言，虚拟技术在计算学科和数字媒体学科均有涉及，但当这个技术应用到具体场景时，就需要与场景的文化体系相匹配。以杭州德寿宫遗址博物馆为例，仅凭肉眼观察和文字

介绍，难以使游客对挖掘现场相关的历史信息产生兴趣。而通过虚拟仿真技术来还原古代场景，做动态场景的设计，就需要求助历史学、民俗学等人文领域的专家。由此可见，虚拟技术的场景应用需要有跨学科的合作，今后的人才培养要打破学科壁垒，不只人文学科要走出狭隘的专业定式思维，理工学科也要主动与人文学科融合。

虚拟环境容易导致个体产生交流障碍。在虚拟环境中，人们往往更容易进入自己的幻想中，忽略现实中的问题和挑战。这种认知方式容易让人们产生偏见和错误的判断，从而忽略外部世界的真实性和复杂性，影响个人成长和发展，长期暴露在虚拟环境下、个人容易做出非理性的决策。因此，我们需要更加重视虚拟技术对现实交流的负面影响，并采取有效的措施来干预，例如加强虚拟与现实之间的关联、提供更加真实的互动等。虚拟技术已经在诸多领域中得到了广泛应用，例如游戏、模拟训练等。在虚拟环境中，人们往往更愿意随性张扬自我情绪，这种缺乏自我约束力的性情会带来现实交流的挫败感[152]。虚拟技术也容易让人们陷入自己的想象中，从而产生消极厌世的心态。就目前的虚拟技术水平来看，尚无法做到对人的深度关怀，较为缺乏人情味。此外，长期的虚拟社交也容易让人们产生社交恐惧和孤独感。技术是中性的，在技术的应用上人类始终要注意其局限性，警惕技术对人的物化。

三、远程传播缺乏在地体验

远程传播在受众的在地实践方面有着明显的局限性。受众参与远程传播和现场活动的感受有较大的差距，尤其是在细节的体验方面。以中国毛笔书法课程的远程授课为例，无论老师的讲解有多细致，镜头的覆盖也比较详尽，学习者还是难以复制面对面观察和交流的效果。对于大多数学员来说，仅靠远程授课，难以在短时间内提高书写水平，因为书法练习涉及技巧、心境和美学等多重要素，线下老师可以进行针对性的指导，这种心领神会、随机应变的体验是远程教学很难实现的。因此，需要根据具体的传播目标和内容，因材施教，选择最合适的模式和方式，才能满足受众的需求。

缺乏本土的实践环境和素材也会影响技术的传播。中国是面食王国，自古以来中国各地的面食不断创新和传承，加上各地的配料和工艺都有差异，仅面条就有上百个种类。在兰州之外就很难做出正宗的兰州牛肉面，讲的就是在地要素的重要性。外国人如果要学习兰州牛肉面的做法，请专业的拉面师傅远程讲解做法，观看相关的视频，还是远远不够。因为没有特定的面粉和几十年的拉面功力，尤其是当地的牛肉、辣椒等配料，就做不出地道的兰州牛肉面。

由此可见，对于部分特定的文化技艺传承的活动，远程传播往往难以展现其技能精髓。但如果对该类题材进行草率处理，很可能会误导受众，导致对文化的认知产生偏差。因此，在传播过程中应当重视受众的线下体验，使其感受内容的韵味和美感，激发学习的兴趣和热情。缺乏在地的实践还可能导致文化误读。由于远程传播无法让受众身临其境地感受到当地的文化氛围和历史背景，因此很容易产生文化误读。为了更好地促进中国文化的对外传播真实性和可信度，应该采取多种措施来弥补远程传播的不足，包括加强实地考察和实践环节、提供更加真实的互动和感知体验等。

四、跨文化理论缺失

跨文化传播涉及不同文化背景的人之间进行的交流和互动，既包括语言、符号等信息的传递，又包含文化观念、价值观等深层文化的交流[153]。由于各国文化背景、价值观和文化习俗存在较大的差异，研究影响跨文化交流的制约因素成为对外传播必要的环节。对于同一种现象，来自不同文化背景的人往往会有不同的理解和认知，如果不能以文化包容和相互平等的态度看待差异，就会出现误解、产生矛盾，甚至引发冲突。如果不重视保护弱势文化，在经济一体化的背景下，在地文化就很容易被主流文化所同化，对在地文化的保护非常不利，也无法维护文化的多样性。

在数字时代，跨文化传播应紧密结合新媒体的传播特征。各种信息爆炸式出现，目前算法尚无法在文化差异性上发挥足够的作用，导致诸多信息被系统无差别化地推送，而用户本身无法根据文化类别或属性屏蔽平台推送的内容。因此，必须意识到技术的局限性，根据目标受众的需求和偏好，做好本土化传播的适配度调整。为了实现之一目标，需要加强技术层面的研究和改进，根据目标受众的文化背景做好大数据收集和配置，才能精准推送内容。此外，还须高度重视伦理规范，尊重各国的习俗和文化。抖音在印尼被禁止事件就是一个及时的经验教训。2018年印尼政府封锁抖音，主要因为平台上的内容对少年儿童健康成长产生了不良的影响。由此表明，作为中国最具有国际影响力的社交媒体之一，抖音在传播内容还须进一步加强国别化的审核和监管。

第四节 新时代对外传播的科学人文策略

在数字时代，对外传播的文化策略着重体现在非语言呈现方式的崛起与语言要素的淡化。长期以来，语言差异作为对外传播中的主要障碍较难突破，而影像类作品的语言翻译需要投入更多的时间和成本，制约了优秀作品的出海速度和规模。数字技术助力对外文化传播，使得各种传统的障碍得以被突破，也能够动员多方力量，不断创新传播的模式和路径。对外传播的文化意义在于增进不同国家人民的相互了解和信任，推动文化发展的多元性和包容性，提升国家的形象与软实力，最终促进全球命运共同体的构建。新时代的对外传播更需要注重科学人文策略，包括共同意识培育、和合相融、情感沟通等，以增进各国之间的相互协作，促进世界文明的可持续发展。

一、相互协助的共同体意识

共同体指具有种族、观念、地位、环境、身份等共同特征的群体的结盟，共同体强调其内部成员间的相互依赖、关联及共同的目标和利益，小到一个家族，大到“人类命运共同体”的全人类[154]。在对外传播中，共同体意识体现为深厚的文化归属与包容性，不仅是一种文化传播的策略，更是文化自觉与文化担当的体现。中华文明可以被认为是一个共同体，在积极探求与其他文化的共鸣与交融，同时保持其和而不同的文化智慧。共同体意识需要深入挖掘人类共有的普遍价值与人文情怀，保持开放与尊重，真诚地倾听他者的声音，才可能建立起跨文化的桥梁与纽带。文化对外传播需要突破狭隘的民族观念，要站在人类命运共同体的高度来进行文化保护和继承方面的创新。

多元文化是保障人类文明向前发展的基石。人类文明一旦出现同质性趋势，创新能力就会受阻，同时也会导致弱势文明的消失。在全世界的知识体系和生活方式日益趋同的背景下，保持文化的多元化就更加显得弥足珍贵。人类历史上凡是被沿用上千年的文化都有其特殊的科学内涵和价值，其科学性或许无法被当代人破解，但不能因为短视或误判而任其消失，因此要利用好现有的技术来抢救这些岌岌可危的文化瑰宝，挖掘这些技艺的科学性或许可以延后，但必须先做好当下的保护和传承。由于贫穷、战争和不可抗拒自然灾害等原因，全世界范围内很多原住民文化都面临着消亡的危险，只有通过传播的力量让国际社会充分了解，才能借助外部的力量来抢救和保护濒临危机的原生态文化，这是惠及全人类的事业。

中国文化彰显和平与和谐的力量。工业革命改善了人类的物质生活，却带来不容忽视的生态浩劫、资源浪费等"后遗症"。人类经过近百年的反思才意识到生态文明的重要性。地球是人类唯一的家园，它经不起"先破坏后修补"的短命式发展。尤其是经济落后的国家，迫于解决生计问题不得不过量攫取环境资源，国际社会要给予技术、资金等方面的援助，避免重蹈以环境为代价发展经济的旧辙。中华文明强调"以和为贵"，崇尚"天人合一"，珍视"家园精神"，这些价值观在解决全球事务方面都有着独特的优势。从"俄乌冲突"就足以看出中国作为大国的重要作用，中国不袒护任何一方，希望能够从两国人民的福祉出发，积极进行斡旋，因此说中国文化是世界走向和平的重要平衡力量。

二、和合相融的跨文化实践

对外文化传播强调"和而不同，各美其美，美美与共"的交流原则。在跨文化交流中应始终保持文化平等、兼收并蓄的态度。自古以来中国人就重视"和合"文化，即强调天地万物之间、人与人之间、文化与文化之间的和谐共生、和而不同、兼容并蓄的原则[155]。和合相融思想可以用在各种相辅相成、相互作用的关系中，尊重不同文化的差异和独立性，凡是融合得好的就能发展得好。人类文化在各地自发演化发展，只有把这些多元化图景展示出来，才能构建对话、交流、互相学习的机会和平台，多样性才可能生发出新样态。部分发达国家依仗强大的经济实力，以自己为标准来评判其他文化，导致有些发展中国家盲目跟风，失去了保护本民族文化的初心。全球化一体化的文化策略应该助力本土文化的多元发展，而非助长本土文化的同化。

一方水土养一方人，一方水土涵养一方文化。东方文化和西方文化，海洋文化与陆地文化，内陆文化和滨海文化，在思维度和认知视角上都有差异，但文化之间没有优劣高低之分。成功的跨文化传播是双向努力的结果，各种矛盾冲突的解决都建立在文化和解的基础上，战争的胜负并不能根治问题。纵观各国历史发展的辉煌阶段，大多数都是文化大融合的结果。美国能在短暂的时间内取得巨大的成就，就是其多元化文化作用的结果。那些怀抱梦想的移民将自己的文化带到了美国，同时又在美国自由文化的感召下发挥其主动创造力，正是这样一代代人的共同努力，美国文化才能长期保持生命力和创新力。近代中国在科技领域的起点不高，但是中国人有吃苦耐劳和勤学苦思的民族精神，更注重应用实践探索。中国用了不到半个世纪的时间，从一个一贫如洗的国家发展到如今的科技大国，中国经验值得研究推广。中国现代化的经验就是开放包容、合作交流和不断学习，否则就不可能有中国的现代化成就。

三、患难与共的情感沟通

人类共有的情感是对外传播的基石。真情和真爱的感动力量胜似千言万语。中国长期参与对外援助项目，不仅获得良好的国际声誉，还赢得了所在国民众的信任。在“一带一路”实施的十多年期间，中国一直向沿线国家输送技术，帮助他们建设大规模的基础设施，培养在地人才。每一个工程后面都深植着友谊的根基，只有依靠这份珍贵的友谊才能确保工程持久地造福各国人民。于2021年开通的“中老昆万”铁路经过两年的运行，目前已经形成客运和货运“两头旺”的势头。货物运输辐射老挝、泰国、越南、缅甸等12个“一带一路”共建国家，两国游客更是急剧增长[156]。情感沟通是建立持久信任关系的最佳路径。随着“一带一路”沿线沟通交流越来越频繁，良好的沟通生态机制自然会形成，以点带面的发展模式会自然开启。长期稳定的经济合作基础无一不建立在友好信任的基础上，中国帮助发展中国家建设基础设施，不仅夯实了民心基础，还开辟了后续合作的广阔空间，成为双方共促可持续发展的优选路径。

整体来看，全世界在向前发展，但由于自身条件和外部条件的限制，世界范围内的贫困人口并未大量减少，特别是那些由于地缘政治而陷入困境的国家。中国的发展速度和质量得到大部分国家的认可，作为一个负责任的大国，中国积极利用自身的优势做出更多的援助。雪中送炭远比锦上添花更能赢得友谊。在他国处于危难之时发声支持，提供力所能及的援助，更容易建立信任和理解。叙利亚是一个长期处于内战的国家。中国政府在2023年邀请叙利亚总统参加杭州亚运会，展示真诚、友善的姿态，并对叙利亚总统访华给予了全程报道，拉近了中国和叙利亚民众之间的距离，各种充满人情味的报道让两国民众感受到温暖。对外文化传播的感染力和吸引力来自共情，而不是冷冰冰的会见和会谈。将真诚的情感融入传播内容中去，受众才能产生共鸣和情感共振。通过情感上的互动交流，才能够打开受众的心扉，让受众感受到足够的信任和真诚，从而促进不同文化之间的交流和融合。叙利亚总统夫人在杭州访问期间曾说，“你们有一个美丽的国家”，这句看似简单的话在两国民众心里产生足够的共情，让彼此意识到和平的可贵。情感因素在对外文化传播中具有举足轻重的作用，通过合理运用情感因素，传播效果能更胜一筹。

人类作为这个世界上最有创造力的物种，凭借着智商和情商双重优势而胜出。全人类都拥有共通的情感，使不同种族既使语言不同，也能够心灵相通，共鸣共舞。未来的交流也应该建立在人性互通的基础上，只要人类还保持良知和博爱，人类文明就能够继续向前发展。全人类都会自觉的呵护赖以生存的家园，会同情弱者，帮助需要帮助的人，这些大爱精神是人类命运共同体得以实现的前提。对外传播需要抓住这些共有的情感特质，即使不依赖语言文字，同样会产生良好的交流效果。

四、兼容并蓄的可持续发展

生物圈的多元共生促进了万物共长，人类文明的可持续性也需要保持足够的多元性。人类文明有千年的积累，世界各大洲都有本土文化，文化资源非常丰厚，但由于传播力有限，不完全被外界所了解，因此多元文明的价值尚未被充分激活和利用。文化传播的前提是拥有丰富的文化资源，包括历史、文化、艺术等方面的资源。这些资源是对外传播的重要内容，异域文化总能吸引受众的关注和兴趣。与世界其他文明相比，中华文明有活化石特质，要抓住时机来打造宣传这个“活着的”文明样本。文化的对外传播既要保持鲜明的特色，又要提高配套文化产品和服务，包括文化创意产业、文化旅游等。因此，我们需要培养优秀的文化创作和管理团队，积极利用高科技来助力文化对外传播。

文化作为一个国家的灵魂，具有很强的气质属性。能否传承和发扬本国文化关系到能否拥有鲜明的国民民族属性。每个国家都有其独特的文化传统，这些传统反映在其历史、社会、经济和政治的方方面面。全球化的趋势已不可阻挡，任何一种文化都不可能享有完全独立存在的空间，与全球的各种文化相互交流、相互影响已成为必然。因此，本土文化要保持可持续性就必须进行前瞻性的规划，既要做好文化传承的策略，又要加强文化对外交流能力的升级。每个国家和地区的文化都有其独特的价值和魅力，这种魅力和价值并非只在于其独特性，更在于它可以提供一种不同的全新视角和思维来理解和观察世界。因此，我们需要尊重和理解这些差异，同时也要发现他们之间的共性和交集，通过异质性来触发新生的力量。文化产业的可持续发展需要我们具备广阔的国际视野，创新设计本土产品满足传播地受众的需求，同时还需要我们具备跨文化交流的能力和经验。美国人德清诗雅在甘肃甘南创办绒毛纺织工坊，不仅让当地人致富，同时她本人的环保理念也让当地的生态免遭浩劫，出产于中国藏区的本土产品在国际市场占有一席之地。

文化的传承和传播不仅需要本国的努力，还需要国际社会的共同支持和联合行动。经济落后的国家往往无暇顾及本土文化的保护，年青的一代受流行文化影响，对本土文化越来越疏远，这就导致本土文化传承出现后继无人的现象。这不仅有助于增强本国文化的国际影响力，还可以促进全球文化的互鉴互学。同时，各国通过共同投资文化项目、互派考察人员、开展多边技术合作等方式，加强联合行动，为文化对外传播提供持续的保障。政策和资源的联合行动可以创造协同效应，使文化对外传播取得更大的成果。中医文化博大精深，人才的培养需要较长的周期，而且对实践性要求很高，导致中国年轻人学习中医的兴趣不足，但中国各大中医院的“洋学生”却越来越多，他们的到来为中医的全球传播提供了厚实的基础，同时也促使更多的中医教师、教材和视频类教学资料国际化。人类文化瑰宝经过数千年的淬炼和提取一定有其深厚的价值，不能因短视而导致其发展受困，调用全球资源来保持其可持续发展，是国际社会共同的责任，应充分发挥技术力量的赋能文化的对外传播。

第七章
远程实验平台：实境传播技术引发的创新与突破

实验教学对于培养学生的实际操作能力和解决问题的能力至关重要[157]。由于我国高等教育体制改革的不断深化，对实践教学的改革发展提出了新的要求，且随着招生规模不断扩大，对现有的实验教学容量和质量提出巨大的考验。建立基于数字技术和虚拟仪器技术的虚拟实验室成为缓解这些困境的良好途径，在提高实验教学水平、实现教育资源共享和节约成本投入等方面具有重要意义。近年来，随着互联网技术的迅速发展和普及，基于计算机和微电子的虚拟技术日趋成熟，广泛应用于科学研究领域，使得远程实践模式成为现实[158]。建设远程虚拟仿真实验室，满足学生线上进行实验操作的需求，实现线上线下、虚实结合的实验设计，收集理论和操作的数据，进行自动化管理和分析，通过数据报表掌握学生的实验效果，改变传统的教学模式互动性较少、评价单一的局面[159]。从虚拟仿真实验平台到远程实境实验平台，信息网络技术正在助力实验教学创新。

远程实境实验平台是进行远程教学的重要组成部分，与知识性远程教育相比，实验平台的建设更为复杂，成本更高，个性化需求强。远程实境实验平台是一种新型的实验教学载体，可以通过网络实现实验设备和资源的远程共享，实现远程教学和远程实验。通过网络上的任何一台工作站不受时间、地点的限制来进行实验的教学和模拟，让学生们可以在校外进行实验操作，随时随地与同学协作，共享仪器设备，共享数据和计算资源，且能得到教师的远程指导[160]。随着互联网技术的不断演进，实践类远程教育工程陆续启动，开发建设远程虚拟实验室已在我国众多高校蓬勃发展。与远程教育平台相比较，远程实验平台的建设有更为复杂的技术要素，在建设周期、人力资本投入和工程难度上都有相当大的难度要克服。

第一节　远程实验平台的发展历程

远程教育逐渐成为现代教育的重要组成部分。如何让学生能够通过网络进行实物实验，开展远程实境实验教学，是当前远程教育面临的重要问题。针对传统实验教学存在的局限性，以满足学生泛在化学习需要为目标，开发远程实境实验平台，对于优化实验教学模式，促进学生探究性学习能力的提升具有深远的意义。这种创新式的实践方式不仅使学生们更加便捷地进行实验，还能够提高学习效果。远程实验平台最大的价值“或许不在于学生们在咖啡厅或者家里就能做好复杂而严谨的科学实验，更重要的启迪在于为未来的社会实验提供了丰富的想象空间和应用场景”[161]。

一、远程实验

远程教育平台在现代教育中已得到广泛的应用，以其便利性和灵活性成为泛在化学习的重要路径。远程实践平台将传统的线下实验操作搬到线上，最大限度地避免人为主观因素或实验现场意外情况导致实验无法完成或实验结果误差较大的情况。开发和使用平台进行实验教学已经成为教育现代化的重要标志。众多理工类高校自主开发实验平台进行化学、物理、电气、计算机等专业的实验操作，清华大学的大型仪器共享平台为学生提供了多种线上实验课程，涵盖了生物、化学、物理、地质、材料科学等领域。学生通过远程平台完成实验操作、数据分析和报告撰写，节省去实验室操作的时间。教育部基础教育司主持的全国中小学实验线上平台，汇聚了全国名校名师的实验课程，同时也支持在线预约做模拟实验，为实验室缺乏的落后地区学生提供了共享平台，促进了教育公平[162]。中国科学技术大学拥有诸多实验设备资源，近年来利用自身优势条件，建立了一大批共享实验平台，为全国高校的实验设备资源共享发挥了示范引领作用。同时，远程实境实验平台还可以应用于企业员工的远程培训，能节约成本，克服时差，避免真实场景下实验设备不够周转的情况。

远程实境实验平台与传统的虚拟实验平台相比，具有高阶性、创新性的优势，呈现与实物实验完全一致的效果，更贴近工程实践，可远程实验操作设备，无须通过另外实验操作进行虚拟仿真实现[163]。在传统的实验教学中，学生需要到实体空间进行操作，根据指导书预习实验内容，教师面对面讲解实验任务和要求，学生在场地做实验和核对数据，课后学生撰写实验报告。随着计算机互联网技术的发展，出现了虚拟实验，能够部分替代传统实验的操作环节，满足简单的实验课程需要的效果。但虚拟实验仍然难以满足高难度的课程实验要求，特别是电子信息、通信工程等学科的实验教学。经过不断的探索和发展，远程实境实验平台的建设开始走上前台。虚拟的远程实验平台需要创造犹如身临其境的效果，能够真实地反映实验场景中的数据。在教育部门和行业的大力支持下，越来越多的高校及科研院所积极建设远程实验平台，与国内外研发者共同分享研究成果。

针对传统实践教学的局限性，以满足学生泛在化学习需要为目标，开发远程实境实验平台，构建云实验室，探索实验教学新模式，提高学生探究性学习能力，意义重要而深远[164]。远程实验平台实验效率高，节省购买实验设备的支出，使学生能够更高效、更优化地支配时间，也可以反复在线做实验，还能满足学生个性化探索需求，有助于激发创新性。成熟的实境实验平台不仅可以大大提高教学质量和教学水平，还可以实现有限资源的共享，促进教学和科研的发展。远程实境实验平台的建设成为实验教学发展的新趋势。

二、远程实验平台的发展历程

学以致用是高等教育的重要目标。为了培养学生的实践能力，各个高校除了不断拓展实习资源外，还不断加强实践教学创新。随着信息化在教育领域的不断深入应用，远程实践因需而生。由于实验教学的特殊性，大多数高校在整合资源和教育信息技术的应用方面难以形成合力，因而对远程实验平台建设的需求也十分迫切。远程实验平台经历了虚拟实验平台向远程实境平台的发展历程。20 世纪 90 年代末，随着互联网技术的起步与发展，我国部分高校开始基于网络的远程实验教学模式探索。早期的远程实验主要探讨计算机网络技术与实验室设备的结合应用，能够实现对实验资源的远程访问和控制，有助于实验教学资源的高效整合，共享校内外的实验教学资源，满足多地、多校和多学科专业的虚拟实验教学的需求。21 世纪以来，电子信息技术和网络通信技术的不断发展，开始出现远程实验平台的大规模研发和应用，能够实现对大型科研设备的远程操作和实验数据共享，统一接入实验软件，学生利用平台进行实验，多系统无缝连接，达到整体的实验效果，促进系统的耦合，解决信息孤岛的难题[165]。

近年来，随着云计算、大数据、人工智能等数字信息技术与远程实验的深度融合，催生了更为智能化、个性化的远程实境实验平台。各个高校虚拟仿真实验平台建设不断推进，教育行政部门整合已建成的平台，发挥共享共用的作用，众多电子信息类高校也逐渐成为平台建设的主体。目前国家虚拟仿真实验教学课程共享平台已汇聚了大多数学科专业，覆盖各个层次高校，直接服务于高等院校和社会学习者的实验教学需求。平台依托虚拟现实、多媒体、人机交互、数据库和网络通信等技术，通过构建高仿真的虚拟实验环境和对象，实现线下实验不具备或难以完成的教学功能，学生在虚拟环境中开展实验，达到所要求的认知与实践教学效果[166]。

远程实验平台是实现工科教育高质量发展的必然之路。纵观全球工业发达的国家，其工科教育往往都是凭借科研院所及企业的实验教学取胜。中国在信息网络技术和数字化应用场景领域已经走在世界前列，依靠这些优势发展远程实验教学平台是顺应时代发展和教育改革的趋势。进入 21 世纪以来，重点院校、研究所和行业企业都开始加入远程实验平台的建设，已经建好的实验平台统一整合到国家级平台，让成果能够惠及更多学生和社会人士，成为彰显教育公平的重要举措。

三、远程实境实验平台的作用

线上做实物实验，开展远程实境实验教学，既是实践教学改革的命题，又是直面挑战、满足师生需求的现实命题。远程实境实验平台的建设让学习者不受设备和时空限制，远程共享实验室资源，实验操作身临其境，“把实验室带回家”。远程实验室的搭建和开发，从长远来看有着资源共享、不断升级的潜力，能够克服时空壁垒，让更多欠发达地区的师生获益，同时也能够减少因为需要购买实体设备造成的成本和环保节能的压力。不可否认，目前的远程实境实验平台整体还处在发展阶段,对于复杂和实验环境苛刻的实验而言尚不能完全进行线上实验,但越来越多的广谱性实验正在从线下走向线上。

远程实境实验平台是教育数字化改革的典范。实验平台的发展已逐渐从虚拟仿真平台向远程实境平台转型。远程实境实验平台还可以提供专业的教学资源,包括实验指导、视频教程等,使得学生可以获得持续的学习支持。同时,教师也可以通过平台高效地进行实验教学管理,提高教学质量和效率。近年来,众多大型虚拟仿真平台也朝着远程实境实验方向发展。IOClass 开放共享在线虚拟仿真实验平台就是其中的代表,汇聚了国内的优质平台,能够为学校及师生提供课程共享、视频教学、远程实验、实验报告、在线答题等服务[167]。这类平台基于 Web 端的线上硬件实验平台,授权后用户可以远程访问实验平台。实验结果是实际运行而非仿真产生,确保其与线下实验操作步骤流程一致。

远程实境实验平台是实验室教育的革新力量。实验教学是理工科教育的重要组成部分,长期以来学生需要到实验室做实验。由于受实验室开放时间、设备情况和实验经费等因素的制约,实验教学改革和突破的步伐相对较慢。在数字技术发展的背景下,远程实境实验平台实现远程操作实验室仪器,同步获取实验数据,无须到实验室操作就可以在线完成所有的流程,这是革命性的创新。平台支持线上协作操作,支持学生进行团队合作,共同完成实验操作,从而提高学生的团队协作能力。教师端能够监控实验操作的全过程,师生可以通过录像查看可能存在的问题。基础薄弱的学生可以多次在平台上进行实验操作,反复观看实验指导、教学视频等,通过平台获取过程数据,进行自我评估。

四、远程实境实验平台的意义

通过远程实境实验,信息化技术深度应用于实验教学,有效拓展实验教学时空领域,增加了用户的自由度。目前,各高校使用的远程实境实验平台主要以虚拟平台为主。虽然虚拟仿真平台不断向逼近真实环境迈进,但依然与真实环境有一定的距离,这对工科课程而言,所模拟的数据准确率和信服度还不够高,保障在线实验教学与师生面对面指导教学的“实质等效”成为非常重要的问题。开发虚实结合、分时分片共享的远程实境实验平台，也是解决设备高成本、高消耗问题的极佳方案。远程实境实验平台注重平台的实用性、易用性和安全性，确保平台能够支持各种类型的设备和操作系统，让学生们可以轻松地进行实验操作，同时也应加强平台的安全管理，确保学生在安全的环境下进行实验操作。

新冠疫情对于实验教学提出迫在眉睫的挑战。尽管线下实验存在许多不足之处，但"实践出真知"的观念深入人心，多数师生认为实地操作才能获取的知识和真切体验，因此疫情之前，远程实境实验平台的需求并不凸显。疫情期间，学生不能回到实验室做实验等同于"停课停学"，就会耽误学业进度，因此线上做实验从备选变成必须完成的任务。各高校迅速整合跨学科力量，从教务管理、信息数据中心到实验平台软件和硬件部门，抢时间打造、优化线上实验平台的建设；还不具备建设远程实验平台的院校主动积极利用国家级实验平台来进行实验教学。

第二节　远程实验平台的科技文化传播

远程实验平台作为线下实验实践教学的延伸，围绕着课程内容进行建设，具有明确的教学目标。平台建设既是教学探索的成果，又是数字科技进步的具体体现。平台搭载其他功能来延伸其服务内容，用户不仅可以获取实验教学知识，还能够体验到失败检讨和误差校对的科技文化精神。远程平台也具有对外文化传播的功能。平台想要面向全球用户，就需要把汉语、中国文化和学校特色搭载其中，让国外用户在进行实验操作的同时，也可以学习汉语，了解中国，成为中国文化对外传播的新路径。部分平台采用双语模式，方便用户操作，介绍科技新产品，同时也宣传了学校，实现附加值拓展。

一、专业技术的远程传播

目前来看，全国远程实验平台上的课程已经超过上千门，种类涵盖各个理工类学科领域，不仅服务中国学生，还能让国外学生获益。没有一定汉语基础的学生直接操作全中文界面的平台会有较高的难度，因此要强化科技汉语方面的辅导，同时也可以设计双语界面，减少语言差异对对外文化传播的影响。对于来华留学生而言，具备一定的科技汉语知识能使其更快捷、自如在平台上做实验，因此对于国际中文教育有着直接的促进作用。目前，许多平台正在通过国际合作走出国门，将优质的课程推荐给国外的院校，让国外师生认识到中国教育信息化以及数字化实验教学的新成就。

实践教学的重要性不言而喻，但是长期以来实践教学受到时空和师资力量的限制，发展相对较慢，成为教育现代化的重点突破方向。远程实验平台技术的不断成熟，让实验教学看到了变革的曙光。把实验从线下搬到线上，采用线下线上混合式教学模式得到越来越多师生的认可。线上实验理论上可以随时随地进行，同时也不会产生实验器材的消耗问题，数字技术让实验精准度不断提升，众多师生参与形成的反馈意见及时促进实验平台的不断优化和完善。目前世界各国的实验室都在强化线上平台的发展，成为应对公共危机有效的手段。中国高校在新冠疫情期间进行大量的探索与实践，通过联合攻关、资源整合等方式，携手建设更具优势的世界一流平台，既能服务本国实验教学的迫切需求，又有利于增强中国教育的硬实力。

二、科技思想的远程传播

远程实验教学助力多元模式的科技思想传播。国际学生在线上实验平台的实践经历就是对科技促进教育发展的亲身感受。与大多数还处于传统实验室教学的国家相比，中国教育的先进性已经被广泛认可。但仅依靠学生用户参与平台实验进行对外传播还远远不够，远程实验教学要主动“走出去”，践行全球共享优质教育资源的倡议。通过举办大型竞赛、线上课程和专题讲座等活动，邀请全球范围内更多的用户来参与，才能引起更多关注。远程实验平台可以通过组织公益性讲座和培训，汇聚具有国际影响力的专家、学者、企业技术顾问、媒体人，利用融媒体的聚合效应，通过社交媒体和在线论坛等渠道进行交流和互动，从而加强业内认可度和对普通大众的科普宣传。通过驻外使领馆的牵线搭桥，把优质的资源推荐给当地的教育机构，让他们有机会通过远程实验平台进行实验操作，见证实验教学的革新，让全球各地的师生亲身感受中国教育领域的科技应用和创新，既能培养学生的实践能力和创新思维，又有助于中国科技思想的在地传播。

实验实践教学是科技创新的起点。许多科学知识都需要通过实践和实验来验证。多年的实验教学改革经验表明，数字技术应用于实验教学，能够激发学生的学习兴趣，提高学生设计实验的能力，培养学生的实践创新和工程应用能力[168]。发展中国家普遍存在教育经费不足、实验设备陈旧及实验师资匮乏的问题，导致实验教学无法高质量开展，长此以往容易陷入“教育弱，科技不强；科技不强，教育弱”的恶性循环。远程实验平台为发展中国家的实验教学发展提供新的路径。远程平台不仅能够满足实验教学需求，还具有讨论区、网络授课和线上协作等功能，方便学生进行合作式学习和研讨。教师可以筛选优秀的案例分享教学成果，启发其他师生，在合作和分享过程中促进科技思想的交流和传播。远程实验教学还可以通过举行在线竞赛等活动，激发学生的创新精神和探索欲望，收集学生对平台的使用反馈意见，进一步丰富、完善平台功能。

远程实境实验平台在促进科技文化传播方面具有显著的优势。远程实境实验平台通过提供不受时空限制的交流环境，学生可以随时随地在平台上远程实验操作和交流，极大地节约了时间，提高了仪器的使用效率，实现一次性投入即可全球共享的公益教育使命。实验是知识学习必不可少的环节，贯穿于各个学科之中，在不同领域内扮演着重要的角色。因此，远程实验平台因其独特的便利性，拥有巨大的潜在国际用户群体。各国用户可以通过该平台进行跨文化的科技交流和合作，将各自的研究成果发布在平台上互相学习。远程实境实验平台还具有搭载语言学习和文化类课程的功能，使全球用户在体验实验平台的同时，也能了解中国的科技文化和社会发展状况，发挥更大的传播效应。杭州电子科技大学远程实境实验平台在设计时将科技汉语等知识内容融合其中，在对外推广过程中引导用户对中国科技文化的关注与研究。

三、技术鸿沟的弥合

学生只能到实验室做实验的模式已无法跟上新工科教育的发展要求。传统实验设备的维护和更新需要巨大的成本投入，同时技术的日新月异让传统实验设备难以得到及时的更新。实验教育的落后容易导致所学与所用脱节。发达国家的工科教育都重视现代科技对实验教学的推动作用，致力于通过打造一流的实验软件和实验平台来解决现实难题，同时也在展示西方教育科技发展领域的新成就。Matlab 等普惠性实验平台工具不仅向全球使用者提供智慧工具平台，还在传播西方科学精神和科技文化。中国的远程实验平台在共享智能化软件和平台功能，使全球用户获益的同时，也应强化用户对中国在致力于教育公平、弥补技术鸿沟做出努力的认知。

远程实境实验平台的共享有利于促进教育公平。用户只要有良好的网络条件，就可以远程使用实验平台。平台利用网络技术和图像采集传输技术，实验教学的效果更加接近现场教学，师生都可以便捷地进行实验操作和交流，打破了师生资源不均衡的壁垒。平台提供优质的实验教学资源，包括课程资料、实验设备、录播课程、软件工具等，满足用户的个性化需求，师生均可以在平台上进行个性化的操作，平台可以导出用户的偏好和使用记录，进而提高学习效果和质量，对资金和师资匮乏的地区是绝佳的选择。平台可以促进不同地区、学校、学科之间的合作和交流，让师生了解其他领域的研究成果和实践经验，拓宽视野，增强创新能力。远程实境实验平台作为中国高等教育的优势产品和靓丽名片，助力中国教育走出去。

四、跨文化的实践

人文因素融入实践教学是教育的重要趋势。将文化元素融入实验教学中，可以激发学生的兴趣，提高学习体验，也有助于培养学生的创新思维和跨文化沟通能力。远程实境实验平台在学生跨文化能力培养方面的功能不可忽视。远程实境实验平台既是实验场地，又是交流社区，多文化的学习环境可以帮助学生提高语言能力和文化敏感度，更好地理解和适应其他语言和文化。来自不同文化背景的学生对概念、知识点的理解存在不同程度的差异，对科学问题的思考方式也有所不同。在实验操作过程中，一方面需要教师调整教学方法和策略，在教学设计和实验开展过程中，充分考虑文化差异问题，设定不同的文化背景的案例，引导学生理解和尊重彼此的文化，另一方面也需要针对学生普遍关注的共性问题，提供有针对性的指导和帮助，避免因文化差异而产生误解，鼓励来自不同文化背景的同学相互沟通、交流与协作，共同完成实验任务。

远程实境实验平台除了具有突破时空界限的优势，还能不断激发师生个性化发展和创新实践思维。学生仅需要通过互联网登录远程实境实验管理系统，即可自主预约实验时间和实验内容，系统根据学生预约信息，自动显示可供使用的硬件平台。平台集成了学生自主实验预约、云端教师评分、实验报告自动生成和实验数据统计等功能，实验教学突破时间限制，满足泛在化学习需要，也能最大限度地满足不同文化背景下学生的个性化需求。“在线虚拟仿真实验，可以克服线下实验课程时间安排和分组实验等限制，学生可不受时间、地点的限制，多次重复进行实验，从而加深对实验的认识，且 3D 的实验界面，有助于吸引学生的注意力”[169]。

远程实境实验平台可以根据学生们的水平，基于平台开设系列具有挑战性的实验项目，设置阶梯式实验教学任务，做到教学与工程应用相接轨，着重培养学生解决复杂工程问题能力。开展线上线下混合式实验教学，满足学生随时随地获取教学资源的需要，在消除部分现场实验面临安全隐患的同时，也能够通过大量的平台数据来分析学生实验过程中的共性问题，为教师教学改革提供数据支撑。远程实境实验平台通过提供跨文化的交流经验、多语言的学习资源和交流环境以及教师的引导和帮助等方式，有效地提高了学生的跨文化能力。

第三节　远程实境实验平台的科技汉语教学

远程实境实验平台在教育国际化推广中具有广泛的应用前景和潜力。通过平台的使用，海外用户不仅能够提高汉语水平，还能够加深对中国社会文化的认知。尽管多数平台能够提供英中双语服务，但是为熟练使用远程平台，海外学生仍然需要具有一定的汉语基础，了解常用的汉语科学术语，尤其是在平台做实验的过程中，遇到问题需要及时反馈，对难以理解的内容也需要向教师或其他同学求助，整个沟通过程都要围绕实验平台所用的汉语科学词汇和常用表达才能有效沟通。例如，中国大学 MOOC 平台已经启动“出海”计划，课程的实时翻译可通过机器翻译自动完成，但实验平台操作过程中出现的各种指令却无法在短期内实现多语种同步翻译。因此，国际中文教育，尤其是科技汉语教学，对实践教学的对外传播意义重大。

一、远程实验的跨国实践

线上教育平台的跨国实践在全球范围内正逐渐成为一种趋势。越来越多的中国高校开始加快国际化发展进程，在全世界各地开设境外办学机构，成为国际教育市场的开拓者。通过与国外教育机构的交流与合作，高校的远程实验平台也能逐步地走向海外，扩大我国高等教育在实践教学领域的影响力。杭州电子科技大学远程实验中心已向国外学习者开放，现已有多个国家的人员在平台注册学习。北京邮电大学与英国伦敦玛丽女王大学共建“两校三地，互融互通”远程资源共享实验平台，依托各自学科优势，为实践教学提供内容资源、核心算法、智能算力等服务，同时推动中国文化的传播，创建数字经济时代下的全球学习社区，更好地为国内外师生服务。

目前，中国具有国际影响力的实验平台还不够多，这与科技大国的形象不相匹配。众多高校的远程实验平台在国内享有较高的知名度和影响力，在发展中国家有着广阔的市场空间，指导这些平台“出海”发展，能够展现中国高等教育的高科技内涵。通过国际合作项目，与国外教育机构、企业联合研发远程实验平台，有利于拓展高等教育的国际空间。实验平台的“出海”需要加强宣传和服务目标客户的能力，通过参加国际学术交流、合作研究项目、开放式课程和留学生项目，为全球用户提供优质的在线实验服务，增加中国实验平台的曝光度。平台需要加强国际版功能，对海外客户的使用倾向进行研究，学习全球知名的实验平台的成熟经验，重点开发行业所需的优质平台，共同推进相关领域的研究。

二、远程实验的留学生教学

来华留学生的教学与本土学生施行趋同化管理。留学生同中国学生一样有着远程实验教学的需求。来华留学生中，攻读学位学历的学生数量年年都在攀升，这也意味着远程实境实验平台的国际推广空间得以不断扩大。留学生是优秀的文化传播使者之一，以亲身体验为基础的推广和传播更具有说服力。考虑到来华留学生已经具备一定的汉语基础，平台可以采用汉语和英语相结合的方式进行实验教学，同时也可以在平台上搭载有关平台建设的实验室文化、中国文化相关的内容，增加平台学习内容的多样性和趣味性，增加用户黏度。

远程实境实验平台在留学生教学中发挥着至关重要的作用。目前国内高校自行建设的实验平台和教育部指导建设的各种公益实验平台，以中文操作界面为主，留学生可以免费享用这些平台资源，但前提是他们要懂中文才能在平台进行试验操作。要正确使用中文版远程试验平台，就必须先学好有关平台操作的汉语，否则就无法操作实验，学好科技汉语变成必备的前提条件。远程实境实验平台的应用促进了跨文化交流与合作。来自不同国家和地区的留学生可以通过这个平台互相学习、分享经验和知识，有利于学科的交叉和融合，更容易碰撞出创新的火花[170]。平台根据用户需求不断优化升级，留学生在获得良好体验后更愿意向身边的人推荐该平台，提高了资源利用效率，扩大了国际影响力。远程实境实验平台还可以支持教师和留学生开展创新实验项目。他们可以利用该平台开展新的实验项目，研究和开发实验技术，不断推动实验教学的创新和发展。这种创新的实验教学可以培养留学生的创新意识和实践能力，使他们更好地适应未来社会的发展需要。

三、远程实验的语言学习

随着中国科普力度的不断加强，日常生活与科技的关联度越来越高，汉语日常用语中使用科技词汇的频率不断增加。理工类来华留学生的教学，尤其是实验教学，更离不开科技汉语的学习。科技汉语的学习能够使留学生了解更多的科技领域知识，扩大知识视野和认知深度。随着现代科技的不断发展，许多行业都在进行科技化、智能化转型，留学生熟练掌握科技汉语知识，就意味着具备持续学习和适应不断变化的环境的能力，为未来的学习和职业发展提升竞争力。

远程实境实验平台为留学生的汉语学习提供了应用场景。目前大多数高校的实验平台都是全中文界面，为留学生学习使用科技汉语提供了良好的语言学习环境。留学生在平台上进行实验操作时，需要随时调取已有的汉语知识储备，这对于提高实践能力和语言运用能力都有着积极的促进作用。日常交际口语对于大多数留学生而言难度不高，但由于普遍缺乏科技汉语的应用场景，学习动力明显不足。远程实境实验平台为留学生学习科技汉语的提供了动力，他们需要完全沉浸在汉语操作平台中完成全部实验要求，这种场景应用式学习要比脱离使用场景的课堂式学习更高效、更有趣。

四、远程实验的科技汉语学习

通常，科技汉语主要包含科技知识、科技应用和科技交流三个核心方面。大多数留学生对于数学、物理、化学等基础科学原理和技术应用知识，都有一定的基础。如何将枯燥的科技汉语内容和实物相结合，一直是科技汉语教师持续探索的问题。中国人的日常生活渗透着高科技应用，可以从融入中国生活的必要性激发留学生们理解和应用科技汉语的动力。但要保持可持续性的科技发展关注和提高应用能力，则需要培养留学生的阅读和学术交际能力。留学生需要主动阅读中文科技文献，了解科技论文的结构和语言特点。多数有关中国文化领域的学术研究成果都是用中文发表的，要重视培育留学生阅读中文文献，关注中国科技发展成就的意识，依靠他们的力量做好中国科技发展的对外传播。

远程实境实验平台创新了科技汉语教学方法和理念。长期以来，科技汉语教学都是围绕教材进行，由于内容与日常生活有很大的疏离感，学生对课堂教学兴趣不高，教学效果不显著。通过实验平台进行科技汉语教学，借助平台拉近教学内容与现实的距离，使学习者通过练习和交流巩固所学的知识。远程实境实验平台可以利用虚拟现实、增强现实等技术模拟真实的科学实验环境，为科技汉语教学提供更加直观、生动的教学场景。学习者可以在模拟实验环境中进行练习，可以提高学习的兴趣和有效性，同时降低真实实验操作可能存在的风险。

第四节　杭电联合远程实验中心的成效

杭州电子科技大学（以下简称为杭电）作为电子信息特色突出的行业高校，凭借着学科优势，长期以来在实践教学领域进行开拓性的探索。依托国家级计算机实验教学中心、教育部“复杂系统建模与仿真”重点实验室、浙江省物联网科技创新服务平台、网络教育技术实验室和电子政务实验室等科研平台支撑，与墨西哥蒙特雷科技大学联合搭建远程实境实验平台。平台秉持“共研、共建、共享”的理念，以开设“高阶性、创新性、挑战度”实验项目，解决部分现场实验不可及与长学时的问题，满足学生随时随地获取优质教学资源等为目标，采用“5G 技术”“互联网＋技术”自主研发了数字电子技术、模拟电子技术、电工学、电机学 4 个系列远程实境实验平台，打造硬件云实验室[171]。现已完成数十万次的远程实物实验，并正在根据使用者的体验反馈，不断对平台进行优化设计，同时也在扩大平台课程的广度和深度。

一、杭电-墨西哥蒙特雷科技大学联合远程实验中心

根据实验室建设现状和未来发展趋势，杭电构建机电管控一体化真情实景的远程实践教学平台，包含未来信息化教育理念，旨在新一轮实验教学模式改革与发展中发挥关键性的作用。远程实验中心依托电子信息技术国家级虚拟仿真实验教学中心、电工电子国家级实验教学示范中心、墨西哥蒙特雷科技大学远程实验中心，以学生需求为出发点，改变以往受实验条件限制只能开设简单硬件实验的局限性，打破跨学科的实验屏障，以满足高阶性实验教学和学生泛在化学生为目标[172]。实验中心不仅突破了传统的到实验室做实验的时空限制，还打破了各种实验因为元器件、物理环境和安全条件无法开展的局限，避免了师生进行实验时人为因素可能造成的干扰，节约了时间，提高了实验效率。

远程实验中心主要围绕“远程实境实验平台、虚拟数字实验平台、实践项目研发平台、开放创新实践基地”四大类实践教学资源进行建设，自主开发了一批优质、开放、共享的实践教学资源，可满足学生在线开展探究性实验的需要。其中，远程实境实验平台以远程实验教学为主，包括电子类远程实验、控制类远程实验、工程类远程实验。虚拟数字实验平台采用虚实融合实验教学模式，学生采用真实仪器设备控制 3D 模型。平台包括基础型虚拟数字实验、进阶型虚拟数字实验、高阶型虚拟实验，面向全校 9 个学院 24 个电类专业，承担通识类、课程设计、研究性实践课程的教学工作。实践项目研发平台，设计和开发各类实践教学项目，满足数字创新实践教学需要，同时吸收优质教学理念，建立校内开放创新实践基地。

杭电远程实境实验平台由实验终端、服务器、实验界面、实境实验端等组成，配备了与真实工程环境中完全相同的实验设备。远程实境实验平台门户网站，开设数字电路系统创新设计竞赛、现代数字电子技术实验、模拟电子技术实验、电路分析实验等12门课程，提供实时在线实验支持，学习者通过门户网站注册成功后，即可选择想要学习的课程，预约使用远程实境实验平台，完成远程实物实验。平台可全天候开放运行，学生通过网络远程操控真实设备，并通过实验界面实时获取实验数据，帮助学生集约碎片化的时间，进行自主研学，进行实验操作。平台可24小时全天候开放运行，学生通过网络远程控制真实实验设备，使得学生在异地场景也能在线完成实物实验，对探索实验教学新模式、满足泛在化学习具有重要而深远的意义。随着远程实验中心内置平台的日益丰富，适用的课程数目也越来越多，涵盖了通识类、专业基础类、课程设计类和研究性实践课程。目前，杭电22个专业的4 000余名学生都在课程学习过程中使用了远程实境实验平台。平台面向全国高校和社会学习者开放共享，破除实践教学时空约束，增加学生实践自由度和实践自主权，创建了硬件实践资源共享新模式。

二、实验平台发展历史

当前国内能够大规模地为学生提供远程实境实验平台的高校屈指可数。杭电从2016年就开始远程实验的尝试，依托国家级电工电子实验中心，迈进深层次改革和快速发展的阶段，建立"全过程创新培养"的教学理念，建设实验教学团队，紧密跟踪新技术发展的动态实验教学体系和开放式多元化自主实验教学模式，积累了构建具体远程实验平台的项目经验[173]。实验中心始终秉持"适应学科发展和产业需求，深度融合信息技术，实践驱动创新能力培养"的人才培养理念，聚焦国家人才战略和社会发展需求，紧扣学校人才培养目标，开展实验教学研究，重构实验教学环境。远程实境实验从虚拟走向真实的革命性转折，能够兼顾远程实验的便捷性和数据的准确性，将成为今后远程实践探索的里程碑模式。

2019年上半年开始，杭电联合墨西哥蒙特雷科技大学构建电工电子远程实验平台，通过"共研、共建、共享"，将两校联合的远程实验中心（以下简称为中心）建设成国内领先、国际一流的数字化实践教学平台，培养更多具有国际视野、创新精神和实践能力的高素质人才[174]。新冠疫情期间，由于远程实境实验的需求迫在眉睫，中心加速发展。杭电团队与墨西哥蒙特雷大学的专家一起攻关，加班加点仅用了两个月时间就开发了“远程实境实验平台”。从最初在实验室里搭建起的相关设备，到攻克如何让实验设备与网络进行连接，再到如何确保远程操控实验板保持流畅等难题；从最初只允许 9 名学生同时进行远程操作，到现在可以同时满足 300 名学生同时在线使用。

杭电是国内较早大规模开发开展远程实验的少数几所高校之一。疫情期间，“远程实境实验平台”发挥救急的作用，为相关专业的实验课程顺利开展提供了保障，有效促进了学校电子信息、计算和人工智能等相关课程的实践教学。在 2021 年寒假，中心成功举办全国大学生“数字电路系统创新设计邀请赛”，按照传统的模式，如此大规模的电子类竞赛，师生人员流动大，实验室数量要求多，而且做实验难免接触，容易产生人员聚集，在疫情期间难以完成。远程实境实验平台以其强大的接纳能力和无接触、体验感强的特性，保障了大赛的顺利进行。今后学校将继续拓宽加深远程实验平台的承载内容，开发更多系列课程，让更多的学生能够有机会享用这个资源，发挥资源共享共建的优势，联合国内外名校共同打造行业远程实境实验平台。

三、中心特色

随着科技在各个学科的深度融合和渗透，未来发展急需大量理工类精英人才，这也是高校培养人才的重要方向。实验教学是各类工科专业人才培养的重要环节，只有通过实境让学生实实在在、真真切切地体验实践，才能保障实验结果的科学性和严谨性。在育人模式建设方面，中心以实践为驱动，基于“工程实践、交叉创新和学科前沿”的思路，打造信号采集与处理等六类实践教学项目库，构建线上线下融合、时空泛在，课内课外融合、自主研学，校内校外融合、协同育人的实践育人模式，系统化培养学生实践创新能力。开放式软硬件资源为学生提供探究性实验设计。中心拓展了实践教学时空领域，能够满足泛在化学习需要。远程实境实验平台是虚拟平台的高阶版本，将成为实验平台的最优模式。平台自始至终都是免费向全国高校的学生和社会人士开放，让其发挥最大的利用价值，既能避免重复性投入，又能促进教育公平化。

为适应电子信息类专业高素质复合型人才培养的需求，中心深度融合信息技术，重构实践课程教学模式，构建以“信号和数据”为核心的电子信息技术知识图谱，优化电子信息专业课程设置，更新教学内容，强化知识融合与学科交叉，构建涵盖基础实验、专业实验、综合实验和课外研学的阶梯式实践课程体系。经过3年多的不断实践，远程实验平台的功能和学生参与容量在不断升级。中心有着丰富的电子信息教学和实践经验，也汇集众多硬件资源。例如，实验室的实验箱就是电工电子实验教学团队结合多年教学积累研发的，每一个实验箱集成度都很高，可以支持做几十个电子信息学科实验。未来将邀请更多专业化的国内外团队参与平台的升级建设，让更多的学生能够使用平台，成为远程实境实验平台的金牌选手。

国际科教融合平台保障创新发展。数字赋能资源平台建设，深度融合信息技术，建设以远程实物实验平台为代表的数字化核心教学资源，能够联动优质产业、科研资源，打造集成国家级教学团队、国家级教学中心、国家级一流专业、国家级一流课程的“团队-平台-专业-课程”一体化优质教学资源。中心不仅仅在学生创新能力培养方面体现巨大的优势，其技术特点和应用特征在科技汉语培训、中国科技文化输出方面也体现了巨大的潜力。科技汉语，特别是电子信息类科技汉语，一般都比较抽象，如果不能结合实物操作或者演示，学习者往往很难理解其中的内涵。平台强调实践性，学习者需要在掌握基本概念的基础上，通过各种实践训练提高知识的应用水平，加深对实践知识的理解。

四、中心成果

中心以专业知识图谱为切入点，注重学科知识的交叉融合，构建了适应新工科教育理念的阶梯式实验课程体系，以实践项目为抓手，打造了“时空融合、自主研学、协同育人”的实践教学模式，以信息技术为支撑，建设了数字化教学资源，满足学生随时随地获取优质教学资源的需求，支撑育人模式的实施。中心面向电工电子技术发展，获国家高等教育教学成果二等奖1项，浙江省高等教育教学成果特等奖1项、二等奖1项，承担国家、省部级等教改项目共27项，其中省部级6项，认定浙江省级一流课程15门，教育部协同育人项目2项，自制实验仪器项目10项，教材1部，教学专著3部，改革成果显著。

平台面向全国高校和社会学习者开放共享，取得良好的社会效应。研发的系列电工电子远程实境实验平台被百余所高校使用，完成远程实物实验 62 万余人次。远程实境实验平台自投入以来，先后多次举办全国范围内的大学生竞赛，参与院校学生涉及全国十多所院校，同时也免费向全国大学生开放，向墨西哥蒙特雷大学的学生开放。开放共享以来，已有浙江大学、北京航空航天大学、南京航空航天大学、北方工业大学、大连理工大学等 100 余所高校，30 000 余名师生进行注册使用，完成 50 万余人次的远程实物实验。通过开放共享，有效地将优质实践教学资源投射到新疆理工学院等西部高校，为缓解区域教育资源不均衡提供解决思路，创建“高校援疆杭电模式”。在新冠疫情期间，远程实验平台在教育抗疫方面体现出了巨大的优势，已经成为杭电乃至中国“教育抗疫”的名片。先进性和示范辐射性成果被《中国教育报》《光明日报》《科技日报》《浙江日报》《浙江教育报》等 50 余家媒体进行了全面宣传报道。

电子信息类远程实践平台的搭建及门户网站处在持续开发过程之中，同时向国外学习者开放，现已有卢旺达、澳大利亚、墨西哥等国家的人员注册学习。结合远程实验平台，国外学习者可以在具体的应用场景中，通过远程实验操作或者视频演示，理解科技词汇的内涵，并掌握其应用方法，提高科技语言的应用能力。基于远程实践平台，中心开展科技汉语的推广模式探索，联合金华职业技术学院开展非洲职业院校管理人员和骨干教师培训，在首期培训中，来自卢旺达理工学院的 32 名管理人员和骨干教师参与培训，活动扩大了远程实践平台的影响力，有效拓展了科技汉语推广的模式和渠道。平台的对外推广可以让国外学习者感受中国科技实力的强大，体验在家可以随时随地开展远程硬件实验的乐趣，体会中国现代教育理念和发展水平，这对推广中国科技文化也大有裨益。

第八章

汉语桥：跨越时空限制的线上团组合作与交流

“汉语桥”是中外语言合作交流中心（后简称为语合中心）主办的系列国际中文推广活动品牌，始于2002年“汉语桥”中文大赛，通过激发学员们学习汉语的热情来展现汉语和中华文明的魅力，旨在弘扬中华文明，增进世界各国人民对中国的认知和了解。历届“汉语桥”活动包括世界大学生中文比赛、世界中学生中文比赛、世界小学生中文秀、全球外国人汉语大会等，为世界各国中文学习者提供展示中文水平、交流学习经验和成果的平台，搭架起增进中文学习者文化、友谊和心灵的桥梁[175]。随着各类“汉语桥”赛事和活动在媒体的热播，全球热爱中文和中国文化的人士通过参加“汉语桥”结缘，据不完全统计每年约有1亿多海外观众关注活动盛况。经过20多年的历程，“汉语桥”也从单一走向多元，从各种展示中文学习的赛事延展到夏令营、冬令营、俱乐部、定制类项目等多元模式，“汉语桥”品牌已在全球形成较高的知名度。

线上“汉语桥”的诞生与语合中心在新形势下改革推广汉语与中国文化的需求相契合。在新的形势下，教学模式创新已成为国际中文教育的重要使命，只有及时评估全球国际中文教学情况，充分考虑当前具备的条件和市场需要，才能产生良好的改革效果。仅靠“汉语桥”赛事很难持久吸引热爱汉语人士的兴趣，因此多样化的“汉语桥”活动和线上“汉语桥”系列项目因需而生。新冠疫情导致外派国际中文教师和志愿者的线下教学受阻，为应对全球越来越多群体渴望学习汉语和了解中国文化的需求，“汉语桥”线上团组交流项目在内因和外因的作用下迅速开启。线上“汉语桥”实施4年以来，全国超过 400 个教育机构参与，已经开展了 1 000 多个项目，超 10 万学员在"中文联盟"平台注册学习。学员可永久享用平台提供的各种学习资料，平台还汇聚了全国高校的精品国际中文课程、"汉语桥"录播课程，定期开设公益类课程，实现资源整合与共享。

第一节　语言交流合作背景下的"汉语桥"

新冠疫情的爆发推动教学模式的转型，2020～2022 年的国际中文交流活动大多转为线上。"汉语桥"线上团组交流项目始于 2020 年，衍生出系列线上语言文化体验项目。首期承担线上项目的高校利用自身丰富的中文教学资源，大胆探索，积累了宝贵的经验和教训。至 2022 年，线上"汉语桥"项目面向全国高校和重点中学铺开，参与学校和项目数量创新高，同时项目的质量和影响力也得到了全面提升。后疫情时代，线上线下相结合的教学模式将成为汉语国际教育领域的常态，出于时空和成本的现实考虑，今后智慧教育将成为重要趋势[176]。

一、"汉语桥"的历史及现状

随着中国在世界上的影响力不断提升，越来越多的人群纷纷开始通过各种渠道来学习汉语和中国文化，在全世界范围内形成"汉语热"现象。目前已有 85 个国家将中文纳入本国国民教育体系[177]。"汉语桥"品牌项目脱胎于全球年度"汉语桥"中文赛事，内容和形式不断丰富，目前除了举办"汉语桥"世界大、中学生中文比赛、小学生中文秀和全球外国人汉语大会，还开拓了"汉语桥"夏令营、校长团、俱乐部、海外资助项目等，支持各国中文学习者和中国文化爱好者开展交流活动。经过 20 多年的发展，仅 2023 年就有 131 个国家超过 10 万名学生参加赛事海外预赛，500 多人来华参加或观摩决赛，4 000 多名海外师生组团来华访问，5 000 多人线上参与[178]。"汉语桥"是连接中国和世界的桥梁，通过项目活动不仅能学习汉语和中国文化，还可以结交更多的朋友，成为国际中文教育的标识性名片。

较长时间内，“汉语桥”交流团组以线下模式为主，由国内国际中文教学实力雄厚的单位承办。由于受经费、地缘政治和来访时间的限制，线下团组受众人数和国别相对有限。2020 年新冠疫情暴发之后，线下交流基本停滞，线上团组迎来发展期。线上“汉语桥”招生“门槛”较低，对汉语和中国文化感兴趣的人士，只要有网络条件，就有机会参团学习。线上团组的课程主要包括文化和语言两个模块，学员可以免费参加学习。承办单位根据各自的优势和区域文化特色设计项目内容，为目标团组提供定制化服务。线上“汉语桥”的人数规模更大，课程种类更多元，能兼顾因贫困、战乱等因素无法参加线下团组的学员群体。据统计，仅 2020 和 2021 年，就有 200 多家教育机构面向海外组织 600 多个“汉语桥”线上团组项目，平台注册学员达 9.56 万人，涵盖近 190 个国家[179]。

2023 年线上团组开始逐步降温，但鉴于外派教师需要较高的成本，且国际局势风起云涌，多数学校外派汉语志愿者和教师难度较大，线下线上并行成为常态模式，是国际中文教育的重大创新举措。线上“汉语桥”的支撑平台“中文联盟”汇聚历届“汉语桥”录播课程，所有线上课程资源免费向全球开放。平台创立于 2020 年，由五洲汉风网络科技有限公司、汉考国际教育科技有限公司、阿里巴巴钉钉平台、英国汉语教师协会、泰国孔敬大学孔子学院等 20 多家单位合力打造，旨在应对新冠疫情引发的国际中文教育困境，利用数字技术优势保证“停课不停学、不停教、不停考”，为国际中文教育领域的师生提供线上教学服务[180]。经过 4 年多的发展，平台板块设置已呈现多元化、专业化的趋势。作为国内最大的国际中文教育数字化云服务平台，不仅吸引国内院校、业界同仁的支持和关注，还为国际中文教育的多元发展和资源库建设提供保障。

二、线上“汉语桥”的项目种类

“汉语桥”线上团组是面向全球中文爱好者的线上语言和文化体验项目，旨在增进海外学员对彼此语言文化的理解，加强国际中文教育推广与传播[181]。项目采用实时授课、录播视频课程和线上活动相结合的多元方式，并依托“中文联盟”线上体验平台实施。“汉语桥”线上团组具有很强的公益色彩，任何有网络条件的学员都可随时随地上课，对学员而言无任何经济负担，能最大限度地克服时空壁垒。学员们注册“中文联盟”平台会员后就可以选择不同的项目，参加不同教育机构组织的汉语和中国文化学习活动，也可随时随地免费享用平台资源。

“汉语桥”项目采取年度专项申报制，由语合中心每年向全国各院校或重点中学征集。每个学校可以申请多个项目，时间一般不超过 1 个月。目前，“汉语桥”项目有 5 个类别供申报单位选择，分别是特色文化类、语言学习类、当代中国类、双向交流类和中文＋职业技能类，旨在促进中国与其他国家之间的文化交流和语言学习，通过双向交流和合作，增强对中国文化的了解和认识，提高中文语言能力，同时学习职业技能，增强就业竞争力。申报单位需要根据自身条件和优势，选择适合的项目类别，制订完整的项目实施申报书，具体包括项目目标、内容、实施计划、预期成果和经费预算等内容。通过审核的项目将获得资助，需在规定的期限内组织实施线上项目，并根据要求提交结题相关材料。

每个项目均需要包含语言模块和文化模块的课程，其中语言类课程不得少于总课程的 40%，授课模式为线上直播和观看平台视频录播课相结合。语言课程的实时授课教学时长不低于 7 小时，录播视频课程总时长不低于 200 分钟，允许重复利用往年“汉语桥”线上团组交流项目录制的课程，鼓励承办单位进行项目模式和内容的创新，采用文化讲座、云游景点和互动体验等方式，帮助学员们巩固所学知识，增强对中国文化的体验感。特色文化类课程需要凸显承办单位所在区域的文化特性。语言学习类项目主要围绕汉语语言特色进行教学。当代中国类课程旨在介绍当代中国的经济、社会和文化发展的全貌，具有强烈的时代气息。双向交流类项目主要根据合作双方的需求，向定点学员提供定制的课程。中文＋职业技能类项目主要面向高职类院校，结合语言学习与职业技能，培养更多懂中文的技术人才。总体来看，语言模块的课程主要围绕汉语语言教学展开，文化模块的课程凸显中国文化主题，直播课程更侧重师生互动和体验，录播课程则注重中国文化的艺术性呈现。

三、线上“汉语桥”的授课模式

线上“汉语桥”项目与线下项目有所不同，学员所有的活动，包括注册报名、课程学习、师生互动、作业提交等，都在线上进行。课程直播平台由承办单位自主选择，多数项目采用钉钉平台、腾讯会议和中文联盟直播平台等。学员项目报名成功后，就能够获得邀请进入项目社交群，查看有关项目的各类通知，享受课前和课后的内部群服务。直播课期间，教师在直播间授课，可以通过语音连线或在评论区通过文字与学员互动交流。录播课程由承担单位提前录制，上传到中文联盟平台统一指定的页面，供学员自主学习，可永久免费观看。多数项目的汉语语言课程都采用直播模式，这是因为语言学习需要大量的听说练习；文化课程大多采用录播模式，充分利用新媒体技术，录制内容丰富、设计新颖、艺术性足的文化主题的视频。截至目前，已有数千门录播课在中文联盟平台发布，形成了巨大的录播课“蓄水池”。

线上项目旨在点燃各国学员学习汉语和中国文化的兴趣，一般无成绩考核要求，学员出于学习汉语的兴趣，完全自愿参与，不需要付费。“中文联盟”平台的录播课程学员可随时观看，大多数学校的直播课程都支持反复回播，最大限度地克服时空限制。但线上课程也存在明显的不足之处。线上课程对零基础学员来说颇具挑战性，教师线上授课较难关注到每个学员的具体学习情况，尤其是在纠正学员发音方面，与线下课程存在明显的差距，亟须在探索更智慧化的语音练习方式。线上项目属于短期培训课程，录播课和直播课总时长约为600～800分钟，难以实现循序渐进式的教学，另外，部分学员由于时差、网络质量等原因，无法全程参与直播课程互动，影响了学习效果，可持续性学习模式还有待进一步探索。

四、线上“汉语桥”的效果与反馈

“汉语桥”线上项目的效果评估主要由语合中心委托中文联盟平台进行，平台针对每个项目都分配不同的页面，学员在参加课程学习后可对本项目的所有直播和录播课程进行综合评价打分，同时也能够以文字的形式反馈建议。教学的反馈机制覆盖课前、课中和课后全过程，通过对学生的学习情况、参与度、成绩等多个方面进行评估和反馈，以帮助学生及时了解自己的学习状态，及时发现教学过程中的问题，以便教师根据反馈结果调整教学策略，以达到更好的效果。语合中心可以获取所有项目的反馈数据，承办单位能查看各自的项目反馈数据，及时掌握更为准确、及时的学习信息，帮助学生及时了解自己的学习进度和不足之处，进而调整自己的学习策略，提高学习效率。

好的教学模式需要得到大多数学生的认可，因无法进行面对面情感交流，双方的磨合需要一段时间。各个项目承担单位会根据需要，设计个性化的反馈机制，以便获取更详细的反馈信息。部分项目在开课之前，组织者会在学生群中收集学员对课程的建议，及时反馈给授课教师。在当日授课课程结束后会选取部分学员，点对点收集他们对课程的建议，反馈给所有授课教师。教师可以根据学生的反馈情况对自己的教学方法和策略进行调整，以更好地适应学生的学习需求。项目结束后，项目单位一般会选取参与程度与活跃度不同的学员分别了解他们对课程的建议，有助于改善今后项目的设计和实施。

第二节　“汉语桥”的文化传播功能与成效

“汉语桥”线上团组实现了“有网络就能在线学汉语”，同时也利用数字技术，让在线课程成为永久性可用的学习资源，很大程度上避免课程资源的浪费，促进了课程的多元发展，使更多国际中文教育领域的师生受益。线上“汉语桥”课程让海外学员免费学习汉语和中国文化知识，同时也能够通过网络结交更多的朋友，因学汉语而结缘，交流内容远远超出语言学习的主题。“汉语桥”项目设计的主题完全开放，文化课授课教师也不限定在汉语国际领域的教师，可以整合更多的文化资源，鼓励各单位能充分发挥地区优势，结合地方文化、社会发展，以多元、跨界的视角展现中国文化传统与现代传承。

一、文化差异的认知与克服

文化因多样而产生好奇，因好奇而产生交流的兴趣，因兴趣而相互学习。线上“汉语桥”的学员有着多元的背景，在年龄、国别、职业、信仰等方面有着较大的差异。在语言课上，学员认真学习汉语，期望能够用汉语进行交流，在文化课上他们体验中国文化的方方面面。通过中国教师设计和讲授的课程，学员有机会更深入地认识中国经济社会发展的真实面貌，学员对中国的认知在原有基础上得以自我补充和修正，从而形成自己的判断。

“汉语桥”项目是典型的通过“自塑”来修正“他塑”的活动，所有参与其中的中国师生都在用心用情为学员服务，让学员能够直接感受中国人的做事原则和生活理念。“汉语桥”文化课设计注重互动环节，鼓励学员进行讨论，分享各自国家的风俗习惯，通过这种方式学员可以了解不同国家的情况。线上课程班级群主题讨论也是课堂的延伸。教师确定主题启发各国学员进行对比性思考，讨论过程本身就是思想火花的碰撞。例如在杭州电子科技大学的项目中，各国学员通过对比乘法口诀表的汉语与母语版本，感受汉语数字的单音节发音优势使得九九乘法表朗朗上口，正是这种朗读的愉悦感减少背诵的难度，增加记忆的稳定性。

二、传统文化的对外传播

文化因为多元而璀璨。习近平总书记指出，中华民族创造了博大精深的灿烂文化，使中华民族最基本的博大基因与当代文化相适应，要把立足本国又面向世界的当代中国文化创新成果传播出去[182]。全球经济呈现一体化趋势，但文化必须朝多元和谐共存的目标发展。长期以来，部分西方媒体大力鼓吹“中国威胁论”，借特定事件进行误读操作是常有的现象，他们错误的视角导引使中国的对外形象失真。人类坚守千年以上的文化都有文明的深度，中国人的衣食住行、处事原则、价值观都浸透着中国文化基因。中国文化的对外传播与阐释离不开中国媒体人，但也需要外国人士的参加，任何单一维度的传播都有其狭隘性。中国传统文化在时代的激流下被继承和发扬，仅依靠文字的传播，不亲身体验，不足以展现传统文化的生发能力。

传统文化扎根在于中华大地，对外传播需要“量体裁衣”。长期以来，针对传统文化的传播只要靠主流媒体来进行，显得曲高和寡，缺少地气和现代感，较难以产生大众的共鸣。“汉语桥”线上交流项目通过日常生活内容、外国人的视角和多模态方式讲述中国文化故事，受到大多数学员的欢迎[183]。线上课程有实时互动的优势，有助于畅谈中国文化，开放式讨论的氛围更浓厚。学员在课程讲授之后，就可以提出自己的问题和疑惑，教师能够及时地解答。线上“汉语桥”地方特色浓厚，有助于学员更深刻、更透彻地了解地域文化。例如在龙井茶的文化课程中，杭州师范大学的师生亲自前往龙井茶的产区，在采茶的时节进行实地拍摄，通过在线观察，学员也能感受采茶、制茶、泡茶的文化气息。“汉语桥”线上课程为中国传统文化对外传播提供全新的路径与经验。

三、现代科技文化的传播

“汉语桥”线上团组项目是使用新型传播方式在全球化语境中传播中国形象的一次成功实践，不但在国际中文教育中具有开创性意义，在国际传播中也具有积极意义[184]。中国传统文化的传播已经取得显著成效，但聚焦科技文化报道的媒体人不多，导致外国人对中国的现代化成就，特别是中国现代科技发展的认知不足，因此非常有必要寻找恰当的传播方式来讲好科技中国的故事。中国的发展速度引起了全世界的关注，外国人都渴望了解中国发展的“金钥匙”，除了解放思想之光和中国人的勤劳智慧，科教兴国战略无疑是最重要的驱动力。自从中国实施科教兴国战略以来，派出和引进并举，引进国际一流的科技专家，把学有所成的中国科学家吸引回来，激发中国人自主创新的强国梦，中国的科学技术事业出现欣欣向荣的局面。科技是第一生产力，没有现代科技的广泛应用，就不会有中国的现代化成就，应主动对外传播中国的科技发展经验。对外传播就是要从这些细微的进步着手，通过不同的视角展现高科技对中国高质量发展的驱动力。科技进步促发的现代社会的衣食住行变迁、社会治理、休闲文化、现代教育、现代艺术皆可入题。

在此背景下，“汉语桥”线上团组项目促进中国科技文化的对外传播。许多外国人对中国科技发展历史的了解非常有限，对中国人所熟知的“四大发明”也不完全清楚。线上“汉语桥”授课注重当代中国社会发展和科技进步的结合，让学员自己感受、思考两者的关联度，感悟科技对发展的重要驱动力。学员们认识到，越来越多的先进科学技术已经服务中国国家建设，在关键项目中“卡脖子”的技术不断突破，科技赋能老百姓的日常生活，政务管理不断升级。科学技术的日常应用在中国已经深入人心，数字技术已然成为最惠民的共享技术之一。支付宝不断叠加的服务功能，网络质量不断升级，政务改革的深入推进，老百姓生活的愈加便捷，这些无不彰显当代中国科技的力量。

四、学员间的交流与互动

"汉语桥"展现可爱、可信、可敬的中国人形象。线上"汉语桥"的大多数学员都较少有机会接触中国人，他们对中国和中国文化的认知主要来自媒体和书籍。"汉语桥"让他们有机会与更多的中国人交流，通过日常交流形成自己的理解力。亲身经验和感受能有效地消解国际舆论丑化、扭曲中国的不实宣传。"汉语桥"的影响力已经远远溢出了语言学习和中国文化的学习内容，让那些无法线下学习的学员们享受免费的教育，促进了全球的教育公平事业，学员通过项目获得知识的积累，结交了许多良师益友。更重要的是，面对愈加复杂的国际政治博弈，"汉语桥"搭建起了各国学员线上交流的桥梁，只有保持沟通交流，才能减少误解，消融隔阂。

"汉语桥"的学员招生是由项目承担单位自行组织，部分项目专门面向孔子学院、友好院校招生，多数项目面向全球招生。学员文化背景、年龄均呈现多元化，在参加"汉语桥"之前彼此完全陌生，皆是因项目学习而结缘。学员互动交流主要在社交媒体群内进行，有关项目活动通知、课程事宜主要在群内发布，可采用文字、语音和视频等模式，学员可以互相加好友沟通，建立长期的友谊。参加线上"汉语桥"项目的学员们会相互提出问题，除了群内负责教师专门解答外，学员之间也互相帮助解答疑问。为了更好地巩固所学的内容，检查学生对录播课的理解，部分项目在直播课结束后设置了群内辅导课，学员们可以对当天所学的内容进行巩固练习，其他学员也可以同步看到教师的反馈，通过互相学习和交流，进一步巩固和加深学员们的友情。

"汉语桥"为来自世界各地的学员提供了一个互相学习、交流和分享的活动场域。对于不善言辞的学员来说面对面交流可能存在恐惧心理，线上互动与交流可以以文字、语音和视频形式，更容易释放内心。通过与不同背景的学员交流，学员们可以锻炼表达能力、团队协作能力，同时也感受到不同的文化，还能够拓宽国际视野，增强跨文化交流的能力。在课堂上，学员们也很自然地进行互动和交流，减轻管理员的工作负担，同时也促进学员之间的友谊。学员们可以了解彼此的文化传统、风俗习惯和价值观，进而学习更多的文化知识。在"汉语桥"课程中，部分教师也会安排语言类情景剧或角色表演，通过团队协作，学员们学会如何与人沟通、如何解决问题、如何协调不同意见等方面的能力，对于未来的工作和生活大有益处。

第三节　“汉语桥”的科技文化传播模式

“汉语桥”被誉为连接世界汉语学习者的“文化之桥、友谊之桥、心灵之桥”，成为广受关注的汉语“奥林匹克”和中外人文交流的知名品牌，不仅促进汉语和中国文化知识的学习，还推动中华文明走向世界，实现国家形象的对外传播[185]。作为富有创意的文化交流项目，“汉语桥”也是中国科技文化传播的桥梁，借助现代科技手段，如在线教学、数字平台、虚拟现实等，形成了多元化、本土化的传播网络，成为对外科技文化传播的新路径。汉语作为中华文明的核心载体，“汉语桥”模式不仅丰富了全球文化交流的方式，还为构建人类命运共同体贡献了中国智慧和力量。

一、品牌引领

“汉语桥”中文大赛经过二十多年的推广，已经成为享誉全球的品牌。2020年语合中心基于线下交流受阻的现实情况，及时启动线上“汉语桥”项目。“汉语桥”线上课程是“汉语桥”平台的子项目之一，在“汉语桥”这个品牌的成熟运营下扩展而来，与“汉语桥”品牌的发展是荣辱与共的关系。通过“汉语桥”这个响亮而又高大上的品牌，“汉语桥”线上项目的推广从开始就有了高起点。“汉语桥”这个品牌是在二十多年的历程中，一代代人的接力谋划和设计下慢慢成长起来的，任何子项目都将为这个平台添辉增彩。秉承“汉语桥”的使命，线上项目不仅要紧紧围绕“汉语桥”的宗旨来进行创新实践，同时还要让“汉语桥”成为联通全球的友谊之情。

线上“汉语桥”充分利用互联网技术，发挥网络教育的优势，通过较低的成本为汉语和中国文化爱好者提供免费学习的机会，同时也成为多维度传播中国形象的窗口。线上“汉语桥”已经举办了三届，由于项目设计有更多的空间，鼓励百花齐放、百家争鸣的宽松政策，线上“汉语桥”品牌口碑也不断提升。线上“汉语桥”除了教授汉语，传播中华文明，也直接促进了中外文化的交流。学员们通过参加直播互动课程，受益于中国教师和同学的学习指导，同时学员之间也建立起深厚的友谊。

线上“汉语桥”项目积极推动中国科技文化的全球传播。大多数“汉语桥”项目文化课程围绕传统文化、当代中国生活、经济发展成就等，开展教学。当前，从科技角度来讲述中国文化的课程还不太多，导致外国人认为中国古代没有科技成就，而当代中国的发展充其量就是“Made in China”，误认为中国是科技原创的“矮子”。“汉语桥”项目鼓励各个高校结合地区和校本特色，讲好当代中国的科技文化故事。从目前上线的课程来看，介绍中国电商、智慧城市、智慧生活、数字化改革的课程越来越多。“汉语桥”当代中国主题的宗旨就是要讲鲜活的当代中国人的故事，科技已经渗透到普通人衣食住行的方方面面。互动体验环节的引入，特别是云游类活动，让全球中文爱好者跟着教师们的镜头体验中国人的日常生活态。

二、个体推进

“汉语桥”线上课程是在语合中心总体方针的指导之下，由承办院校自主设计、自主执行的“自由发挥”项目。许多“汉语桥”课程积极吸纳各类专家、学者、企业家作为课程主讲嘉宾，分享他们的经历和见解。这些杰出人物的经验分享，不仅可以为学员们揭示行业的发展历程，同时也能赋予学员真实而深刻的信任感，进而拓展他们的生活视野。杭州电子科技大学的线上课程曾邀请校友企业家以及大学期间踏上创业之路的学生，通过他们的现身说法，讲述他们的故事，拉近彼此之间的距离，让学员们感受到中国教育“学以致用”的理念。通过布置一些专题开放式作业，促使学员们主动去学习体验有关小米科技、数字敦煌、文心一言等产品，从而加深他们对中国科技文化的认识。

线上“汉语桥”项目是向对汉语感兴趣的人士提供免费的学习汉语和了解中国文化的短期课程，其特点就是门槛低、灵活自主、学习压力小，学员可以根据自身的条件报名参加心仪的项目。语言学习和文化课程的学习也被给予充分的自由，学员可以选择感兴趣的课程进行学习，或者只选取语言或者文化模块课程，在学习的过程中有充分的自主选择权。项目学习形式包括参加线上直播课程或观看平台的录播课程，没有过多的强制条件来约束学生的出勤、互动和作业，最大限度地尊重学员的自主学习意愿。

三、语言为载体的科技文化传播

汉语被认为是世界上较难学的语言，其复杂性多源于浩瀚的词汇和复杂语法的记忆挑战，如果能够通过大量的文本阅读，词汇游戏或听说练习来学习汉语，汉语的学习就会更加有趣。“汉语桥”线上课程是对当下汉语教学的进一步探索，如何通过线上课程的学习让学员觉得汉语有趣且容易，让学习汉语的热情更持久。“汉语桥”线上项目就是要让学员在短期内体验到学习汉语的乐趣，掌握基本的自学技能，逐渐获得自主学习了解中国文化的能力。学员一旦掌握了这个技能，就拥有了有效甄别虚假信息的能力，对于外界的不实报道会有自己查证核实的能力。因此，语合中心要求每个项目要有语言和文化两个板块的课程，这不仅是语言学习的基本要求，也是基于汉语独特性的必然要求。

科技中国这个名片尚需进一步强化。相对于外国人已经比较熟知的人文领域的传统文化，当代中国科技发展故事的对外传播相对不足。因此，有必要加大传播力度，让外国人看到中国科技向善的发展初心，体会中国科技自主创新的力量，相信中国的发展依靠的是科技进步，同时主动思考中国科技发展对他们国家产业发展的促进机遇。改革开放初期，中国的对外贸易主要以质优价廉的低端产品为主导，然而今天的中国科技已经今非昔比，中国的高科技产品可以通过高性价比走向国际市场。“汉语桥”线上项目介绍中国科技产品，传播中国科技文化，不仅为了展示中国科技强国的形象，更是为了提供更多关于高铁、通信技术、大型工程建设等成熟技术的信息，传递愿意分享科技成果、帮助发展中国家实现弯道超车、跨越式发展的诚意。

四、可持续发展模式

线上“汉语桥”增加科技文化对外传播的可持续性。众所周知，科技相关的叙事仅靠语言和文字的媒介难以引起受众的强烈兴趣。换句话说，要听得懂与科技相关的故事对叙事者和受众都有较高的要求。“汉语桥”项目巧妙融合学员学习汉语的初衷，与文化板块课程相得益彰，确保学员在语言学习过程中，自然接纳并享受科技文化的熏陶，避免产生排斥的情绪。只要有学习汉语的人，就有聆听中国科技文化故事的人。“汉语桥”项目鼓励开放式的设计，融通校内外资源，利用各种平台和契机，讲好中国故事。这也就意味着各行各业，包括来华留学生，都可以从自身的视角来讲故事，无疑打破了传统意义上的教师授课传播文化的模式。另外，数字技术的赋能也让线上课程具有更好的体验感和深度价值。利用 VR 头显和 AR 眼镜等穿戴设备，学员可以对中国本土资源有触手可及的感受，也可以与 AI 助教随时随地进行口语练习。数字技术的应用使线上“汉语桥”项目获得更好的口碑。在科技的助力下中文学习将会越来越轻松，成为可持续发展的源动力。智慧中文教育将会是今后国际中文教育的主力军。

“汉语桥”线上课程克服时空限制，以较低的投入成本产生最大化的传播效果，在疫情期间发挥了重要的作用。近三年的实施情况已显示出越来越强的生命力。线上项目的主要课程由“中文联盟”平台汇总，学员只要在平台完成注册，就可以查看所有已经上线的项目。即使项目结束了，新旧学员仍然可以随时随地学习海量的课程。许多学员没有能力承担收费课程，也没有机会到中国学习汉语与中国文化，通过线上“汉语桥”课程，能够免费享受教育，近距离了解中国。通过与中国师生的交流，他们能够接触更多的中国人，了解中国人的言行和做事原则。这些细微的环节在某种程度上要比主流的宏大叙事更容易被人接受。“汉语桥”线上项目的生命力就是开放包容和创新实践，鼓励百花齐放、百家争鸣，能够有效兼顾参加者和组织者的自身条件，激发国际中文教育的新思路和新理念，让汉语学习变得越来越高效，让外国人对中国有更加真切的了解。

在疫情期间，线上“汉语桥”及时填补了外派汉语师资不足的空缺，让海外学员能够得以继续学习汉语。此后，线上项目依然具有持续开拓的必要。线上项目能够让学员摆脱时空限制，可以随时随地地学习，对于那些由于经济原因无法负担学习费用的学员，线上项目能够让他们获得难得的线上学习机会，有助于推进教育公平。“汉语桥”的线上团组课程既是窗口又是资源库，学员能够随时随地从整合分类项目中学习汉语，了解中国文化。随着越来越多学员的参与，不仅中华文明得到辐射式传播，学员们还通过汉语能力的提升和文化类课程的学习，看清楚“真实”的中国，有效打破部分西方媒体扭曲中国形象的图谋。

第四节　杭电科技汉语“汉语桥”线上项目

杭州电子科技大学作为一所电子信息特色突出的省属高校，紧贴时代脉搏，积极响应国家和浙江省的高科技产业需求，教学育人、科教兴国都围绕着社会需求。自2021年起，杭电连续3年举办5个“汉语桥”线上项目，以“数字中国”“艺览杭州”“古韵新声”“科技汉语”为主题，由国际处牵头，协同外国语学院、人文艺术与数字媒体法学院精心设计，打造了50门融合语言文化学习和文化欣赏的精品课程。项目采用钉钉直播和录播结合的授课方式，带领海外学员线上领略中国语言文化之美，体验当代中国的飞速发展。共有来自苏丹、墨西哥、孟加拉国、泰国、印度尼西亚、英国等45个国家500余名学员参加了历届项目。通过充实愉快的学习，学员们收获颇丰，不仅对中国语言和文化有了更深入的认识，也了解了以浙江为代表的飞速发展的当代中国，并在交流中加深了对彼此的了解，结下了深厚的友谊。

一、杭电的“汉语桥”整体情况

杭电的5个“汉语桥”在线团组项目内容完全自主设计，其中初级汉语项目共3个，中级汉语和高级汉语各1个。目前已在“中文联盟”平台上传超过30小时的汉语录播课，32门不同主题的中国文化类课程，免费向平台用户开放。汉语语言课课文紧密结合日常生活，智能支付、智慧课堂、智慧校园生活都融入其中。文化课由授课教师自行设计，将教师个人的研究领域与特色文化、数字中国、数字浙江等主题结合起来。所有课程内容都做到了与其他院校的课程内容不重复，每批项目不重复。项目主题创新和内容的重新制订会增加投入成本，但对学员来说更有新鲜感，体验感更强。历届学员评价较高，认为这些项目不但能够让其在专业领域有所提升，而且通过体验更多元的文化增强了跨文化交际能力，同时同学们之间的友谊也与日俱增。

“赏古识今”项目是2021年首次获批的“汉语桥”线上交流项目，类型为当代中国主题。语言板块包括初级汉语的7小时课程，通过自编情景对话课文进行初级汉语的语音、汉字笔画、词语扩充和基本句式结构的学习。通过语言课程的学习，学生能够对汉语有基本的了解，打消畏难的心理。文化板块课程包括中国文化综述、四节围绕衣食住行的主题讲座课以及两节数字中国专题讲座。文化课程主要采取了微观叙述的视角，通过案例来展现主题，考虑学员汉语基础参差不齐的现状，所有文化课程都是英文授课，中文和英文双语字幕，学员评价较高。由于首次承办经验略有不足，个别零基础的学员反馈课程进度过快，无法在时间内掌握汉语拼音的要点。

2022 年杭电获批 3 个项目，分别是特色文化类的“艺览杭州”、当代中国类的“古韵新声”及语言类的“科技汉语”。3 个项目的汉语板块课程难度呈阶梯走势，旨在吸引有不同学习难度需求的学员，所有项目的文化课程围绕展示中国文化的魅力而设计。“艺览杭州”项目介绍杭州的饮馔文化、舞台艺术、民间手工艺、诗书画印传统等，全方位展现杭州的艺术雅趣及文化渊源。“古韵新声”的文化板块则通过介绍古诗新唱、古衣新穿、古今交际方式、新潮饮食和潮牌时尚，展现当代中国人的生活状态。“科技汉语”文化课结合科技中国和数字浙江的发展战略，从数字教育、数字农业、电子信息技术、数字医疗、智慧治理方面来呈现科技对中国发展的巨大驱动力。2023 年杭电再次获批两个项目，其中“科技汉语”项目已于 2023 年年底实施完成，“实用汉语”项目将于 2024 年上半年实施，两个项目在循环利用“中文联盟”平台录播课的基础上，重新设计了语言课，新增 3 门文化直播课。

二、杭电“汉语桥”的科技特色

杭电“汉语桥”项目的科技特色，不仅深植于学校及所在地区的特色优势，更是对“汉语桥”线上项目的突破性创新。当代中国的进步和发展在很大程度上要归功于科学技术的赋能。长期以来浙江都将数字技术作为重要的发展依托，全省各行各业都将科技促进发展转型作为重要抓手，浙江的数字化成果应用在全国位居前列。电子信息和计算机科学是杭电的优势学科，学校非常重视优势学科对新文科建设的赋能作用。学校“汉语桥”线上项目的设计注重将区域特色和校本特色深度融合。首届“汉语桥”文化课之一的“数字中国”就源于深受学生好评的全校公选课“数字系列通识课”。

“赏古识今”项目的文化课程和语言课程均凸显“科技范儿”，多维度展现当代中国的科技成就。项目设计受浙江作为共同富裕示范区以及杭州的互联网产业中心的地域优势启发，结合杭电近年以来在数字化场景应用的多个案例，挖掘校内外相关资源，打造数字中国特色课程。科技类文化课程聚焦数字技术如何赋能产业发展、促进产业升级，以数字产业化和产业数字化两条线展现杭州数字经济的勃勃生机，讲解数字科技如何促进杭州人才聚力、产品出新、财富增长，同时盘活传统经济，实现更新换代。课程设置同时关注数字技术如何深刻改变中国百姓的生活方式，介绍数字医疗、数字教育、数字文化服务如何丰富国人生活内容、提升生活品质。课程同时介绍以杭州城市大脑为代表的数字政务体系，以防疫为特定场景，展现数字技术在社会治理方面的应用如何实现高效、精准、人性化的公共管理，同时辅以学校科研团队的相关成果，以贴近学生的方式进行讲授。项目多维度地凸显中华文明兼容并蓄、一脉相承、服务于民的理念，从日常生活的衣食住行方面着手，呈现变迁的底色和新韵，展现中国人"天人合一""中庸豁达""甘于奉献"的国民性格。

"科技汉语"项目重点围绕古今中国科技的发展成果。参与项目设计的教师曾长期担任科技汉语的线下教学任务，有着丰富的教学实践经验。项目设计过程中，教师们集思广益，对可能存在的问题进行充分论证，将传统科技主题，如孔明锁、竹蜻蜓制作、五连环、圆周率计算等，纳入课程。现代中国科技主题筛选了易于理解的科技成就，包括折纸机器人、潜水机器人、绘画机器人、3D孔明锁设计打印、中医数字化诊疗，数字农场，VR元宇宙实验室和亚运志愿者虚拟训练平台等。文化课程主要围绕着现代技术对工业、农业、服务业、政务、城市管理、教育等领域的贡献。课程内容主要通过具体案例展现数字经济与百姓生活的关联度，从微观层面呈现数字技术引发的日常生活方式的巨变，涵盖就业工作、社会保障、出行、医疗、教育、养老、娱乐等多方面。

三、杭电"科技汉语"项目总体设计

杭电"科技汉语"项目采用"专业＋汉语＋文化"三位一体的模式，合力展现当代中国的科技内核。利用杭电数字技术的场景化便利条件，在汉语语言教学中融入科技发展的元素，增进海外学员对当代中国的认知，多维度展现中国科技实力，传播当代中国科技强国、数字经济大国的新形象，扩大国际影响力。项目设计结合学校专业特色，围绕科技汉语词汇、句法、语篇、修辞与表达等内容，促进科技汉语推广应用，传播当代中国科技文化，打造汉语传播与推广的新模态。通过语言课的学习，学员能够把握科技汉语的基本特征，在语篇、词汇、句式、修辞、段落及阅读方面得到全面的提升；通过文化课的学习，学员了解数字经济背景下中国在智慧治理、生态农业、人工智能、数字教育等领域的最新发展状况，有助于他们更好理解中国式现代化的内涵。

杭电“汉语桥”对招生对象无过多限制，为了尽可能满足大多数学员的需求，教师在实际授课过程中会适当调整难度。针对部分零基础学员，额外安排了助教主持的课后辅导课。语言课课文准备了 AB 难易不同的两个版本。B 版是在 A 版的基础上增加了词汇量和课文对话长度，语言课的作业也是 AB 版两套方案，供学员根据自身水平选做。语言课程的内容是语言组教师结合学员条件、杭州文化、日常需求和学习的场景集体备课编制而成。为实现更好的教学效果，所有课文对话由学校国际中文教育专业的学生参与演出，实景拍摄。为提升对话音质效果，授课视频专门在录影棚录制后再进行后期的配音制作。每位直播课教师当日授课结束后要在教师群分享心得，并根据当日经验和学员互动情况给出改进建议。从讨论文本内容、英文翻译、校稿、到 AB 版剪辑、审片到直播课堂授课，所有教师和助教都倾心付出，精心打造的课程得到学员的高度认可。

语言类课程围绕科技汉语的学习，带领学员从科技汉语的词汇、语法、文章结构、常用表达等要素入门，结合科技知识、案例分析、课外阅读等环节，学员可以循序渐进地积累汉语常用的普及性科技词汇，在教师的引导下阅读论文摘要，把握科技类文章的结构，帮助学员突破日常汉语交际的局限，向专业、高阶中文层级迈进。文化类课程围绕数字技术和科技文化的学习及体验，聚焦数字应用的领域，引入专业学科知识和前沿研究成果，通过实用、有趣的话题，辅以影视资料，让学员亲身感受科技发展的一脉相承和前沿探索，更深刻地体会中国式现代化发展的内涵。“科技汉语”主题在“汉语桥”线上项目中属于创新类，目前还在持续进行探索和完善，未来将呈现更多的特色和亮点。

四、杭电“科技汉语”项目的执行情况

线上项目的执行需要更多情感投入和沟通技巧。大多数学员是首次参加线上“汉语桥”项目，对于钉钉平台比较陌生，因此提前一个月将学习资料包发送给学员，包括平台指南，课文文本文件、课文朗读音频、每门课程的作业、课前准备事项、大作业模板等资料等，在直播课开始之前引导学员们到“中文联盟”平台观看录播课。为了更好与学生建立沟通，正式建立钉钉群，值班教师和助教每日在群内用双语推送汉语学习资料，回答学员的问题。语言直播课后结束后立即由助教开始直播辅导课，文化直播课后助教会在班级群组织互动讨论。每日群内主要事务涵盖学员问题答疑、作业批改反馈、当日学习要点预告。正是通过营造“汉语学习之家”的氛围，让不同背景的学员“恋上”线上“汉语桥”项目，让他们感受到“远在千里亲如一家”的氛围。

语言板块课程全部采用直播课方式。语言课程涉及语音、汉字、语法、词汇四大模块，涵盖日常问候、服饰、饮食、住宿、旅游、购物和娱乐场景。特别增加了移动支付的内容，旨在展现真实生活画面的同时，凸显中国的数字化惠民成就。项目通过钉钉平台进行直播授课、线上活动、录制课程教学与实时操练，分为 14 门课，共计 28 课时(每课时 30 分钟)，其中语言课程 14 课时共 420 分钟(直播)，占比 50%；文化课程 14 课时共 420 分钟(录播)，占比 50%。项目自制语言类教学视频及文化类体验视频超过 200 分钟，以提升学员科技汉语学习的效果，加深对数字科技在各领域创新应用的认知。连续七天每天直播一门语言课，时长约 60 分钟不等，语言板块课程总时长为 450 分钟。该板块所有课程由学校汉语国际教育专业的教学团队 7 位教师承担，主讲老师均长期从事一线教学工作，有着丰富而专业的指导经验。

文化板块课程采用录播和直播结合的方式。文化板块课程包含数字政务、数字医疗、数字校园、数字社区、数字农业等内容，总时长为 440 分钟，重点展现当代中国的科技发展成就，同时介绍传统文化的博大精深，展现一脉相传的中华文明，在继承中不断发扬。此外，为更好展现当代中国的科技革新成就，紧密结合杭电电子特色专业优势，特别设计嵌入数字经济专题课程，从产业到民生展现当代中国的数字技术成就。数字农业和数字政务课程根据出题需要设计了两个外景实拍视频，邀请留学生作为使者带领学员

云游体验，增强观看视频的国际学生的代入感。为了更好地呈现杭州本地文化，拍摄团队专门前往杭帮菜博物馆和中国丝绸博物馆进行专题片拍摄，两位主讲教师反复修改脚本，在场馆疫情严控的情况下，最终制作出高质量的短视频。

杭电“汉语桥”项目非常重视校内外资源的融通。2021 年，由于是首次承担项目，担心项目实施经验不足，于是特别邀请浙江广电集团参与合作，专业团队的指导让“精品”目标有了更好的支撑。所有文化课课程的拍摄均在浙江广电的直播间由专业团队拍摄制作完成。依靠优秀的团队力量，课程从课程环节的设计，互动内容、实景拍摄、录播现场、外宣均得到专业化的保障。项目宣传片一经投放海外院校就得到积极响应，为后续招生打下坚实的基础。杭电“汉语桥”开幕新闻在浙江国际频道（中国蓝）黄金时间播放。借助外部优势资源优势资源来打造精品课程，是学校“汉语桥”一贯秉承的理念。2022 的“汉语桥”项目设计充分利用了学校亚运会竞赛场的资源，展现亚运会现场和台前幕后。此外，学校由相当比例的校友企业都从事高科技产业，在项目中将这些企业的文化和产品介绍给世界，让学员了解高质量教育的同时，也燃起他们来中国学习、来杭电学习的兴趣。

第九章
来华留学生线上教学：情感-技术-文化的模式创新

来华留学生教育是深化教育对外开放的重要环节，也是高等教育国际化进程中必不可少的组成部分，对内保障高水平的国际教育质量，对外展示中国的国家形象，直接推动中华文明走出去的国家战略[186]。为增进中国人民与世界各国人民的相互了解和友谊，发展各领域的交流与合作，中国政府敞开国门欢迎各国优秀学子来华留学，从事社会文化交流活动。自2018年设立中国政府奖学金以来，来华留学生人数大幅增长，可承担该奖学金来华留学生培养任务的高等院校超过200所，覆盖大部分学科专业。众多高校也通过丰富多元的自设奖学金和高质量的课程吸引各国留学生，仅2018年，在华留学生总数接近50万[187]。随着高校双语人才培养质量的提升，相关体制和管理制度的不断完善，来华留学生教育从量变转向质变，提质增效，打造留学中国的高质量品牌。

长期以来，来华留学生的教育主要采用线下模式，突如其来的新冠疫情使得教育模式被迫从线下转为线上。疫情导致留学生无法返回中国接受线下教育，这也迫使中国相关部门以前所未有的姿态重视和支持对留学生线上教育的研究和投入，以便应对长期的线上教育。与国内学生相比，留学生线上教育受到更多客观和主观因素的制约。由于来华留学生在专业结构上的变化，汉语专业不再占主导地位，且大部分留学生是学历学位生，学科涉及面广，因而线上教育的难度更大。即便如此，疫情期间教育主管部门加强顶层设计，各领域专家充分论证，相关部门通力配合，各高校迅速量身定做来华留学生教学应对方案，真正做到了“停课不停学”，来华留学生的线上线下学习实现无缝衔接，受到来华留学生的肯定和支持。

第一节 特殊时期下的留学生线上教学

疫情期间，全球其他国家采取边境管控的时间较短，如果我国不能及时调整教学方式，就容易在留学市场处于弱势，对于正处于上升阶段的来华留学生教育会产生负面影响。来华留学生主要来自发展中国家，无论是从留学生权益还是国家利益来看，都必须做到“停课不停学”，充分保障留学生接受高质量的线上教育。经过三年多的探索，来华留学生线上教育得到迅速优化和增强，最直接的成果体现在线上资源库数量和质量的提升。留学生能享受到的学习资源得到有效的扩充，对线上教学的实践研究也愈加深入。

一、来华留学生教育

来华留学生教育是我国高等教育的重要组成部分，有利于促进高等教育的多元化发展，提升高等教育的国际影响力。加强来华留学生教育也是建设教育强国的应有之义。“在教育日益国际化的今天，青年成为国际教育市场争相吸引的对象，对外国学生留学的吸引力成为一个国家教育国际化水平及其国家吸引力的重要标志。”[188]来华留学生以青年人为主，思维活跃，理解和接受能力强，在与国内师生长期交流过程中，容易建立起长期的信任和友谊，对于“一带一路”倡议中民心相通有着不可取代的意义[189]。近年来，来华留学生教育政策体系趋于完善，来华留学生规模逐年稳步增长，生源呈现以周边国家为主的多样化特征，留学生层次提升，成效显著，为中华文明走出去和“一带一路”高质量发展储备了人才，助力中国行业、企业“走出去”[190]。

由于政治、经济和文化等多方面的原因，20 世纪来华留学生教育发展相对缓慢。新中国成立后，中国政府为了培养国际化人才和加强与世界各国的交流，开始鼓励外国学生来华留学，但来华留学生主体以生源交换、短期生、高校就读为主，招生规模有限，培养质量不高。进入 21 世纪，随着中国经济文化国际影响力的提升，各种奖学金政策的实施，来华留学生教育也迎来了新的发展机遇[191]。高校积极主动开拓国际合作，展现高等教育的成绩，通过交换生、交流生、夏令营等活动接纳更多种类的国际学生来华学习交流。与此同时，来华留学生教育管理机制越来越规范化、专业化，不断升级与留学生教育相关的政策法规，在签证办理、就业指导、实习等方方面面给予便利，为留学生提供更好的学术氛围和生活环境，方便更多的国际学生来华留学。

中国高等教育的快速发展和巨大的就业市场，吸引着越来越多的留学生来华学习，来源地不断扩大。来华留学生所学的专业领域更为广泛，非语言类学历学位生数量不断增加。除了传统的中医、汉语及文化类专业，经济、管理、电子信息、计算机、机械制造等专业尤其受欢迎，因为这些专业能够提供更广阔的职业前景。来华留学生人数连年攀升，当前规模和人数已处在世界前列，为留学生教育的质量提出挑战。近年来，教育部下发《学校招收和培养国际学生管理办法》《来华留学生高等教育质量规范（试行）》等文件，加强留学生教育的管理和服务体系建设，启动来华留学生高等教育质量认证，加强对留学生教育的监管和评估，通过高标准严要求来提升留学生教育的质量[192]。

二、留学生线上教学的发展

我国从 20 世纪 90 年代起开始线上教学的探索。初始阶段的线上教学主要是基于互联网页面文本而开展，模式比较单一，学习效果相对有限。进入 21 世纪，随着互联网基础设施的完善和移动通信设备的普及，互联网带动了各个行业的信息化革命，基于互联网技术的教育革命应需而生。学生可以通过网络课程或在线平台，在线听课、参与讨论、完成作业等学习活动。近年来，随着移动互联网、大数据、人工智能等新技术的不断发展，线上教学进入多元化、智能化的发展阶段，提供了更加灵活、方便、高效的学习方式。线上教学的稳步发展为留学生线上教育提供了基础和条件。

新冠疫情之前，来华留学生普遍接受的是线下教育，内容涵盖汉语和中国文化、专业课程和实践课程等。由于语言和文化沟通对留学生教学尤为重要，线下学习的成效更为明显，因此来华留学生线上教学的规模相当有限。在网易公开课、中国慕课和各个高校的网络课程资源库中，针对来华留学生的课程数量有限，仅有的课程也主要集中在汉语学习和中国文化的主题上，其他专业类课程和实践课程相对较少。中国学生可以选择海量的中国大学 MOOC 和其他教学平台的线上课程，然而这些课程对汉语水平不高的留学生而言，难度较高，导致学习效果不甚理想。

“全球新冠肺炎疫情对来华留学生教育冲击较大，客观上加快了面向来华留学生的中文教学借助信息技术和教育技术优势的节奏，优化教育生态是新时代来华留学生中文教育的必由之路”[193]。疫情成为催化剂，刺激中国高校的留学生线上教育进入从点向面、从硬件到软件、从被动到主动的全面发展期。疫情暴发后，留学生线上课程数量有了突破式发展，以中国大学 MOOC 平台为例，2019 年针对留学生的中文及文化类课程数量不足 10 门，截至 2022 年底已接近 40 门，其中不乏国家精品课程[194]。已出现专门针对来华留学生的大型线上学习平台，例如中文联盟、全球中文学习平台、北京语言大学线上学习平台、唐风汉语国际教育云平台等，各有特色，深受留学生喜爱。线上留学生教学跨越时空，让疫情期间无法返回中国的留学生体验“时时可学、处处可学”，不但是特殊时期的一个必然选择，也将对今后的中文教学产生深远的影响[195]。

三、特殊期间的留学生线上教学

新冠疫情触发线上教育的改革，对来华留学生教育产生深远的影响。中国为期三年的入境限制政策使绝大部分留学生无法回到中国，如何让留在中国的留学生和远在故国的留学生继续完成学习成为摆在各个高校面前的重要问题。线上教学以其灵活性和方便性，为留学生提供了更多自主学习的机会。留学生可以在任何时间、任何地点进行学习，从而更好地适应自己的生活和学习节奏。与传统课堂教学相比，线上教学能够更快地获取和分享信息，同时通过视频会议等工具实现实时互动，提高了学习效率，增强了学习效果。2022 年，共有 30 390 名中国政府奖学金生通过线上线下结合的方式在 286 所高校学习[196]，包括来自 168 个国家的 8 900 名来华新生。

教学模式突然从线下切换到线上，对于大多数国家的留学生而言，在初期都面临多方面的挑战。由于文化背景和教育理念的差异，线上教学初期留学生在学习方法、实践认知等方面存在不适应的现象。例如，学生需要遵守本国的文化生活习俗，部分学生在特定的时间难以参加线上学习。时差也是个巨大的挑战，个别学生可能需要在晚上甚至是凌晨参加学习，夜间上课对其家人、周围邻里也可能产生影响，因此课堂互动可能不太顺畅。由于缺乏与同学和老师的面对面交流，学生学习的效果受到一定影响[197]。

为保障学习进度，各个学校在条件许可的情况下对所修课程适当调整，采取更多的辅助措施来帮助学生适应新的教学方式，例如安排具有跨文化交际能力和专业课答疑能力的课程助理协助管理班级。理论类课程主要采用线上模式，同时积极开发共享线上平台，探索实验实践类课程的远程教育模式。线上教学需要良好的网络条件，对于那些网络基础设施条件薄弱地区的留学生而言，线上直播授课难以实现，另外直播也会产生一定的经济成本，因此录播教学和固定时间的答疑则成为重要的替代选择。

四、特殊期间留学生线上教学的成效

教育是国家公平环境的重要指标，中国各级教育部门能够迅速联动，保证留学生线上教学顺利开展，既是教育初心所致，又是真正践行教育优先的理念。疫情暴发以来，中国高校能够以高度负责的态度和行动迅速启动线上教育，就是互联网教育发展、学校人才培养水平和教育公平形象的重要体现。教育部在2020年初要求各省市教育资源库免费向全部在校学生开放，留学生也有机会享受全中国的优质课程资源。线上教学以网络技术发展为前提，现有的网络教学平台可以实施即时的线上教学，提供教学课程资源，形成可交互的环境，例如腾讯会议、钉钉会议、智慧校园平台、云朵课堂、超星课程、知学云等等，都是疫情期间被广泛采用的教学工具和学习平台[198]。

疫情期间，各个高校努力探索留学生课程教学的路径，不断优化教学方案，改进教学方法，针对性地解决出现的问题。教师线上教学能力的提升是关键。由于专业课程具有鲜明的特征，鼓励教师积极利用已有的优质线上资源，推荐其中的精华部分供学生课前学习，课堂中则重点讲授知识难点，解答学生的疑惑，设计更多元化的课前、课中和课后练习，以便了解学生对知识点的掌握程度。教师须加强对学生情感关怀和跨文化沟通，主动帮扶缺课的学生，积极响应学生的问题和学习需求，保证教育既有规章制度，又有集体温度。

新冠疫情期间，在华留学生线上教学成效较为显著。线上教学以其灵活性和方便性，为留学生提供了更多自主学习的机会。根据教育部的数据，2020 年上半年，在华留学生人数约为 4.5 万人，其中大部分通过线上教学进行学习，可以不受时空限制，随时随地参与学习，而且学习效果也得到保障。与传统课堂教学相比，线上教学能够更快地获取和分享信息，同时通过视频会议等工具实现实时互动，提高学习效率。2021 年 4 到 6 月，针对 12 个国家的 23 名来华留学生进行的一对一深度访谈表明，大多数留学生对线上教学效果表示满意，并且认为线上教学比传统课堂教学更加有效[199]。线上教学在保障留学生学习权方面发挥了积极作用。针对某高校 60 名医药类专业与经济管理类专业的本科留学生问卷调查显示，学生对线上教学方式和学习环境的适应度为“比较适应”，腾讯课堂、雨课堂、腾讯会议和唐风汉语等 4 个平台的响应率和普及率较高，学生对平台与教学法的响应率随着其普及率的增长而增加，对线上教学方式方法的好感度较高[200]。线上教学的实施，不仅解决了留学生的实际困难，还展现了我国高等教育在应对突发事件时的能力和韧性。

第二节　线上课程的科技文化远程传播

长期以来，国外民众对中国的认知大多停留在文化传统深厚但科技文化相对落后的刻板印象上，因而有必要通过多元路径来展示当代中国的风采，特别是现代科技发展的巨大成就。只有将中国的社会进步和科技发展关联起来，才能以正视听，讲好中国崛起的真实故事。通过展现科技在促进教育公平、医疗改革、政务管理、文化传承、精准扶贫等领域的成就，让外国人感受科技进步是中国发展的金钥匙，才能改善中国的对外形象。来华留学生是中国故事最直接的传播力量，线上教育不仅可以提升来华留学生对科技文化的兴趣和理解，还能促进中外科技文化的交流与合作。

一、当前科技文化传播的现状

进入 21 世纪以来，中国社会的全方位、高质量发展成绩喜人，但对外传播相对滞后，未能引起国际社会的积极、广泛关注。如中国的脱贫故事、生态保护、新农村建设等丰富的素材未能对中国形象的对外传播产生巨大的媒体效应。讲好中国故事一方面需要因地制宜，克服中西方文化差异，采用外国民众能够"听得到、听得懂、听得进"的方式，因此要通过改变传播方式，培养一定数量的外国传播人才，成为对外传播的重要力量。另一方面，由于缺乏足够的传播路径，外国民众对中国的了解常受到部分西方国家媒体的"有色滤镜"和"双重标准"误导。如果能够培养一批擅于用外国人喜欢的方式讲述中国故事的媒体人，就能有效纠正信息偏差。

来华留学生在对外传播中国科技文化方面有着举足轻重的作用。留学生在中国的学习和生活过程都渗透着浓厚的科技感，对于中国科技的力量有着切身的感悟。越来越多的国际学生选择到中国留学，学习先进的科学文化知识，有机会参加各种科技活动，例如科技展览、学术研讨会、创新创业大赛等，在科技型企业、研究机构和实验室实习实践中，亲身参与科技创新和研发过程。在日常生活中，留学生能够用手机轻松办理各种业务，衣食住行各方面享受着智慧城市的便利。通过这些经验，不仅提高了他们的专业技能和职业竞争力，还有利于中外科技文化的交流与合作。留学生在社交媒体平台发布关于中国科技的信息、图片和视频，向世界展示中国的科技成就和创新精神，积极分享参与中国科技文化的见闻，就是在传播中国的科技文化。

与中国媒体对外传播相比，留学生自发传播的内容更容易引起国际媒体的关注，也更容易引起其国家民众的共鸣。鉴于国际舆论对中国主流媒体报道的偏见，充分调动留学生参与对外传播的积极性，是在对外传播中讲好中国故事的突破口，也能够促进中外科技文化的交流与合作。来华留学生在对外传播科技文化方面取得了一定的成果，但仍有较大的提升空间。由于语言文化差异和信息有限，留学生在传播科技文化时难以全面理解和准确传达，导致信息传递出现偏差或误解。例如，2023 年中国政府宣布取得全面脱贫攻坚战的胜利，有些身居都市的留学生则误认为中国根本没有贫困。因此，留学生对外传播也需要给予引导。通过定期组织交流活动，扩大留学生的社会接触面，为他们感受中国科技的成就提供便利条件，能够确保传播内容的时效性和准确性。

二、加强科技文化传播的必要性

中国古代科技文化是我国作为文明古国的重要标志。除四大发明外，中国还有灿烂的建筑、陶艺、冶金、治水等方面的技术。传播中国科学技术文化不仅能够更为全面向世界展现的科技力量，还能让世界文明互鉴，丰富世界科学文化的"蓄水池"。近年来中国快速高质量发展的秘籍就是科技推动，然而由于传播力量的不足未能被外国人广泛认知。例如，高铁、网上购物、支付宝、共享单车等被戏称为"新四大发明"的新科技成就在中国深入人心，但外国人却难以深切感受。另外，中国在利用现代科技消除贫困方面积累了丰富的经验，通过有效的对外传播，让更多的国家学习中国经验从而摆脱贫困，对促进全世界的和平发展将起到至关重要的作用，同时也能有效回击"中国威胁论"的谣言。

留学生在传播科技文化方面有着得天独厚的优势。来华留学生是讲好中国科技文化故事的优势群体。他们在中国生活的方方面面都渗透着科技感，能够结合自身感受传播讲述中国的现代成就，特别是中国科技发展带给老百姓实实在在的福利。长期以来，留学生文化课集中在介绍显性的传统中国文化，例如丝绸、诗歌、饮食、中医等，然而对中国古代农业生产、物候特征、养生科学、风水学等挖掘得不够深入。因此，有必要增加留学生课程中科技文化内容的比重，邀请领域技术专家，讲述中国文化蕴涵的科学性，同时为留学生接触高科技教育资源提供条件，特别是实习环节，让他们通过进入高科技公司去感受传统文化在技术赋能下的复活发展，让他们到高科技环境中去感受中国式发展的科技内核，例如参观城市大脑指挥中心、智能工厂等，加强他们对当代中国科技发展的认知。

利用科技平台讲述中国科技故事是有效的传播路径。科技文化是人类社会高质量发展的重要支撑，是推动社会文明进步的重要力量。目前，留学生线上教学的模式多元，包括直播、录播、慕课、文字＋音频、线上互动研讨、提供材料供学生自学、电视云中课堂等[201]。利用优质的学习平台、学习工具和网络资源，通过云游科技企业、远程观摩、在线问答等方式，加强留学生对数字科技赋能社会发展的亲身感知。通过搭建主题互动平台和建立学习型社区就科技话题进行交流，借助线上展览、虚拟博物馆、科技文物的 AR 呈现等，为留学生了解中国现代科技成就提供便利，能够有效促进科技文化的对外传播。

三、科技文化思想的线上传播

随着新媒体传播的兴起，中国文化的对外传播在方式和内容上日趋成熟，外国人接触中国文化的渠道更加多元，对中国社会文化的认知日益深入。以敦煌文化传播为例，长期以来主要依靠文献馆藏和实地探访来实现，现在各国民众却可以通过“数字敦煌”线上平台来体验翔实的敦煌壁画。平台展示的壁画和相关介绍甚至比现场还要清晰，通过这样的方式让敦煌壁画这一人类的瑰宝为全世界所熟知。没有数字技术，这些宝藏就无法原汁原味地得到保存，更无法满足不同领域爱好者的参观需求。

中国科技文化在数字技术的加持下已经全面渗入社会和经济发展的各行各业。“最多跑一次”掀起的政务改革、数字医疗、电子商务、数字农业、环境治理都渗透着科技促进经济社会发展的理念。数字技术引发的系列变革，只有亲身经历才能有深刻的感悟。通过线上课程，及时地将中国正在发生的变化，特别是技术变革故事讲给外国人，才能有即时感。来华留学生的专业日益多元化，很大部分的学生选择理工专业，需要授课教师用留学生能够理解的方式来进行课程讲授。在实践课中，有来自科技企业的导师讲述自己企业、行业的故事，能够通过留学生让外国民众了解中国技术企业的发展成就，同时也可以为最新科技产品走向世界开辟新路径。

四、线上科技文化传播的不足

中国线上教育近年来取得飞跃发展，但针对来华留学生的线上教育平台依然较少。如何让海量的线上教育资源不仅为中国学生服务，同时也让留学生受益已经成为重要的议题。打造中国数字教育的国际品牌是参与全球教育市场竞争的举措，同时也能够显现科技对中国教育发展的赋能作用。目前中国大学的慕课数量已居世界前列，但这些课程对于国际学生还不够友好，配有英文字幕的课程还不够多，大多数留学生的汉语水平有限，无法完全听懂这些课程，因而需要打造一批面向国际学生的高质量线上课程，同时设置针对国际学生的中国科技文化课程。为了加快中国教育产品的国际影响力，教育部已加快国家智慧教育平台的国际版建设，来满足国际学生的学习需求。

从实践来看，留学生线上教育还存在一些普遍的不足。首先，线上教学的体验感较弱。留学生在语言学习和中国文化类课程上有着很强的实践和体验需求，线上教学过程中，他们的体验就被限定在直播课与授课教师的互动中，然而由于网络问题，有时较难进行顺畅的互动交流。此外，文化课教学包括实物展示、实地参访等环节，这些在线上较难实现。其次，线上教学很难兼顾学生的情感沟通需求，线上课程的重点是浓缩知识点讲授，情感沟通常常被忽视[202]。在线下课堂中，教师往往通过观察学生的表情、向学生提问等方式，把握学生的情绪。由于时空限制，线上授课时学生情绪难以准确感知，教师也很难长时间关注个别学生，因此要求学生具有高度的自我管理能力。

线上教学还存在明显的实践短板。线上教学单向信息传递、教学平台完善问题，师生时空距离导致心理疏离、学生自身的自控能力、学习条件等因素也将影响教学效果[203]。随着来华留学生学习领域的不断扩大，理、工、农、医逐渐成为他们选择的主要学科领域，这些专业有着极强的实践操作特征，仅靠线上课程和系统软件的支撑依然难以产生实际动手操作的体验感。线上课程在实践教学方面能够突破的空间仍然有限，而这些专业课程确实有着理论和实践紧密衔接的特殊需求，因此实践领域的线上教学还需要持续探索与加强。

第三节　科技文化传播的情感-技术-文化模式

新冠疫情期间，各级教育部门严格遵守中央政府的工作部署，克服留学生教学客观存在的不利因素，通过构建课堂学习、文化体验、内容展示等多种形式融合的线上教学体系，真正做到“停课不停学”，精心维护“留学中国”品牌。高校把来华留学生教育纳入学校国际化发展规划整体，引导留学生从多维度感知中国国情，为培养具有跨文化意识、能够传播中国好声音的优秀留学生人才做出贡献。通过贯通留学生专业学习和实践体验，初步形成来华留学生“情感-技术-文化”三位一体的教学模式，推动留学生在学习体验中国科技文化的同时，理解和内化吸收中国科技促进社会发展的成果，主动对外传播中国的科技文化知识。

一、“情感-技术-文化”三位一体的教学创新

留学生线上课程以培养具有“亲华、友华、知华”来华留学生为目标，以推进来华留学工作提质增效为核心，通过课程改革和资源整合，构建“情感-技术-文化”的教学模式。模式以情感贯穿课堂为核心。为确保线上教学工作有序开展，各个部门多措并举，统筹规划、精心部署来华留学生线上教学工作，教学过程质量跟踪可控，最大限度地保障教学效果，实现线上教学和线下教学实质等效的目标。留学生经常针对教学安排、考核方式、授课时间等出现一些不同的看法和分歧，教师始终坚持不间断沟通的方式，努力与学生达成共识，在不涉及原则的问题上，尽可能满足学生的需求。坚持学生为中心，探索自我学习等模式，提升了教师服务“一带一路”建设、传播中国声音的自觉性，推动教师对全英文课程、双语课程的思考、建设和完善，提高教师开展国际教育交流合作、人文沟通和教育“走出去”的能力[204]。根据教学进程，分阶段、分科类对线上课程开展针对性的指导、监督和评价工作，提升学校综合办学实力、打响国际知名度。

模式秉持信息化促进教学的理念，坚持学生中心、成果导向、持续改进的理念，通过教学技术创新补足短板。教师积极研讨、使用各种新的教学工具和手段，创新应用各种教学技术手段，对标“金课”建设标准，引导教师的“教”和学生的“学”紧紧围绕教学质量的主题，提升线上教学的能力，保证线上线下教学质量实质等效。教师利用在线教与学中的各种互动数据的采集和分析，通过科学的过程性评价，有效地激励和引导学生学习，根据学生的反馈及时进行教学调整，做好线上课程教学的整体策划，设计有别于线下课堂的教学策划，通过任务教学法、合作探究学习、研讨式教学等方法开展教学，提升线上教学效果。

留学生线上课程实施强调实践教学的重要性，理论认知结合文化体验。中外在社会制度、教育体制、文化背景等方面存在较大的差异，留学生在语

言和文化沟通方面都存在着障碍，因此跨文化理解与沟通能力对师生都是重要的课题。坚持跨文化沟通的原则和理念，尊重彼此的文化、历史和价值观，才能引导学生了解和适应新的学习环境，更好地融入中国社会，建立起良好的人际关系，从而锻炼自己的语言、交际和解决问题的能力。跨文化沟通能力的提升也能使留学生终身受益。在具体的教学过程中，强化课堂设计，深度融合现代技术与文化教学，发挥智慧教学工具优势，加强师生互动交流，拓展学生自主学习空间。

二、情感投入弥合现实差异

国际新冠疫情的复杂形势引起部分学生出现情绪不稳、思想波动，容易影响正常的教学。留学生课程教师在线上教学中坚持以正确的思想政治教育方向，密切关注学生的情绪。一方面，教师必须端正立场，全面了解国际形势的复杂性和中国抗疫的成效及贡献，引导留学生客观地看待疫情，疫情暴发及防控的各种事实不容歪曲，对于学生出现关于中国抗疫的错误言论则及时给予澄清和纠正。另一方面，传播正确的疫情防控信息，协助部分留学生自发地在媒体传播中国抗疫的成就和努力。沟通才能弥合认知误差。留学生和教师之间难免出现一些理解偏差，只有通过高效的沟通才能减少误解。

教师不仅仅需要关注学生的学习结果，也要重视过程监控，及时掌握学生的情绪和可能出现的干扰问题，通过激励措施调动自主学习的积极性和主动性。由于大多数学生都是首次尝试线上学习模式，因此需要充分考虑文化差异因素。留学生来自不同的文化背景，不仅教师与留学生之间存在着文化、制度、宗教等差异，学生之间也存在差异。教师需要多渠道收集学生对于线上教学的反馈信息，及时调整方案，帮助其尽快适应线上教学的特点，掌握线上学习的方法。例如，由于时差问题，有些学生无法准时参加线上课程，教师要为缺勤的学生制订单独的学习方案。此外，留学生由于无法返回中国学习，课务的调整、延迟入境的焦虑都难免会产生一些疑问，对这些问题的及时解答让他们感受来自学校和师长的关爱。

对于实践性很强的专业，由于学生无法在场实践，教师根据学生情况量身定做实践项目。通过“结对子”的形式进行实践实习，在国外的同学将自己的项目需求告知同小组的同学，由他们代为操作，有必要的话远程视频沟通，最终获取相关的实验数据。对于实操实践类课程，在征得学生同意的前提下，对课程次序进行调整置换，将常规的学习资源上传到网络课程系统，或者通过邮箱或社交媒体单独发送给学生。这些做法都在影响和改变留学生对中国师生和文化的认知，拉近师生之间的情感距离，对于学生学习课堂内容有着积极的作用。

三、跨文化沟通促进语言学习

文化的学习与实践重在高质量的浸透，如果教师无法在有限的课堂时间内实施教学内容，那么课外的延伸就显得更为重要。因此，通过足够的配套资源、完善的网络课程以及有效的师生互动，吸引学生积极参与课堂学习，就所学内容进行有效地联系和巩固，做到温故而知新，才能保证学生在最短时间内以最有效的方式掌握更多的文化知识。模式结合教材和实践，自然融入中华五千年悠久历史文化，引导留学生进一步了解中国的风土人情和历史文化变迁，深入体会中国文明的独特魅力。采用多元的教学方法，引导留学生进行比较式学习，才能使文化课程成为相互了解和互学互鉴的平台。

我国的留学生主要来自发展中国家，克服差异性是留学生线上教学的首要任务。由于留学生大多未曾到过中国，汉语基础较差，虽然对中国文化感兴趣，但对中国传统和地方文化了解不多，所以文化课程内容对于他们来说，既陌生又好奇。不过，学生可以通过网络、线上平台等获取相关的基本理论知识，教师在课堂内只需要做适当引导，强化重要知识点，做适当的延伸，就能达到事半功倍的效果。教学重点则转向引导学生对比、对照其已知的中国传统文化话题，得出中国文化独特的东方审美和技术智慧，启发学生主动去发现和感受中国文化的魅力、激发他们对中国文化观念，独特的价值观的思考，欣赏中国文化的独特智慧理念。

"如何实现从教师为中心的讲授向学生主体参与的转变，以及从传递客观文化知识向传递深层价值观的转变是时代的命题"[205]。因此，教师应注重引导学生主动探知中国文化的魅力，为学生提供自主探究和获取资源的条件和路径，充分利用学生的好奇心，采用多样化的课堂设计，鼓励学生利用网络资源自主学习相关主题，用多元方式展示学习成果，包括短视频、PPT、情景表演等。学生探究性和创造性阅读能力的培养也是实践教学的重点，引导学生围绕中国文化主题进行更深层的地域文化和特定历史功能思考，拓宽语言文化学习的渠道，重视课外的延伸学习，推荐优质课外资源的，才能培养学生搜集信息的能力和主动学习的能力。

四、技术保障线上教学稳定

线上课程初期阶段，由于过度重视课程内容的植入，忽视来华留学生的多元文化特征，部分院校的课程学生体验感不强。大多数高校根据学生的反馈意见，再次优化课程的设计，最大限度地满足不同学生的个性化需求。在后期的调整方案中，加强对学生情感的重视成为重要的考量要素。由于时差等原因，某些国家的学生可能错过课程内容的学习，大多数教师本着对学生负责的职业精神，延长或者根据学生需求调整自身的作息时间，再次体现了中国教师的敬业精神。

技术方能补充线上教学情感沟通不足的短板。线上教学普遍存在监管弱化、互动缺乏与考核不足等缺点，留学生的线上教学由于各种原因存在出勤率不高、学习主动性较差、参与积极性不足等情况，教师应积极研讨、使用各种新的线上教学工具和手段，创新应用各种教学技术手段。熟练掌握基本线上教学技能是基础，教师充分利用学校线上教学平台，完成线上教学任务。教师应探索创新性的教学平台和方式，例如智慧教学平台、超星泛雅、腾讯会议、钉钉、微信直播，满足留学生教学的特殊需要，针对不足研究专门的方法，通过多元的技术手段补足在学生监管、师生互动及考核方面的弱项。

课程实施依靠数字技术的保障。教学过程中充分利用各种网络教学平台，在教学平台上传相关的教学资料，如课件、微课视频、电子教材等，方便学生在线学习或下载，也能更便捷地处理教学信息，如学生名单的导入与管理等。平台上的数字化资源可以随时在网络环境中进行查看、学习、传输和保存。专门设计的学习资源包括多媒体课件、学习视频、资料工具以及网络学习平台上经过挑选的各类主题资料，可以作为学生文化实践课程的参考[206]。

第四节　杭电“中国概况”课程的实践案例

开展来华留学生教育的主要目的是培养热爱中国文化，“知华、友华、亲华、爱华”的国际文化使者，使他们成为“中华文明走出去”的传播者与推广者。“中国概况”是《学校招收和培养国际学生管理办法》规定的来华留学高等学历教育必修课，是来华留学生人才培养体系中核心课程之一，课程蕴含丰富的科技人文教育资源，兼具传授中国国情基本知识的智育功能和培养自觉传播中国文化的德育功能。课程遵循文化育人理念，提升留学生的中国文化体验，发掘地方文化资源，使来华留学生教育推动与传播中国文化成为文化自觉[207]。杭州电子科技大学开始招收留学生以来，本课程一直作为留学生了解中国文化的核心课程。近年来，本课程围绕信息化建设和国情教育开展教学改革，取得系列成效。

一、课程简介

杭电开设的“中国概况”是面向国际教育学院各专业一、二年级留学生开设的通识必修课程，共 4 学分，64 学时，内容涵盖中国的历史、地理、人口、教育、科学技术、文学、艺术、文化、民俗节令等，使学生在原有认知的基础上，对中国有比较全面的了解与认识，尊重中国的历史和文化，自觉传播优秀的中国文化，做文明交流的使者。2017 年起，外国语学院成立对外汉语教学中心，独立承担课程的教学与建设。授课教师主要由具有中国语言文学或外国语言文学学科背景的教师担任，其中不少教师具有海外对外汉语教学的经历。课程组不断通过教学技术创新与资源整合补足短板，积极研讨、使用各种新的教学工具和手段，创新应用各种教学技术手段，让学生体验中国在各个领域的新发展，在领略博大精深的中国文化的同时，把握不断进步的时代脉搏。

由于新冠疫情的原因，自 2020 年起，课程转为线上教学。课程组按照学校和学院线上教学工作的要求和部署，克服留学生线上授课存在的困难，兼顾课程质量及外事规则，发挥主动性及能动性保障教学工作的稳定开展。在疫情背景下，线上教学成为必要之举，反而促进了课程在计算机辅助教学方面的进一步深化。杭电作为电子信息特色高校，凭借着师资和技术的优势，信息化课程的起步较早，在疫情之前就开始打造泛雅网络教学平台系统。该系统由学校主持建设，与学校教务处教学管理关联，为教师提供了充分的网络存储空间，可以上传相关的教学资料。系统能够统计学生线上完成练习、作业提交情况、学生学习时长等数据，方便教师和管理部门掌握。学校优秀课程团队还参与了中国大学 MOOC、浙江省高等学校线上开放课程平台相关课程的建设，为后续课程的上线积累了宝贵的经验。教师通过多种方式，确保学生在有限的时间和空间内扎实掌握文化知识和培养跨文化能力。

课程组不断加强队伍建设，聚焦教师发展，提升跨文化能力，选拔政治素养高、教育意识强、沟通能力好、服务态度佳、传播中华文明效果优的专业教师和教辅人员担任课程教师，强化课程教师对知识的系统性讲授、精准化辅导，也重视对留学生朋辈式陪伴和温情式关怀。定期研讨留学生中国国情教育中的现实问题，选送教师参加校内外的各类跨文化交流培训，充分利用外国语学院“跨文化交际培训虚拟仿真实验平台”，提升课程教师跨文化沟通与交流的能力。依托学校的学科特色，利用电子信息、计算机、人文学科等优势资源，课程致力于知华、友华国际化优秀人才培养，结合“跨文化交际”“中国发展道路”“汉语”等课程，持续进行该课程的数字化建设。课程组成员主持各类教学改革及课程建设项目超过 15 项，获得省级教学成果奖 1 项，发表教学研究论文 10 余篇。

二、课程特色

该课程围绕中国文化传播蕴含的大量科技文化元素。其中，中国科技发展政策、中国古代科技思想、传统的生态思想等内容在留学生文化认知与接受中尤为重要。结合通识教育要求及高校课程思政课德育目标，课程力图培养学生理解中华文明在世界文明中的独特魅力，思考中国的过去、现在和未来，能以公正、友善的态度认识和评价中国的现代化发展，增强对中国和中国文化的热爱，传播中国文化，讲述中国故事。在教学过程中，技术、文化与情感融会贯通、互学互比成为教学工作的核心，以思政引领教学，创新国际中文推广策略的主要支撑和抓手。在语言和文化教学过程中，把中国社会、文化、思想等知识作为框架，将历史、思想、制度等国情元素，融入整个教学过程之中，形成协同育人模式，覆盖面广、适用性强，普适性高，起到良好的效果。

课程组教师深耕课堂教学设计，进行教学方式方法创新。通过多元的教学方法，克服留学生课程在沟通联系、文化差异、学习条件等存在的困难，发挥主动性及能动性改进课堂设计。课程教学设计强调知识点整理、课程资源创建、课程教学实施、考核方式制订等关键环节。知识点是课程教学信息的最小单位，优化知识点呈现有利于开展针对性、实用性的教学，课程学习须从章节细化到话题任务，最终落在知识点的学习上[208]。该课程强调通过多元的方式扎实掌握和运用系列知识点，包括教学视频、课件、课内外作业和概念解析等，积极创建各类教学资源，自制教学视频超过200个，教学课件100份以上，整理教学案例100个，建设试题库包括习题与试题超过500道。

课程借助学校的信息学科优势，利用外语虚拟仿真和智能评估中心等数字平台，强化数字技术与不同学科专业间的渗透融合，匹配教学内容与前沿科技，促进多学科知识的整合集成。在先进国际语言教学理念的基础上，改变了传统的平面知识传播模式，构建立体化的教学模式，课堂讲授、小组讨论、课后自学三者并重，借助信息化教学方法与平台，以模块化教学为载体，辅以案例教学、情景式教学、互动式教学、翻转课堂等教学形式，课内课外结合、线上线下联动，系统性开展以课程建设、项目研究、平台建设、教学实践为基本构架的课程教学改革。通过模块化教学模式改革、精品课程建设优化学校来华留学生教学模式，丰富留学生教育教学资源，将课内、课后及社会实践有效结合起来，学以致用，在学中用，在用中学。

三、课程总体设计

课程实施注重语言与文化的结合。课程主要针对一、二年级留学生，在汉语能力方面还有待加强，特别是听力和口语水平还不够熟练，所以需要针对他们的具体情况，收集、整理或制作各种形式的学习材料，通过信息化和系统性的课程建设，进一步拓展中国文化的知识，就兴趣点在网络课程中进行更详细的讲解和说明。在教学过程中，注重通过讲授、讨论等教学方法重点介绍中国社会文化现象的特征、背景、发展、优点及不足，引导留学生自觉比较与留学生本土文化的差异及原因，与实例相关联，加深留学生对中国社会文化本质属性的理解。此外，将课堂授课与课外文化活动相结合，如深入社区体验传统节日以及习俗，使留学生逐渐认同并自觉尊重中国文化、价值观和道德规范，约束自己的言行，促进相互了解，搭建文明互鉴的平台。

课程教学始终坚持情感育人的准则。教师将思政元素融入教学，加强情感沟通，培养共情能力，将“知行合一”思想融入来华留学生国情教育中，同时，设身处地，理解留学生的困难和情绪，主动帮助解决在教学以及教学之外的困难，形成宽松的氛围，打造教学共同体。课程通过教师教学讲授、学生课堂讨论、课外调研等方式，加深留学生对中国文化、国情等基本情况的了解与认识，培养他们对中国和中国文化的热爱之情，提升讲好中国故事的能力。将国情教育融入教学过程，注重长远的培养目标，提升患难与共的命运共同体意识，将留学生情感和素养的培育作为重中之重，将知识传授与情感认同能力有机地结合起来，为“亲华、友华、爱华、知华”文化使者的培养奠定基础。

课程实施强调实践教学的重要性。从留学生主体出发，重视教育者和受教育者“传与受”的偏差，注重适应性、层次性，系统设计探究式、沉浸式、“第一人称”视角的实践活动，创新开拓“读懂中国”“读懂中国发展”方式、方法与路径。挖掘校园文化、社会实践、企业实习等教育教学活动中的“隐性教育”要素，与高新企业、智慧社区合作，围绕“数字经济”“传统非遗”“创新创造”等主题，建立开放性实践基地，为留学生了解当地中国文化提供条件支撑和服务。以课程、讲座、调研、实训等不同方式，规划精品活动，将不同学科专业的留学生聚合在一起，启迪客观看待世界的同与不同，以小见大、以点带面，客观地认知中国国情。

四、课程教学情况和反馈

依托线上教学平台，采用线上与线下结合的方法，促使教学更科学、有效、有针对性，突出教学重点和难点，才能弥补教师个性化教学在普遍化上的不足。通过课程的改革与建设，丰富了教学的资源包括教学课件、知识点视频、教学资料，为参与课程的教师和学生提供更多的学习资源。该课程的建设也对学校的国际化的发展路径有铺垫作用。无论是外国留学生，还是从事对外服务的人员，“中国概况”课程均为其打下中国文化学习和传播的基础。该课程为考试课程，采用形成性评价与终结性评价相结合的评价方法，学期总评成绩由三部分构成：平时成绩，占比30%；期中考试成绩，占比20%；期末考试成绩，占比50%。其中平时成绩由课堂参与、课堂测验与课后作业等部分构成。课程还采用思政实践、单元测验、课堂讨论、阅读报告等方式，对具体课程目标进行达成度的定量评价。

课程组对接学生的实际需求，打造特色板块，介绍中国文化以及各领域的发展成就，充分利用网络平台的反馈机制。教师注重与学生们互动，根据学生的学习效果，进一步完善课程改革与建设。当前正持续加强教师队伍建设，提升教师整体水平，整合线上资源，包括电子教材、微课、线上试题库，更新教学方法和评价措施，完善和优化各个教学环节并进行系统评价，进一步解决资源不足、教学范围有限、文化认知不深入的问题。同时，以国情元素作为共同主题，将来华留学生“汉语”“中国发展道路”以及内涵国情教育元素的多门专业课进行统整，建立聚合式课程群，形成协同育人模式。

课程围绕汉语与文化传播中蕴含的科技文化元素，重点介绍中国科技发展的特征、背景、优势，引导留学生比较分析与本国国情的差异及原因，加深对中国社会文化本质属性的理解，同时注重将课堂授课与课外活动相结合，使留学生逐渐认同并自觉尊重中国文化、价值观和道德规范，促进相互了解，搭建文明互鉴的平台。2022年11月，“汉语”“中国概况”等课程获批浙江省级一流本科国际化课程，逐渐形成留学生科技文化教育“金课”建设效应。

第十章
亚洲校园：跨领域融合的创新科技思维传播

“亚洲校园”(CAMPUS Asia)项目全称为“亚洲大学生集体行动交流计划”，于 2012 年第五次中日韩领导人会议期间正式启动，由中国、日本、韩国三国政府主导实施，以三方高等院校通过“结对子”的形式，探索亚洲高等教育合作与交流的多元模式。该项目的初衷是通过三国高校多形式的人才联合培养，促进高等教育务实合作，增强高校竞争力，培养亚洲杰出的青年人才[209]。从各高校相互了解，探讨交流，联合申报项目，到共同实施，参与项目师生不断探索与实践。经过十多年的发展，“亚洲校园”已成为跨境教育合作的品牌，为三国高等教育合作提供了优秀案例，同时也引起亚洲教育圈的高度关注，项目成员现已扩充至东南亚等国家。

21 世纪初以来，全球各国都致力通过多元机制吸引高素质人才为其服务，“吸纳人才就能赢得未来”已经成为共识[210]。优秀人才的培养离不开高质量的国际化教育合作。全球高校都将国际化作为提升教育质量的重要契机，加强区域合作，加入国际化联盟组织已成为常见的路径。“亚洲校园”项目是中日韩三国高等教育深入推进教育国际化的创举，为更大规模和更高质量的跨境教育联合培养积累了经验。三国高校师生通过深入交流与合作，学习其他国家的教育理念，汲取优质理念和经验，助力高等教育质量的全面提升。参与项目的师生是最大的受益者，能够利用三国高校的优势教学资源，以较低的成本进行跨境学习与交流，“沉浸式”体验他国文化和多元社会发展成果，在专业和文化学习方面储备足够的能量。中日韩三国是一衣带水的邻邦，虽然在政治、经济、科技等领域有着明显的竞合压力，但“亚洲校园”项目却能顺利开展，可见教育国际交流与合作是大势所趋，为区域间的全面合作积累了宝贵的经验[211]。

第一节　跨专业-学科合作的“亚洲校园”

随着高等教育全球化的发展，人才的跨境联合培养被认为是教育国际化发展的重要路径。中日韩三国是近邻，高等教育交流有着更为迫切的需求，但由于诸多原因，缺乏对彼此的信任和理解成为深入合作的障碍。作为自上而下、由政府支持的联合校园项目，“亚洲校园”的核心精神就是在一体化的课程体系下进行人才的联合培养，发挥成员国高校的优势，致力于为亚洲地区，特别是东亚，培养具有领导力的创新人才[212]。项目不仅促进了亚洲各国高等教育之间的交流与合作，还为具有国际视野和跨文化交流能力的优秀人才培养提供了平台。

一、“亚洲校园”的起源

教育是立国之本，直接关乎国家的未来。高等教育作为学生踏入社会之前的最重要的阶段，其质量直接影响学生的个人成长和国家的未来发展。要培养高质量的人才，就必须为学生提供更多元的学习路径。与发达国家相比，我国高等院校的国际化与对外文化传播的内容还不够丰富，模式相对单一，观念有待进一步加强[213]。随着国家地区间政治、文化交流的日趋频繁，培养具有国际视野、全球竞争能力的高素质人才成为高等教育的当务之急。

中日韩三国的文化有众多共同之处，合作交流的人文基础相对坚实，文化隔阂较弱。2011 年在三国领导人共同努力下，三国设立了中日韩合作秘书处，旨在更高效地推动面向未来的合作，促进地区和平、文化交流和共同繁荣。三国政府、教育主管部门和高校共同合作，探索新的多元合作机制，克服教育体制存在的差异，增进区域教育合作，实现教育的合作共赢。“亚洲校园”项目的开展为各国高校提供了深度合作的契机，搭建了相互学习交流的平台，有利于推动高校教育的整体发展。不同社会和文化背景的师生可以进行长期、有计划的交流与合作，开拓国际视野，提升跨文化交流的能力。中国高校也可以借机与更多的亚洲高校合作交流，借鉴其他国家的教育教学模式，以提升人才培养的质量和水平。

尽管高等教育合作在中日韩合作中属于起步相对较晚的领域，但发展速度快，受重视程度高，未来潜力巨大[214]。当前，亚洲各国高校之间的合作形式较为多样，包括中外合作办学、学生联合培养、国际科研合作等。尽管如此，由国家教育行政部门主导同时包含联合培养、师生交流与科研合作的多国、跨校联合项目还不多见，限制了高校国际化合作规模，不利于交流形式的创新。“亚洲校园”最大的特色在于打破传统的“界”，使各国高校的优势资源随着学生的流动产生培养高质量学生的要素。合作院校在综合衡量各自优势、特色和在地资源的基础上，打造特色鲜明的项目，做到真正意义上的强强联手。

二、“亚洲校园”的发展现状

“亚洲校园”由中日韩教育主管部门主导，各自设立专门的机构负责项目的统筹和监管，各项目成立联合管理委员会，至今已经走过十多年的发展历程。目前组织实施了三批项目，分别是 2012 年的 10 个试点项目，2016 年进入正式实施阶段后遴选新增的 9 个项目以及 2022 年新设立的 20 个项目。由于项目整体呈现多元化、规模化、专业化和优质化的发展趋势，吸引了亚洲更多国家的高校，参与的院校已经从中日韩扩展到东盟和东南亚更多的国家，这也表明亚洲各国对这种合作模式的认可。据统计，超过 6 000 名学员参加过“亚洲校园”的项目，具体培养形式包括交换生、联合培养课程、以英文为主的双学位课程，其中获得双学位或更多学位的中日韩学生人数约 500 人左右；参加过项目的学生毕业后在工作岗位表现突出，社会认可度高[215]。

“亚洲校园”项目从最初的试点到目前的常态化，实践着开放、多元、包容的国际教育合作理念。从项目规划、学生选拔、课程设置、学分认定、日常管理到评估考核，始终由合作高校“自编、自导、自演”，开放性体现在多方讨论沟通、师生深度参与、主管部门根据实践情况不断创新等方面。各高校发挥各自的资源优势，利用优质资源平台，设计并开展具有国际性与前沿性的课程教学。在课程类型、教学方法、课程管理等方面开展不同形式的创新，为国际课程的合作积累了经验。各高校为学生营造良好的交流与学习环境，提供了温馨的生活服务。部分高校还专门提供语言课程，解决学生在语言与专业学习方面的困难，开展丰富的课外实践、实习活动，促进了跨文化学习与交流，增加学生对多元文化的理解与认同[216]。

"亚洲校园"的质量报告显示，各项目高校充分发挥自身特色，在人才培养、资源整合、科研合作、质量监控等领域进行了积极合作与探索，建立起多层面的工作机制，形成有效的内部质量保障体系，促进项目的正常开展，有效达成了项目的目标，取得良好的效果[217]。经费的可持续性是保障项目高质量运营的重要因素，三国的高校和教育部门努力为参与项目的学生提供更多形式的资助，例如日韩采取年度专项经费拨款形式，中国采取专项拨款和向来华留学生提供政府奖学金的形式，同时也在探索对项目教师的激励机制。随着后续批次项目的陆续开展，该项目将不断自我改革与完善，成为亚洲高等教育合作的典型与示范，为其他区域高校的合作提供参考与借鉴。

三、"亚洲校园"的项目特色

"亚洲校园"项目自始至终都在彰显开放合作的核心理念。各高校都有明显的特色和优势，只有充分整合资源才能培养出更优秀的学生。从合作模式、合作领域、运行机制都没有可遵循的范例或者参考模板，完全由合作高校联合探索。项目招生没有限定在 3 个国家的高校范围内，其他国家的师生也有机会参与其中。首批项目中的 TKT(Tsinghua-KAIST-Tokyo Tech)亚洲校园项目，清华大学已向 7 个系的学生开放，涉及本、硕、博三个层次，涵盖学位项目、学期交换和短期交流，该项目招收来自全球各国的学生。在项目运行过程中发现的诸如经费、选拔标准、考核评估方法等方面的问题也是在探索中合力解决。正是这种没有"规定动作"的项目激发了多元文化和教育理念融合的创新基因，实现项目的百花齐放、百家争鸣。

"亚洲校园"项目产生了高附加值。项目旨在为亚洲培养高素质的人才，联合培养的人才学习多国的文化，成为地区文化传播和和谐亚洲的骨干力量，将带动更多的人参与跨文化传播的事业，对于化解国别冲突有着不可估量的作用。"亚洲校园"项目是一个重视实践的应用型项目，学校、企业及地方政府都参与其中，项目研究的问题多来自企业和政府，研究成果常常直接应用来解决企业和地区的实际问题[218]。项目涉及的学科都是各自院校筛选出的特色优势学科，通过参与院校师生深入合作，学科实现强强联手，提升了人才培养的水平，提高了高校的知名度。

资源和人员的高度流动，体现出一体化特色。参与“亚洲校园”的所有学生都有机会到至少一个成员国高校进行交流，不少学生可以在所有成员国院校进行交流学习。跨境交流与学习对不少学生来说有着较高的经济压力。“亚洲校园”项目通过政府资助的方式实现学生国际交流的愿望，让他们通过“走出去”，体验学习多元的文化，实实在在推进教育公平。参与高校积极开放相关资源库，让学生能够享受更多的优质资源，促进资源的高度流动。项目课程体系的一体化使学生可以选择由合作院校统一规划的课程，真正实现了“联合大学”的求学体验。不同国家的学生能够接受相同的教育，平等地在各个校区学习，了解和体验多个国家的文化。

四、“亚洲校园”的跨领域合作

“亚洲校园”项目在合作交流方面展现了强大的潜力和影响力，这一成功得益于国家、教育主管部门和参与高校的共同努力。项目得到相关国家政府的大力支持，通过政策引导和资金投入，为项目的顺利实施提供了保障。各项目高校在各自优势领域充分挖掘特色与资源，开展了多层级、跨领域的合作，推动在人才培养、学科交流、学生交流、学位互授等方面的合作，成效显著。“亚洲校园”开启教育一体化的新阶段，不但为培养区域一体化的人才，而且具有很强的示范作用，“使东亚地区有望在未来数十年中成为与欧洲、北美地区并列的一体化区域”[219]。

“亚洲校园”项目涉及化工、能源、环境、法律、管理等学科的交流与合作，有效地提升高校的教育质量及学术研究的水平。学科交流使不同学科背景的师生能够相互学习、相互启发，有利于促进学科发展和教学改革。项目鼓励各国高校分享学科建设、发展的经验及成果，促进学科的传播与交流。部分项目开设交叉学科的国际特色课程，采用多元的教学方法和教学资源，分享教学模式改革与发展的经验与教训，探讨如何解决具有挑战性的问题，为其他高校学科发展提供思路及资源支持。通过在多学科领域的交流合作，有助于提高亚洲高等教育的质量，培养具有创新精神和实践能力的高水平人才。

通过“亚洲校园”项目的跨领域合作，不同国家的高校能够充分发挥各自的优势，实现资源共享和优势互补。随着学术界对交叉学科的日益凸显，不仅理工科之间的合作得到进一步的重视，文科和理科之间的界限也被打破。“亚洲校园”近年来多个项目都呈现这样的“跨界”，将社会上的优质实习、研发力量整合起来，让学习的内容和实践紧密衔接，培养学生的创新思考能力。例如，杭电参与的“亚洲人工智能应用型人才培养计划，以解决实际问题为驱动的人工智能教育项目”就融合了学校计算机、自动化、电子和机械多个学科，而实践部分则更注重“学以致用”，强化在智能制造公司的工业实践。这种“跨界”的培养模式在全球化和技术服务市场的需求的驱动下，显示出更为明确的目标导向。

第二节　“亚洲校园”的前沿科技合作使命

通过政策支持、资源共享和深度合作，“亚洲校园”项目为亚洲高等教育的发展注入了新的活力，也为国际高等教育合作交流提供了有益的借鉴。基于东亚地区发展的需求和高校发展规划的综合考量，“亚洲校园”的多数项目围绕着前沿学科技术合作，响应时代需求，将科技人才培养作为其重要组成部分。从已经获批的“亚洲校园”项目类型来看，合作领域主要集中在满足时代亟需的专业领域。通过与国际知名企业和研究机构的合作，为学生提供科研实践机会，培养科技创新能力。

一、项目参与高校的特色

随着全球经济的一体化，各国都以更开放的姿态来应对多边交流的压力。中日韩三国由于地缘政治和经济发展的需求，发起“亚洲校园”项目，其目的就是通过项目合作来促进高等教育发展，同时为亚洲乃至世界培养能够胜任参与国际竞争的青年人才。“亚洲校园”项目起点和要求都很高。参与项目的高校都是三国推荐的重点院校，合作的领域涉及各自的优势学科。

从参与项目的中国高校来看，几乎都是“双一流”院校，师资力量也非常雄厚，绝大多数老师都有海外研究的经历，而参与其中的校外企业和实习机构也是经过精心筛选。合作领域涉及前沿科技的超过半数，包括材料、环境、电子信息、计算机、人工智能，生物工程等学科。

日本高等教育在学术研究实力、教学质量及国际化等方面都非常突出。日本高校注重培养学生的专业知识和实践能力，注重学生的全面发展，注重精英教育和本土化改造，不是简单的知识与技能传递，而是培养学生引领未来社会发展方向的能力。日本高校拥有众多世界级的科研机构、平台及实验室，汇聚了大批国际顶级专家与科研人员，从事量子力学、凝聚态物理、分子生物学、精密制造等前沿学科研究。“亚洲校园”项目所在高校，如东京大学、京都大学、名古屋大学等在科研、教学等方面的成绩斐然，3 所大学共有诺贝尔奖获得者 20 名，是亚洲产生诺贝尔奖得主最多的几所大学[220]。其中，东京大学综合实力稳居日本第一，在理科、工科、文科、法学、医科等方面均衡发展，且都拥有世界级的影响力。该校第一期“亚洲校园”项目涉及的国际关系、法学及公共政策等领域研究历史悠久，学术传统深厚，研究成果十分丰硕。

韩国的高等教育同样在世界上享有较高的声誉。韩国政府对高等教育系统及大学科研创新功能非常重视，自 20 世纪末开始推行“21 世纪智慧韩国工程”“21 世纪智慧韩国高水平大学与卓越人才建设工程”，加大对高等教育的支持，以巩固研究型大学的基础、提高国际知名度与影响力、培养高水平创新人才、提升科学研究的水平，展现韩国意图以全面提升高等教育质量为轴带动国家科技和国际竞争力的决心[221]。许多高校都拥有雄厚的师资力量、良好的研究条件和高端的科研平台，在文学、传媒、工科、商科、医学和法学等学科的研究实力非常突出。参与“亚洲校园”的高校，如延世大学、高丽大学、韩国科学技术研究所、首尔国立大学、成均馆大学都是世界名校。韩国的高校注重学生的综合素质培养，对于学生的创新和实践能力要求较高，在校学生都能参与相关的专业实践活动。

二、高校科技合作的必要性

目前，我国高等教育机构数目多达 3 000 多所，然而顶尖高校还不够多。

中国高等教育亟须向世界强国学习。高校需要与更多世界高水平同行交流合作，多元文化的碰撞和融合往往会触发新思想，科技领域的合作也是如此。整体来看，中国高校在与世界名校的合作中，还未取得主导地位，合作话语权有待进一步增强。“亚洲校园”项目由中日韩三国主导，参与高校也是三个国家中的顶尖高校。随着更多东盟国家的加入，项目不仅会让更多的高校、师生受益，还会催生更多元的合作机制，进一步提升中国高等教育的国际化水平。

科技是第一生产力，任何一个国家的可持续发展都离不开科技的驱动。从一定程度上来说，重点高校的科技水平代表这个国家在某个领域的整体实力。我国高等教育在 20 世纪后期就意识到强强联盟的重要性，出现了 C9、C5 等联盟，特定领域内的联盟主要由协会主导，例如中国电子协会，中国材料科学联合会等。与国内实力强的高校联合作为合作的开始，继而加盟国际学术协会，全球高校联盟机构，借助国内国外资源提升自身的实力，效果较为明显。随着我国国际影响力的不断扩大，高等教育的发展都产生巨大的磁力，特别是中国科教兴国战略的需求，更深入、更广范围内的国际教育合作需求亟待解决。向国际同行学习，交流研究经验已经成为必修课，避免“闭门造车”，优化资源配置。

随着科技的不断进步，具备科技创新能力的人才在未来的发展中将扮演越来越重要的角色。在科技人才培养方面，“亚洲校园”项目表现出色。亚洲未来的前景取决于青年人才的培养格局，“亚洲校园”项目在国际科技人才培养方面发挥了重要的作用。项目不仅重视人才培养的共同体意识，还特别强调多元文化的包容和跨文化交际能力的培养，有助于培养具备领导才能的高素质人才，为未来的东亚共同体奠定坚实基础。“亚洲校园”项目不仅仅局限于课堂教育，还注重学生的实习及企业实践经历，不仅有助于学生深入了解其他国家的文化和生活方式，还能促进他们在科技环境中锻炼研究和应用能力，既能加强“亚洲学生一家亲”的共同体意识，也能更有效地促进相互理解，特别有益于促进未来东亚共同体的科技人才的培养[222]。

三、“亚洲校园”的科技类学科合作

随着全球教育国际合作的不断深入，各区域高校交流合作愈加紧密。

作为全球面积最大、人口最多的亚洲，其高校的科技合作在全球范围内都具有重要的意义。高校之间进行科技类学科合作，加强合作研究，共同开发研究平台，共建实验室，共享科研成果，不仅能够提升项目参与高校的科研水平，还能推动国与国之间的科技交流与合作。通过高校间的合作，进一步优势互补，共享资源、技术与经验，将共同推动技术创新与发展，增强亚洲在全球科技发展领域的竞争力和影响力。“亚洲校园”引领的合作模式不仅能够提升亚洲的整体科技实力，还能够为区域内经济增长和社会发展提供强有力的支撑。

项目高校都是亚洲名校，在各自的领域都有很强的科研实力及学科优势。联合申报的项目集中在其最强的学科，例如“TKT 亚洲校园项目”由清华大学、东京工业大学、韩国科学技术院联合打造，参与院系包括机械、化工、精密仪器、电子工程、航空航天等，旨在培养一流的工科人才。这三所大学在机械制造、精密仪器、电子信息等领域都具有世界级的科研实力。多学科合作能够激发团队成员的“跨界兴趣”，培养个人和集体的决策能力，提升对其他学科的理解和鉴赏能力[223]。北京大学、一桥大学及首尔国立大学共同申办的“商学院联盟-亚洲商业领袖项目”也是集中在各个高校最具研究特色的工商管理学科，项目鼓励学科之间的交流与融合，推动创新性科研成果的产出。这种合作模式推动高校的科研成果的分享及实际运用，促进区域的科技进步和社会发展。

“亚洲校园”项目注重具有创新驱动的科学研究，致力于解决当今世界面临的共同难题与挑战。人工智能、环境科学、能源开发等前沿领域也是项目高校的重点研究方向。例如，上海交通大学、九州大学、釜山国立大学共同实施的“中日韩能源与环境领域研究生教育合作计划”聚焦全球环境与能源科学技术领域的合作，打造具有质量保证的研究生教育体系，培养下一代环境与能源方面的高水平人才。项目合作不仅关注当前研究的热点，还致力于探索未来可能引领科技变革的领域。2023 年 11 月由日本九州大学主办，上海交通大学、韩国釜山国立大学、马来西亚理工大学联合举办的“亚洲校园”CSS-EEST(Cross strait symposium on Energy and Environmental Science and Technology)国际学术会议在日本福冈召开。来自这四所亚洲高校的能源、环境、材料、化工领域的 80 余名硕士、博士研究生受邀参加，围绕着能源、低碳、环境科学和材料技术领域等课题开展讨论与交流，学习同行学者的科研热情、严谨的态度、敏锐的洞察力和思维能力，分享他们的学术研究成果，拓宽国际视野，不仅能够提升学术水平，还能够培养重要的学术交流能力，为未来的发展奠定坚实的基础。

四、高校科技交流开展的成效

“亚洲校园”项目的高校科技交流开展的成效非常显著。通过高校间的技术交流与合作，“亚洲校园”项目不仅推动了科技创新与发展，还提升了高校的竞争力，促进了人才流动与培养，增强了文化交流与理解。这些成效的实现对于中日韩三国在科技领域的合作和发展具有重要的意义。通过“亚洲校园”项目，中日韩高校建立了更为紧密的合作关系，增强了高校间的技术交流与合作。这种合作不仅体现在共同开展科研项目上，还体现在联合培养人才、互派教师和学生交流等方面。通过科技交流，三国的高校在科研水平、学科建设、人才培养等方面互相学习、互相借鉴，实现了互利共赢。

“亚洲校园”的科技类学科合作涉及多个领域包括环保能源、高新材料、生物医药、电子信息等。2016 年，浙江大学与清华大学、日本千叶大学及韩国延世大学共同申报“亚洲校园”项目“植物与环境创新项目”，整合了四所学校的优势，旨在培养城市农业与环境整体设计相关的人才。该项目主要针对设计学，以及城市规划、景观设计等设计学科，由相关设计学硕士及博士研究生共同参与[224]。三校联合举办的线下活动，邀请当地企业管理人员及设计师参与。项目的出发点是企业的实际需求，确保产出的成果直接服务于企业生产。这样的模式不仅加强了学校与企业的联系，更有助于对接企业的实际需求。对于学生来说，在与来自三国的设计师进行面对面交流的过程中，汲取不同领域的设计理念和思想，这种实践经历无疑有助于拓宽他们的视野，提升其设计理念。

通过“亚洲校园”，三国高校、学生之间的交流越来越密切，在学生联合培养、课程设置、学术交流等领域取得了显著的成果[225]。通过双学位或联合学位、学期交换和短期交流等多种形式，参与项目的师生可以在合作院校内进行充分交流。“亚洲校园”作为品牌性合作项目，为深化亚洲高等教育合作、打造高等教育共同体探索了宝贵的经验[226]。“亚洲校园”实施的质量保障协同机制，经过不断创新与实践，为高校间科技合作的不足，提供多元性的、差异化的解决方案。“亚洲校园”计划中，“三国共同实施的联合质量评估活动，将多边质量保障合作经验推广到整个亚太乃至全球，对国际多边合作质量保障提供了借鉴和指南，传播共建质量的信念，分享先进理念和优秀实践，在国际上产生广泛影响”[227]。

第三节 基于科技合作的“亚洲校园”文化交流

“亚洲校园”加快亚洲高等教育国际化进程，师生通过该计划，实现深层次的交流，增进相互间的文化理解与认同[228]。尽管“亚洲校园”项目以科技学科领域研究为特色，但人文领域的交流合作也是重点。部分项目合作涉及语言学、政治学、文化学等学科的研究，有助于亚洲各高校深入开展人文交流与文化合作。此外，在“流动校园”活动中，大部分学校在专业课程学习之外，都会为来访的学员设置专门的文化课程，设计工作坊、文化参访等环节，展示和传播各自国家的文化特色。通过这些文化活动，师生们更深入地了解其他国家的文化，增强文化的敏感性，提升跨文化交际的能力。

一、亚洲高校文化交流的必要性

文化交流与合作是区域繁荣和稳定的基础。三国共同拟定的“亚洲校园”计划框架明确将构建学生交流的桥梁，实现学生在亚洲校园间的自由流动，为其提供体会不同政治、历史、社会与文化之间的异同的机会，以增进了解，开拓国际视野，增进学生间的相互信任、包容、理解和尊重[229]。通过共同生活、校园参访、学术研讨等活动，青年人才可以更好地了解彼此的历史、文化和现状，尊重彼此的文化传统、价值观和生活方式。这是实现地区持久和平、共谋发展繁荣的基础。

文化交流是促进相互理解的重要途径。在全球化背景下，跨文化交流能力已成为高素质人才必备的素质之一。通过参与“亚洲校园”项目的高校文化交流活动，学生和教师可以提高自己的跨文化交流能力，培养在多元文化环境中生存和发展的能力，为未来的国际合作与交流打下坚实基础[230]。参与“亚洲校园”项目的高校师生可以深入了解其他国家的文化传统、价值观和生活方式，从而更好地理解彼此的思维方式和行为习惯。高校文化交流可以促进不同文化的交融与碰撞，激发新的创意和灵感，这种相互理解有助于消除文化隔阂，增进友谊与合作。通过开展合作研究、共同举办文化活动等形式，参与“亚洲校园”项目的高校可以共同推动文化创新与发展，为亚洲乃至全球的文化繁荣做出贡献。

高校文化交流是加强高校之间合作关系的重要手段之一。通过共同开展文化活动、学术研讨等形式，参与“亚洲校园”项目的高校可以增进相互了解和信任，进一步巩固和拓展合作关系。这种合作关系可以为未来的学术合作、学生交流和科研合作打下坚实基础。北京大学 2016 级硕士研究生罗搌玲通过“亚洲校园”项目，在韩国首尔大学进修双学位、在日本东京大学交换学习，体验不同地方的风土人情，观察不同文化之间的理解与隔阂，更加了解世界、了解中国、了解自己。专业知识学习是参加项目最主要目的，但通过与不同文化背景学生交流过程中，感受巨大的文化差异，在多元文化的碰撞与融合中，突破自己固有的文化思维，学会从多元化的国际视角看待事物。对她而言，“学术交流只是一种间接经验，而通过生活体验获得的文化理解会给生命留下不可抹灭的烙印”[231]。

二、亚洲高校传统文化的交流

没有传统文化的国家难有独特的民族性。传统文化教育是人才培养中不可或缺的内容。“亚洲校园”项目主要围绕科技类学科合作，但是课程体系的设计中嵌入了有关其他成员国传统文化的教育。尽管“亚洲校园”项目国家在经济、社会发展等方面有相近之处，但却有着独特的文化传统。通过不同传统文化的学习，学生们学会思考文化差异现象背后的深层次原因，主动进行跨文化比较与分析。学习和体验各国传统文化有助于培养包容豁达的人格，同时也能触发对传统文化现代传承的思考。

项目高校联合举办亚洲传统文化的展示活动，让学生和教师了解和体验不同国家的传统手工艺制作过程，促进文化交流与传承。吉林大学、冈山大学和成均馆大学联合申办的“核心人才培养项目：东亚地区共同利益的实现及传统文化的重视”围绕人文学科的交流与合作，致力于构建人文资源合作和共同价值观。项目聚集传统文化的主题，为师生搭建探讨中日韩国情和文化的学术框架，设置人文学科全球教育课程体系，包含实践考察活动、东亚经典和传统文化课程等，不仅促进了技术交流与合作，还增强了文化交流与理解。日本长崎大学、韩国成均馆大学、山东大学联合申办的“亚洲高校联合培养基础设施可持续发展领域全球领导者”项目的 2023 年混合交换项目中，师生参观了山东大学校史馆、中国传统文化体验基地、山东博物馆以及曲阜三孔景区，在讲解员的精彩讲解中，全体师生领略了中华文明的悠久历史，深刻体会到作为“孔孟之乡、礼仪之邦”的山东省的风土人情，更对山东大学的发展历史和办学宗旨有了深刻的认识。

三、“亚洲校园”的当代文化交流

随着“地球村”观念不断深入人心，文化交流产生更多的空间和共鸣。青年人对当代社会所要面临的问题和挑战有着自己的理解，因此亚洲校园项目中有不少都涉及当代社会，例如有关法律、风险应对等。同时，他们也渴望了解更多现代文化，体验鲜活的生活状态和烟火气息。“亚洲校园”项目以学术讲座、研讨会、创意工作坊等形式，开展了丰富多彩的当代文化交流活动，涵盖了数字艺术、音乐与舞蹈、影视与新媒体等领域，为师生提供了学习和交流的机会，促进了文化交流与理解，为推动亚洲乃至全球的文化繁荣和教育发展做出了贡献。无论是人文学科还是理工学科的项目都设计了文化课程，除了课堂教学外，学生的校际交流活动也是进行文化体验的重要组成部分。将文化课程和专业类课程融合的模式，是文化传播的实践性探索，丰富了国际文化传播的路径。

参加“亚洲校园”项目的学员都是青年人，对他国当代文化有着天然的好奇心。随着媒体传播的日益兴盛，年轻人了解外面世界的媒介越来越多，但无论如何都无法替代亲身经历的感受。在项目交流中，师生们通过分享现代音乐、舞蹈、交流创作经验，加深彼此在艺术领域的了解和合作。例如，在杭州电子科技大学与韩国釜庆大学、日本山梨大学和马来西亚玻璃市大学合作的暑期交流项目中，韩国学员介绍了在青年中十分流行的韩流舞蹈（K-POP dance）；日本学员则畅谈日本的流行音乐。这些文化活动不仅丰富了校园文化生活，还加深了学生对不同国家现代文化的了解。亚洲校园项目还开设青年节、创意工作坊和实习项目，创造学生进行实际操作和创作的机会。学生可以在工作坊中体验学习艺术、设计等领域的知识和技能，通过文化实习项目将所学知识应用于实际场景中，提升自己的实践能力。这些活动促进了文化交流与创意碰撞，为学生和教师提供了更广阔的文化视野。

在由中国传媒大学、东京艺术大学、韩国国立艺术综合大学三校联合实施的“亚洲校园中日韩动漫国际合作课程”中，来自中日韩三所大学的学生们自由组建团队，集中创作了优秀的动画短片，联合创作过程中，中日韩师生各施所长，紧密合作，突破时空和语言限制高效协同创作，交流了经验、培养了友谊。创作阶段，项目组还邀请专家开展“AI 绘画——扩展人类创造力”讲座，领略前沿科技与艺术结合的力量。在 Co-Work 动画联合创作中，三校学生组成团队参与创作的选题、脚本撰写等工作，除动画学院的师生外，音乐与录音学院教师率领音乐制作团队也积极参与，为中日韩动画创作专门提供音乐、音效方面的教学与支持[232]。

四、“亚洲校园”的文化交流的特色

“亚洲校园”突破了传统的二元交流模式，也超越了高校之间自发、零散的合作范畴。项目申报、实施涉及与本国教育主管部门、合作院校的联合委员会、第三方监管部门、师生等多方、多个维度的交流与合作，整个过程的沟通就是多边文化碰撞和交流的过程。同时，“亚洲校园”也不断创新合作交流的模式，鼓励参与项目的成员自己探索更好的模式，发挥各自的特长，要注重产生附加价值。例如，探索为参加流动校园的学生提供更为多元的特色交流项目，通过项目带动更广范围的教师合作和访问交流，或发挥项目的发散效应等。

“亚洲校园”的文化交流注重多学科、多领域的融合发展。由清华大学、日本东京工业大学、韩国科学技术院和新加坡南洋理工大学联合组成“T2KN 亚洲大学顶尖理工学科联合教育和研究项目”，内容涵盖艺术与科技融合、新空间经济、数字遗产、智能电池等领域，汇聚各校优质教学资源。项目形式多样，包括专题讲座、学生交流活动、团队项目和小组展示等。2022 年的线上冬令营以“新时代艺术与科技融合的新贡献”为主题，秉承新的理念，站在艺术的视角思考科学和技术的创新。来自中国、新加坡、日本、韩国四国高校的教师围绕着如何以人文的思维方式，创造新发明、改进现有技术，使科技更好地服务人类，并在使用技术的过程中感受深厚的艺术底蕴[233]。项目使亚洲不同国家的学生拓宽视野，增强跨学科学习能力，在跨文化团队合作中提升沟通与合作能力，了解友邻国家的文化，增进亚洲青年之间的互信和友谊。

第四节　杭电“亚洲校园”第三期项目成效

杭电作为地方重点高校，于2021年加入“亚洲校园”第三期项目，会同日本、韩国、马来西亚伙伴高校积极落实合作计划，克服新冠疫情影响，在线上交流、在线教学、学分互认、学位互授等方面开展工作，增强学校和相关学科竞争力。项目致力于为地区未来发展培养一批具有国际视野、全球思维、创新意识的高层次人工智能应用型人才，推动实现亚洲地区教育一体化，服务亚洲地区经济共同发展和繁荣。在该项目框架下，四国高校开展人工智能领域的硕士、博士联合培养，开展学生交流交换和双学位项目，同时开展网络课程、暑期学校、企业实习等活动。

一、杭电的“亚洲校园”整体情况

2020年，杭电联合韩国釜庆大学、日本山梨大学和马来西亚玻璃市大学共同申报“亚洲人工智能应用型人才培养计划：以解决实际问题为驱动的人工智能教育项目”(Asia Applied Artificial Intelligence (A^3I)：Real Problem Solving Driven AI Education Program)，2021年底正式获批加入“亚洲校园”计划。项目包含学生短期交流计划和硕士双学位项目，执行期5年，4所高校参加项目人员预计达400人。项目旨在创新亚洲人工智能应用人才培养模式，构建高质量的研究生国际化联合培养教育体系，培养高层次人工智能应用型人才，提升亚洲在这一领域的竞争力。作为地方院校，杭电入选该项目主要是由于在电子信息技术领域和国际合作方面的突出成绩，也是因为项目所涉及的领域高度契合时代和成员国的迫切需求。

杭电“亚洲校园”聚焦学科领域的交流与合作，为4所高校密切合作、开展人工智能人才培养提供一个良好的平台，实现优质教育资源和政企资源共建共享、互学互鉴、共通共融。4校分别邀请业内专家开展“人工智能与未来学”“面向下一代的人工智能及其在实践中的应用”“机器人：全球性问题和趋势”以及“英特尔工厂的AI用例”等系列讲座。四国高校举办了线上工作坊，分小组讨论人工智能在医疗健康、智慧工厂、教育、电子商务、生活方式、人力资源、机器人、农业等领域的应用，并分享了讨论最新学科研究成果。来自企业、工业和教育界的专家探讨了人工智能时代如何促进亚洲学生的流动，提出加强合作、增强实践训练、提高外语水平等建议。

借助“亚洲校园”这一平台，项目为来自各国的学生提供了学习交流、文化融通的国际舞台，有效促进了各国学生对其他国家文化的了解，提升了各国学生的跨文化知识和交流沟通能力，为4所高校顺利开展人才联合培养等进一步合作奠定了基础。在线上交流营中，学员们组成小组开展活动，中外学生朝夕相处，结下了深厚的友谊。在课堂上学生可以学习专业知识和各国语言文化知识，感受当地人的热情友好，体验不同城市的历史文化和美景，同时结交不同国家的朋友，了解不同国家的文化。

二、杭电“亚洲校园”项目总体设计

为促进教育合作，促进亚洲国家之间的学生交流，4所高校同意在“亚洲校园＋”项目的框架下进行合作，分享各自的优势，积累资源，共同培养具有全球视野、跨文化理解和沟通能力、人工智能和物联网先进知识、能够解决现实问题高级专业技术人才。合作框架下开展的活动涵盖硕士、博士水平的双学位联合教育项目、学生交换、线上课程、暑期学校、工作坊、实习和语言培训等。每所大学提供1～2个研究生水平的线上课程，从所有4所高校项目注册的学生可以选课，并将学分转到本国大学。开展短期交流项目促进相互理解，并动员学生参加研究生水平的双学位课程。短期交流活动主要围绕文化交流和人工智能相关专业知识的学习，每年由其中的一所大学组织实施，每校可派5～10名学生参加其他大学主办的交流项目。

暑期学校项目旨在将人工智能和物联网知识应用于实际解决问题，项目时长为10～14天。从项目实施的第二年开始，每所高校在4年内各举办一次活动，第一年是线上破冰研讨会。当年负责项目的院校派遣约5～10名学生参加暑期学校。假设在组织高校的国家或地区存在特殊问题，在3所高校教授的远程指导下，学习相关的学科专业知识和技能。参与项目各方的经费责任明确。主办活动的高校应免除学员的学费和住宿费。其他非主办高校应向学生提供奖学金或补贴，以支付机票，其余费用由学员自行承担。每所高校自行承担参加这个项目的派遣教师的所有费用。短期交流项目的学生将得到合作伙伴的部分资助。其他3所高校将为来自短期交流项目的参与者提供部分补贴。

项目的所有课程和活动使用语言为英语。各高校通过开设课程、讲座和旅游等方式，为课程学生提供学习当地语言和文化的机会，帮助学生适应所在高校当地的生活。学生参与线上和线下的课程和活动所获得的学分应予以认定和转换，所有高校应提出学分认定和转化方案并达成一致意见，以确保教育的质量和项目目标的实现。学校对符合课程要求的学生颁发证书，对符合各自学位授予要求的学生颁发学位证书。所有项目成员都要积极推广"亚洲校园"项目，予以适当的人员和预算支持。同时积极主动争取在地的丰富资源，地方政府、非政府组织和行业的支持，如资金、教学资源、技术支持，共同参与开发课程、课外活动、实习等。每所高校为项目参与者提供咨询，协助获得签证、居留许可、医疗保险以及参加课外活动等。

三、杭电"亚洲校园"的特色

杭电"亚洲校园"项目的筹备与实施重视联动机制。"亚洲校园"项目作为学校首个项目，也是国际化高质量发展的重要契机。学校从上到下自始至终都高度重视，由专门的校领导负责，学校成立联合委员会，成员包括财务处、国际教育学院、外国语学院、国际处、研究生院，学生处等部门。对于项目开展中遇到的问题对内积极联络委员会成员部门协商讨论解决，对外积极向上级部门请示，向有经验的高校学习。

项目的实施凸显电子信息类高校特色。杭电作为电子特色明显的院校，近年来随着数字技术、信息技术的不断发展，学校发展遇到了前所未有的大好机遇。长期以来，学校重视"学以致用"的办学理念，不仅积极拓展与阿里、华为、海康威视等公司的项目合作，同时也充分发挥校友资源为学生实践创造更好、更多的平台。正是这样扎实的基础，杭电在该项目的课程计划中大力融合自身优势，各国学员都感受到了学校的教育实力、杭州智慧城市的魅力、浙江数字经济的高渗透力。在首次短期项目内容上就有来自阿里的技术工程师讲授中国数字技术的专题课程。

项目始终以服务国家战略为宗旨。杭电长期以来重视对外交流，国际化综合排名连续四年位列省属院校第一，目前与塞浦路斯、俄罗斯、白俄罗斯、墨西哥、法国等国的高校有着深入的项目合作，同时积极参与“汉语桥”线上项目，向全球学员提供高质量的中文课程。这些交流经验和资源持续被聚合在“亚洲校园”项目中，向四国的师生发挥“讲好中国故事”的影响力，通过特色的项目内容、诚挚热情的服务、高质量的课程让各国学员感受到中国和平友好的价值观和命运共同体意识。

四、杭电“亚洲校园”项目执行情况

2022 年 8 月 17 至 30 日在合作院校的支持下，所有参与项目的学生进行短期的线上学习。杭电作为主持方发起了项目启动仪式，特邀人工智能领域的 4 位专家向学生们介绍最新的研究成果，并给出学习建议。阿里达摩院首席人工智能工程师介绍了阿里在数字经济领域的前沿研究。后续 8 天中 4 所高校设计了具有鲜明国别文化特色的课程，所有课程都是全英文线上授课，最后一天参与项目的 4 国学生线上组成小组，以陈述他们对所学内容的感受和理解。为期 10 天的课程和系列活动丰富多彩，通过文化课程来破冰，这是拉近彼此之间距离的重要策略。短学期内容的设置也兼顾了专业技术和文化，让学员看到多元融合、多元共生、跨学科包容的意义。

2023 年，杭电作为轮值校主办暑期学校和文化交流项目，迎来日本山梨大学、韩国釜庆大学和马来西亚玻璃市大学 3 所高校的学生来校学习交流，同时派出学生赴日本、韩国开展校园文化交流。暑期学校子项目由计算机学院承办，文化交流项目由国际交流合作处牵头组织，为期 14 天。暑期学校中，计算机学院为参加项目的 18 名中外学生开设了 AI 专业课程，邀请校内外专家举办计算机领域专业学术讲座，并参观了恒生电子、大华股份等企业；学员们分小组进行学习，并在课程结束后进行了精彩的汇报。语言文化交流项目开设了初级汉语和高级汉语课程，以及有关中国茶、饮食、服饰、礼仪、书法、武术、中医等文化类课程，并进行了亚运场馆参观、实验室参观、文化考察、企业参访、乡村实践等系列交流体验活动，引导学生走进社会各个领域，体验中国文化，感受亚运氛围，体会中国式现代化的科技发展，领略乡村振兴和共同富裕给人民生活带来的变化。

2022年3月项目正式启动以来，各项活动稳步推进，迄今已开展网络课程联合开发，举办多次线上专业论坛、项目工作坊和文化交流活动，4所高校每年轮流举办暑期学校，同时每所高校每年都举办文化交流活动，旨在促进四国学生的交流融通。各项进度和运行效果都超出了预期。通过学生问卷调查和课程考试结果可以看出，学员对于线上文化课程的满意度还有待提升，原因是新冠疫情导致学生无法按照计划到其他国家进行实地交流。学生对专业课程的线上教学较为满意。后疫情时代，参与项目的学员正式开启跨校区线下交流学习，能够体验多元的文化和社会生活，享受更多的线下资源。

结　语

风正时济，驶向教育国际治理的未来

教育以正视并尊重个体的身心健康需求为基石，受教育的人数越多，拥有幸福感的个体人数也会相应增加，社会整体幸福感水平就会提升。然而，联合国开发计划署(United Nations Development Programme，UNDP)2022年发布的《人类世纪中人类安全的新威胁：需要更有利的团结》调查显示，“越发展越不安全”已经成为现代社会人们的普遍感受[234]。如何才能让教育锚定更正确的方向不仅是全球教育界的焦点，也是每位个体责无旁贷的关切。教育方法贵在灵活多变、因材施教，其复杂性不容忽视。各国教育体系各有特色，体现着国家的独特文化和需求。各国要相互学习，取长补短才能真正实现教育的使命。现如今，越来越多的学习者青睐智慧教育，因为它能够突破时空界限，可以服务更多教师和学生，数字技术让教育生态发生了质的改变。教育的全球化时代已经到来，越来越多的人将拥有更多的学习资源、更多元的学习路径和更丰富的学习经验。新的教育生态环境将迫使教育界进行自我革新，数字技术让教育朝个性化、更高效、更公平的方向发展。

第一节　数字时代的科技文化传播使命

在数字技术普及之前，享用现代科学技术的红利存在一定的门槛，这也是科技越发达的国家越富裕的发展逻辑。长期以来，发达国家之间强强联手，在科技突破方面拥有雄厚的基础；而许多发展中国家由于无法接触先进技术和引进最新的科技资源，导致无论多努力都无法赶上发达国家。如果说贫穷是万恶之源的话，那富裕就是现代科技发展的根本。因此，也只有科技发展才能使发展中国家迎头赶上，迅速摆脱贫穷困境。数字技术被誉为最具有普惠特质的技术，从某种程度来说，只有拥抱互联网信息科技，才能享用全世界的资源。

中国政府长期以来都在努力改善贫困人口的生活质量，经过几十年的不断探索，最终意识到科学技术是解决贫困问题的重要武器。通过不懈的努力，中国的数字化技术在全球都处于领先水平，目前中国已经解决好了偏远地区的电力、网络和交通等根本性障碍，使这些地区的人们依靠一部手机就能解决生产、生活相关的大部分问题。现如今，居住在偏远地区的人们，可以用手机方便地学习、娱乐、创业、就医和办理政务。中国的发展经验再一次印证了数字技术的革新力量。中国用科学技术帮助上亿人摆脱了贫困处境，这对目前全球尚处在贫困中的大多数国家都有很强的借鉴意义。然而，如何才能让更多的人了解到中国的脱贫实践经验，这就是媒体人的使命，应该讲好中国的发展故事，让全球更多的国家早日学习中国经验，实现全球共同发展的目标。

近年来，全球舆论对于中国的污化出现增多的趋势，同时由于受政治地缘因素的影响，中国官方媒体的对外传播常常被排斥或忽视，再加上缺乏针对在地受众的个性化定制策略，导致对外传播在质与量上都成效有限。对外传播一定要紧抓“共情”主题，许多外国人对于中国的衣食住行相对更感兴趣，日常生活主题也受到越来越多国外媒体人的关注，当下的任务就是要深挖这些看似简单的主题背后的文化意涵和科学观念。例如，我们重视食物与节气的关系，通过饮食文化的对外传播，能让外国人了解中国人“物尽其用”的食材理念、食材搭配的科学理性以及不食反季节食物的朴素观念。

第二节　远程传播的国际教育治理愿景

自从新冠疫情以来，全球各个国家都开始探索远程教育的新模式、新路径与新策略。远程线上教育对于发展中国家，特别是遭受战乱及自然灾害的群体而言意义重大，可以为弱势群体提供高水平的教育，同时也降低了教育成本，促进教育的公平。在新冠疫情期间，中国政府、学校和企业开发了大量的线上学习平台和高质量的网络课程。大多数课程都可以做到资源共享，很大一部分课程向全球用户免费开放。虽然大部分课程是用中文讲解，但凭借 AI 翻译技术，这些课程也能让不懂中文的国际学生获益。与此同时，中国还主动通过多元的“汉语桥”线上项目，鼓励中国高校向全球提供公益的中文学习、中国文化和职业类相关课程。这些举措既能够让更多的外国人了解中国，学习中国的成功经验，正确解读中国，同时也让他们见证中国科技方面的成就，展示科技自强的精神。

教育能让人类产生反省力、创造力和敬畏心，唯此才能实现全人类的可持续发展。纵观全球，很多国家的动荡根源仍然是信仰、文化、价值观的冲突，可见教育并未让所有国家的人能够以史为鉴，从中汲取智慧和启示。创造力是人类应对各种突如其来的危机和现实问题的核心动能。随着世界人口不断增加，资源分配不均导致地区的冲突频繁出现。解决这些问题的关键在于依靠教育的力量。教育体系不仅肩负着科技人才培养的使命，还须加强科技向善的引导。教育要让人类意识到人类的局限性和敬畏万物的虔诚之心，生态平衡的前提就生态圈的健康循环，若不能从全球命运共同体角度寻找解决方案就无法真正解决环境危机。当下，全球亟待探索出一个具有本国特色同时又兼容全球教育使命的教育体系，才能保障人类社会和谐和稳定地发展。

参考文献

[1] 周凯，胡玥.网络经济：市场、传播媒介与多元治理[M].长春：吉林人民出版社，2021：18.

[2] 余宇新，史建明.洞穿变局：数字时代与新商业文明[M].上海：上海人民出版社，2022：13.

[3] 赵志耘，高芳，李芳，等.第四次工业革命核心技术驱动力[M].北京：科学技术文献出版社，2021：13.

[4] 王伟.经典视角下的明医解读[M].北京：中国中医药出版社，2020：127.

[5] 胡智锋，刘俊.网络视频节目策划[M].上海：复旦大学出版社，2021：265.

[6] 李奕霏，简金宝，王新哲.智能时代背景下高等教育教学改革路径探微[J].高教论坛，2021(06)：54－57.

[7] 杨欣斌.中国特色世界一流职业院校建设研究[M].北京：商务印书馆，2022：133.

[8] 孙亚玲，傅淳.教学理念辨析[J].云南师范大学学报(哲学社会科学版)，2004，(04)：133－136.

[9] 武博作.学校建筑教育价值研究[M].北京：北京理工大学出版社，2022：172－173.

[10] 余宏亮.微课程导论[M].北京：人民教育出版社，2019：236－237.

[11] 刘萍萍，何莹.现代高校教育教学管理现状与创新发展[M].北京：中国原子能出版社，2021：55.

[12] 沙仲辉.大数据时代的高等教育创新与实践[M].北京：北京工业大学

出版社，2021：50.
[13] 王哲.数字化教育资源在乡村教育中的应用分析[J].华章，2023(05)：57-59.
[14] 张羽程.数字化战略背景下高校思想政治教育创新研究[J].江苏理工学院学报，2023，29(01)：117-121.
[15] 康淑敏.信息化背景下的教学方式变革研究[J].教育研究，2015，36(06)：96-102.
[16] 房银海，何菁.数字要素驱动高校研究性教学转型升级的模式与路径设计[J].现代教育技术，2023，33(04)：16-23.
[17] 方紫帆，徐娟.国际中文教师数字素养指标体系建构研究[J].天津师范大学学报(社会科学版)，2023(06)：25-33.
[18] 郑艳群，许丽嫱.论数字化转型时期国际中文教师知识体系的重构[J].云南师范大学学报(对外汉语教学与研究版)，2023，21(03)：22-30.
[19] 王鹤楠，刘丹丹，任倩倩，等.国际中文教师数字能力内涵与提升路径[J].民族教育研究，2022，33(06)：148-155.
[20] 沙仲辉.大数据时代的高等教育创新与实践[M].北京：北京工业大学出版社，2021：50.
[21] 钱雪松，艾永明.教育数字化下土木类专业教学改革的新路径[J].中国多媒体与网络教学学报(上旬刊)，2023(12)：9-12.
[22] 李东伟，沈莉娜，翟云超.国际中文教育微课设计与制作[M].成都：电子科技大学出版社，2022：198.
[23] 王伊璞.国际中文在线教育教师角色的转变与发展[J].国际中文教育研究，2023(02)：154-170.
[24] 高芳，李敏.信息化环境下的英语教学研究[M].北京：中国商务出版社，2022：98-99.
[25] 刘仕杰.超级变现：知识付费的多元实战心法[M].武汉：华中科技大学出版社，2022：149-152.
[26] 曾媛，黄志南，薛瑾，等.国家中小学智慧教育平台应用情况、典型模式与赋能策略[J].中国电化教育，2023，(11)：98-104.

[27] 韩筠.在线课程平台推动在线教育十年发展的研究与展望[J].中国高等教育,2023,(02): 21-26.
[28] 吴遵民.终身教育研究手册[M].上海: 上海教育出版社,2019: 60.
[29] 李永智,秦琳,康建朝,张永军.数字教育赋能教育强国的国际观察[J].电化教育研究,2023,44(11): 12-20.
[30] 严武军,赵鹏.数字图书馆工程项目研究[M].北京: 冶金工业出版社,2009: 317.
[31] 丁新,聂瑞华,卢和琰.远程学习方法与技术[M].广州: 华南理工大学出版社,2006: 4.
[32] 雷体南.现代教育技术教程[M].武汉: 华中师范大学出版社,2001: 193.
[33] 黄正明.远程教育教程[M].北京: 北京交通大学出版社,2017: 88.
[34] 王宇.现代远程继续教育概论[M].长沙: 湖南大学出版社,2011: 29.
[35] 丁新,聂瑞华,卢和琰.远程学习方法与技术[M].广州: 华南理工大学出版社,2006: 3-4.
[36] 余春华.计算机网络技术应用分析[J].电脑迷,2017(12): 51.
[37] 牛奔,耿爽,王红.数据科学导论[M].北京: 中国经济出版社,2022: 16.
[38] 王保中.本真学习的构想: 兼议代表性典型学习理论[M].哈尔滨: 哈尔滨出版社,2021: 91.
[39] 张一春.教育技术及学术发展史[M].福州: 福建教育出版社,2021: 118.
[40] 庞超波.教育心理学理论与发展探究[M].北京: 中国纺织出版社,2022: 74.
[41] 张妙华,武丽志.远程教育学: 学与教的理论和方法[M].广州: 华南理工大学出版社,2008: 23.
[42] 谢耀辉.教学视频中前嵌问题与反馈对学习的影响研究[M].武汉: 华中师范大学出版社,2022: 44.
[43] 岳志刚,王顺堂,于业成.现代教育技术[M].沈阳: 辽宁大学出版社,2010: 189.
[44] 王宇.现代远程继续教育概论[M].长沙: 湖南大学出版社,2011: 22.
[45] 艾碧.网络教育: 教学与认知发展新视角[M].丁兴富,等,译.北京: 中国轻工业出版社,2003: 241.

[46] 李青.移动学习设计[M].北京：中央广播电视大学出版社，2015：49.

[47] 邹菊梅.慕课学习者持续参与行为研究[M].杭州：浙江大学出版社，2019：56 - 57.

[48] 陈懋.虚拟存储技术在数字图书馆中的应用[J].数字技术与应用，2023，41(06)：124 - 126.

[49] 杨保海.泛在学习视域下的实践教学创新模式研究[M].北京：航空工业出版社，2019：2.

[50] 丰洪才，陆文智.智慧时代高等学校的课堂教学[M].武汉：武汉大学出版社，2020.

[51] 周洪宇，徐莉.新工业革命与第三次教育革命[M].武汉：华中科技大学出版社，2021：271.

[52] 吴虑，杨磊.ChatGPT 赋能学习何以可能[J].电化教育研究，2023，44(12)：28 - 34.

[53] 陈名树.新加坡教育访学之旅[M].长沙：湖南师范大学出版社，2021：93 - 95.

[54] 张治.走进学校 3.0 时代[M].上海：上海教育出版社，2018：280.

[55] 王丽."一带一路"对外文化传播研究[M].北京：经济日报出版社，2020：9.

[56] 栾轶玫.融媒体时代的纸媒创新：打通与共融是关键[N/OL].中国青年报，2009 - 07 - 27[2023 - 11 - 12]. https://www.cctv.com/cctvsurvey/special/03/20090727/105902.shtml.

[57] 姜广秀，王星娴，国际青年力量[M].北京：国家行政管理出版社，2022：232.

[58] 党建读物出版社.党的二十大文件汇编[M].北京：党建读物出版社，2022：35.

[59] 姜广秀，王星娴，国际青年力量[M].国家行政管理出版社，2022：232.

[60] 杨世生，张育贤.文化强国视域下中国文化的国际化传播[M].北京：知识产权出版社，2021：95 - 96.

[61] 周文.中国道路：现代化与世界意义[M].杭州：浙江大学出版社，2021：180.

[62] 惠鸣.市场的力量：文化与中国发展研究[M].北京：中国书籍出版社,2022：41-42.

[63] 刘仕杰.流量密码：新媒体内容创作技巧[M].武汉：华中科技大学出版社,2022：241.

[64] 王永滨,洪志国,曹轶臻.融媒体服务模式与技术[M].北京：中国传媒大学出版社,2021：27-28.

[65] 黄雅彬.场域视角下融媒体对民俗文化传播的影响[J].传媒,2023,(13)：90-92.

[66] 张红军.国际传播能力跨媒介提升的三重维度[J].新闻记者,2023(01)：13-14+21.

[67] 文晶.融媒体时代公共文化服务机构对外新闻宣传策略[J].传媒论坛,2021,4(17)：117-118.

[68] 钮雪林.融媒时代高校思想政治教育理论与实践探索[M].北京：中国传媒大学出版社,2022：56.

[69] 过彤.央视网：守正创新,开拓宣传思想工作新格局[J].新闻战线,2023,(10)：30-33.

[70] 胡坚.文化浙江十二讲[M].杭州：浙江工商大学出版社,2020：306.

[71] 北京数字科普协会.数字博物馆发展新趋势[M].北京：中国传媒大学出版社,2014：169.

[72] 钮雪林.融媒时代高校思想政治教育理论与实践探索[M].北京：中国传媒大学出版社,2022：54.

[73] 周屹峰.新时代党的创新理论微传播的实践路径[J].中国广播电视学刊,2022,(12)：40-42.

[74] 杨世生,张育贤.文化强国视域下中国文化的国际化传播[M].北京：知识产权出版社,2021：164.

[75] 陈伟军.新闻与文学的价值追寻[M].广州：暨南大学出版社,2021：88.

[76] 徐艟.微博广告研究[M].芜湖：安徽师范大学出版社,2012：41.

[77] 杨世生,张育贤.文化强国视域下中国文化的国际化传播[M].知识产权出版社,2021：163.

[78] 胡坚.文化浙江十二讲[M].杭州：浙江工商大学出版社,2020：307.

[79] 鲁静.中国特色社会主义文化的多模态融合传播策略研究[J].河南社会科学,2023,31(08):117-124.

[80] 方维.增强现实:技术原理与应用实践[M].北京:北京邮电大学出版社,2022:143.

[81] 耿三琳.符号学视域下中华文化传播与民族共同体意识构筑[J].新闻爱好者,2023,(08):86-88.

[82] 赵睿.叙事、认同、沉浸:多模态国际新闻报道中的情感转向[J].中国出版,2023,(12):11-16.

[83] 谢清果,韩立新.华夏传播研究.:第九辑[M].北京:九州出版社,2022:44.

[84] 刘开源,陈辰,唐达娜·叶尔买克.人工智能视域下红色文化传播的现实困境、发展契机与突破理路[J].传媒论坛,2023,6(13):81-84.

[85] 刘素芳,张红.口语诗多模态意义的建构[J].文化学刊,2016(08):180-182.

[86] 刘佳.数字化赋能非遗对外传播多模态语料库平台构建研究[J].上海翻译,2023,(06):34-39.

[87] 俞越.一眼千年,感受宋韵流淌[N].美术报,2022-11-26(02).

[88] 李伟荣,刘湘苹.中国科技典籍出版"走出去"的路径探索:以李约瑟《中国科学技术史》丛书为考察中心[J].山东外语教学,2017,38(04):98-105.

[89] 林仲轩.跨文化传播教程[M].广州:暨南大学出版社,2022:167.

[90] 李珍晖.新媒体时代中国国际传播力研究[M].北京:中国传媒大学出版社,2021:185.

[91] 丁维莉.新媒体中的"一带一路"对外语言传播策略[M].天津:南开大学出版社,2022:10-11.

[92] 张宏莹.媒介话语与社会变迁[M].杭州:浙江工商大学出版社,2022:89.

[93] 李燕燕,熊毅.双循环新发展格局下电力能源互联网发展策略研究[J].河北水利电力学院学报,2023,33(04):69-75.

[94] 杨明伟.突发应对:人类卫生健康共同体下的中国方案[M].沈阳:辽

宁人民出版社，2022：70.

[95] 唐润华，韩蕾，冯明惠，等.2020—2021年度中华文化国际传播十大案例[J].中华文化海外传播研究，2022，(02)：292-296.

[96] 教育部中外语言交流合作中心."汉语桥"：连通中外的友谊桥[J].中国新闻发布(实务版)，2023，(09)：61-64.

[97] 林仲轩.跨文化传播教程[M].广州：暨南大学出版社，2022：169.

[98] 王亚宏，张春燕.新媒体对外传播内容制作[M].上海：复旦大学出版社，2020：49-50.

[99] 汪薇."微叙事"在电视对外传播中的审美表现[J].中国广播电视学刊，2018，(09)：125-127.

[100] 康逸，单玮怡.2024年世界移动通信大会开幕[N/OL].新华网，(2024-02-26)[2024-02-29]. https://baijiahao.baidu.com/s?id=1791964285165117967&wfr=spider&for=pc.

[101] 谭晓影.传音控股：从"手机"走向"生态"[J].经理人，2022，(12)：66-68.

[102] 黄昂瑾.阿里巴巴晒2023年度公益账单：近5亿用户参与善行拼成"全国爱心地图"[N/OL].央广网，(2023-12-18)[2024-1-26]. https://tech.cnr.cn/techph/20231228/t20231228_526537736.shtml.

[103] 郭人旗.守正创新、返本开新，增强中华文明传播力影响力[N].中国文化报，2023-02-07(004).

[104] 朱德琳.全球"汉语热"背景下中国文化建设的新思考[J].剑南文学(经典教苑)，2012(02)：334.

[105] 吴勇作.东南亚华文教育模式下的中国文化传播研究[M].北京：海洋出版社，2022：56-57.

[106] 张龙，蒋烨红，康骏驰.共情视域下中国非遗文化视频的国际传播[J].当代传播，2023，(02)：45-49.

[107] 严玲，等.国际新闻报道之批评话语分析[M].北京：中国传媒大学出版社，2019：59.

[108] 陈正辉.中国品牌的国际传播研究[M].南京：江苏人民出版社，2022：60.

[109] 尹凤先.跨文化传播教育研究[M].北京：九州出版社，2018：23.
[110] 陈志超，雷乐街.中华文化传播路径与策略[M].芜湖：安徽师范大学出版社，2022：34.
[111] 杨越明.中国电视的对外传播[M].北京：知识产权出版社，2012：127.
[112] 李辽宁.中国价值观的国际传播研究[M].成都：四川大学出版社，2022：207.
[113] 何宏，马灵芝.中华优秀文化海外推广途径之探索：出访美国的收获与启示[J].秦始皇帝陵博物院，2018，(00)：222－228.
[114] 顾惟一，孙张源，王文韬，等.论中国传统工匠精神：以阿木爷爷短视频为例[J].新闻传播，2023，(14)：52－54.
[115] 赵彤.科技革命与人的全面发展[M].天津：南开大学出版社，2021：144.
[116] 乐守红.中国传统文化传播与对外汉语教学[M].长春：吉林人民出版社，2019：110.
[117] 孟庆国，郭媛媛，吴金鹏.数字社会治理的概念内涵、重点领域和创新方向[J].社会治理，2023，(04)：22－31.
[118] 史安斌，童桐，朱泓宇.全球媒体文化中的"第三文化人"：平台世界主义视域下国际传播的一种创新路径[J].北京航空航天大学学报(社会科学版)，2023，36(05)：105－110.
[119] 周伟业.视觉艺术传播图像化历程及其反思[J].现代传播(中国传媒大学学报)，2014，36(07)：76－79.
[120] 李岸昀，刘莉芳，韦人玮.国际河流信息共享方法研究：以澜沧江-湄公河为例[J].人民长江，2022，53(06)：45－53.
[121] 新华通讯社.学习贯彻党的二十大精神述评[M].北京：新华出版社，2023：92－93.
[122] 于帆.全国政协委员都海江：构建中华文明对外传播效能科学评估体系 增强中华文明传播力影响力[N].中国文化报，2023－03－14(005).
[123] 中国旅游报.2020年度文化和旅游信息化发展典型案例展示[N].中

国旅游报,2020-12-18(05).
[124] 王帅国.学堂在线平台：以创新推动高等教育数字化升级[J].中国高等教育,2023,(02)：37-42.
[125] 成思家.国际中文教育元宇宙生态系统构拟[J].云南师范大学学报(哲学社会科学版),2023,55(04)：44-51.
[126] 刘安然.中美高校慕课比较研究：以“中国大学 MOOC”与 Coursera 为例[J].高教探索,2021,(09)：88-94.
[127] 吴亚光,侯涛,蒲鸽.产业元宇宙[M].北京：中国对外翻译出版公司,2022：227.
[128] 冯若谷,刘心怡.法国对外传播的历史经验与借鉴意义[J].对外传播,2022(01)：77-80.
[129] 曾天山,祝新宇.信息化引领教育未来[M].北京：教育科学出版社,2021：32.
[130] 周苏,王文.人工智能概论[M].北京：中国铁道出版社,2019：73.
[131] 牛伟坤.70 余国家将中文纳入国民教育体系[N].北京日报,2020-09-06(4).
[132] 王德海,周圣坤.传播与沟通[M].北京：中国农业大学出版社,2002：222.
[133] 徐雯雅.21 世纪国产电影的中国形象塑造研究[M].银川：宁夏人民出版社,2022：61.
[134] 连源媛.短视频自媒体的对外传播策略研究：基于 YouTube 李子柒视频评论分析[J].新闻文化建设,2023(06)：12-14.
[135] 于洪君.对外文化传播必须注重理念与实践创新[J].公共外交季刊,2019(01)：1-6+121.
[136] 尹凤先.跨文化传播教育研究[M].北京：九州出版社,2018：20.
[137] 饶曙光.中国(华语)电影发展与对外传播[M].北京：中国广播电视出版社,2013：364.
[138] 李永东,刘亚杰.文化遗产保护与文化产业发展[M].北京：中国经济出版社,2021：53.
[139] 董召锋,王莉,吴佳宝.中原文化建设与对外传播研究[M].长春：吉

林大学出版社，2020：136.
[140] 尹凤先.跨文化传播教育研究[M].北京：九州出版社，2018：23.
[141] 李宇.新形势下国际传播的理论探索与实践思考[M].北京：外文出版社，2022：112.
[142] 耿潇.全球化视域下我国高等院校对外汉语教学模式研究[M].武汉：华中师范大学出版社，2022：96.
[143] 朱静.文化传播视角下英汉翻译理论与实践的再探索[M].长春：吉林大学出版社，2020：28.
[144] 潘晓斌，何小青.数字化对中国电影发展的价值意蕴研究[J].上海文化，2023，(12)：111－117.
[145] 张明娟.电影视阈中的跨文化研究[M].厦门：厦门大学出版社，2012：21.
[146] 吴璟薇，阎庆宜，曹伟.以食为媒：中华美食文化国际传播的机制与策略[J].对外传播，2024，(01)：49－53.
[147] 白嗣新.中国电视娱乐节目模式化研究[M].武汉：华中师范大学出版社，2020：101.
[148] 许静.创新视角下的电视节目对外输出研究[M].长沙：湖南师范大学出版社，2021：66－67.
[149] 森文.文化生态观与本土设计系统研究[M].北京：机械工业出版社，2021：105.
[150] 孙佳丽，徐晨曦.亚运最美海岸线由“它”守护[N].宁波日报，2023－07－13(A2).
[151] 郝烨.新技术与新智慧时代的中国影视新生态[M].上海：上海交通大学出版社，2019：176.
[152] 林瑞青，范君.异化与重塑[M].北京：九州出版社，2020：153.
[153] 刘全莉.全球化时代中国电影的国家形象建构问题与传播内容建构策略[J].西部广播电视，2018(19)：101－102.
[154] 傅才武，余冬林.国家文化与国民文化的构造及其转换[M].武汉：武汉大学出版社，2021：310－311.
[155] 戴建明，徐海荣.中国社会治理的属性与模式[M].北京：光明日报出

版社，2022：331.

[156] 周涛，张伟明，董文俊，等.中老铁路运输货物品类增至 2700 多种[N].人民铁道报，2023-10-15(1).

[157] 李艳.远程虚拟实验室系统的实现[J].内蒙古科技与经济，2006(10)：59-60.

[158] 米西峰.基于 Web 和 Labview 的虚拟仪器实验平台设计[J].微计算机信息，2008(04)：155-157.

[159] 石婷，雷飞，奥顿，等.电子技术的远程虚拟仿真实验教学模式探索[J].教育教学论坛，2023，(32)：86-89.

[160] 马爱梅.远程实验的技术分析与系统构建[J].科技信息，2012(10)：39-40.

[161] 邓海建.共享实验，打开校门在线科研[N/OL].华声在线，(2020-04-29)[2023-11-10]. https://baijiahao.baidu.com/s?id=1665293660965432378&wfr=spider&for=pc.

[162] 曾媛，黄志南，薛瑾，等.国家中小学智慧教育平台应用情况、典型模式与赋能策略[J].中国电化教育，2023，(11)：98-104.

[163] 屈代明，徐争光，李玮.虚拟仿真与在线实境技术在通信原理实验教学中的应用[J].实验技术与管理，2020，37(12)：205-209.

[164] 潘公宇，江浩斌，刘志强，等.车辆工程专业虚拟仿真实验教学平台的设计[J].实验技术与管理，2017，34(04)：1-5.

[165] 黄仕凰，王小怀.基于 VCOOC 的模拟电路实验课程的改革[J].电工技术，2019(18)：169-173.

[166] 刘建明，邓林.理论与实践相结合的"大气污染控制工程"多元化教学改革研究[J].广东化工，2022，49(01)：190-191.

[167] 李林.高职院校计算机专业课程线上线下混合教学模式探索[J].开封大学学报，2021，35(03)：62-66.

[168] 陈龙，郄小美，马学条.数字电子技术综合性虚拟仿真实验教学改革[J].实验室研究与探索，2017，36(05)：110-113.

[169] 薛招腾，徐浩.新冠感染疫情下远程虚拟仿真实验及在线教学探索与实践[J].高教学刊，2023，9(22)：130-132+136.

[170] 张泽宇,田明锐,朱佳庆,等.COVID-19疫情背景下国际学生线上实验课程探索与实践[J].高教学刊,2022,8(36):43-46.
[171] 黄龄亿,程振伟.用网线连接真实世界 新平台助学生远程操作实验[N/OL].科技日报,(2020-04-24)[2023-12-10]. https://baijiahao.baidu.com/s?id=1664812655934264678&wfr=spider&for=pc.
[172] 王永慧,马学条,郑雪峰.电子技术在线虚拟仿真实验教学项目建设研究[J].无线互联科技,2020,17(03):121-122.
[173] 纪驭亚.在家也能做实验 杭州电子科技大学开发“硬核”平台[N/OL].浙江在线,(2020-04-13)[2023-10-16]. https://m.yunnan.cn/system/2020/04/13/030644307.shtml.
[174] 黄龄亿,程振伟.用网线连接真实世界 新平台助学生远程操作实验[N/OL].科技日报,(2020-04-24)[2023-12-10]. https://baijiahao.baidu.com/s?id=1664812655934264678&wfr=spider&for=pc.
[175] 马箭飞.“汉语桥”促进各国人民相知相亲[J].教育国际交流,2023,(02):71-73.
[176] 黄冰晶.“汉语桥”线上团组交流项目学习满意度调查分析:以天津外国语大学为例[J].大理大学学报,2023,8(05):123-128.
[177] 中国教育部:全球已有85个国家将中文纳入国民教育体系[N/OL].中新社,(2023-12-09)[2024-02-05]. http://www.oushinet.com/static/content/china/chinanews/2023-12-09/1183119703876344261.html.
[178] 马箭飞.奋力开拓国际中文教育高质量发展新局面[J].神州学人,2024(01):7-8.
[179] 潘曦阳,刘明阳.文化符号在人文交流品牌项目中的构建与传播:以“汉语桥”线上团组项目为例[J].传播与版权,2023,(19):79-82.
[180] 郭晶,吴应辉,谷陵,等.国际中文教育数字资源建设现状与展望[J].国际汉语教学研究,2021(04):86-96.
[181] 霍梅俊,王腾飞,石云龙,等.后疫情时代高等农业院校助力中华文化

"走出去"路径分析[J].海外英语,2023(17):193－195＋207.
[182] 阮晓菁,肖玉珍.习近平关于"中华优秀传统文化创造性转化、创新性发展"论述研究[J].思想理论教育导刊,2019(01):30－33.
[183] 延慧.国际中文线上语言文化项目的互动数字叙事策略探究[J].渭南师范学院学报,2023,38(07):89－94.
[184] 周颖菁."汉语桥"线上团组交流项目中的国际形象传播[J].新闻前哨,2023,(19):69－71.
[185] 徐丹,梁路,范婧仪."汉语桥"抖音账号传播热度影响因素研究[J].国际学生教育管理研究,2023,(01):87－99.
[186] 马万华.全球化进程中的院校国际化:理论与实践[M].北京:北京理工大学出版社,2022:111.
[187] 王昕生.流动、认同与融合:对外籍学生来华留学实践的社会学考察[M].北京:中华工商联合出版社,2021:3.
[188] 钟新,蒋贤成,李心蕊等.疫情下来华留学生线上学习调查[J].经济导刊,2021(10):90－96.
[189] 郑向荣.当前我国发展来华留学生教育的意义与优势分析[J].高教探索,2010(05):103－106.
[190] 孙红.来华留学生教育政策的关键特征、成就与前瞻[J].清华大学教育研究,2021,42(03):88－93.
[191] 杨明全.基础教育国际化政策与实践:比较研究的视角[M].上海:上海教育出版社,2021:221.
[192] 黄文卫,许玮娴,冀文秀.质量认证背景下来华留学教育提质增效研究[J].神州学人,2023(06):42－47.
[193] 惠天罡.语言教育的多维度研究[M].北京:北京语言大学出版社,2021:152.
[194] 李馨郁,赵炜.线上课程群建设与来华留学生国情教育探索[J].神州学人,2023(3):6.
[195] 史金生,王璐菲.新冠疫情背景下高校留学生线上汉语教学调查研究[J].语言教学与研究,2021,(04):23－33.
[196] 田露露.培养高层次国际化人才服务国家教育对外开放[J].比较教

育研究,2023,45(08):10-11.

[197] 史金生,王璐菲.新冠疫情背景下高校留学生线上汉语教学调查研究[J].语言教学与研究,2021,(04):23-33.

[198] 崔希亮.全球突发公共卫生事件背景下的汉语教学[J].世界汉语教学,2020,34 (03):291-299.

[199] 钟新,蒋贤成,李心蕊,等.疫情下来华留学生线上学习调查[J].经济导刊,2021(10):90-96.

[200] 袁胡萍.疫情期间高校来华留学生线上学习适应调查研究[J].文学教育(中),2020(6):144-146.

[201] 王瑞烽.疫情防控期间汉语技能课线上教学模式分析[J].世界汉语教学,2020,34(03):300-310.

[202] 侯士兵.高校辅导员工作案例精选[M].上海:上海交通大学出版社,2022:227.

[203] 王力娟.新常态下的在线教学策略分析:针对国际学生的在线学习[J].教学学术,2022(02):133-142.

[204] 李鹏飞,孟娇,张延君.基于“认知-情感-意动”理论的留学生思政教育路径探析:以医学汉语课程为例[J].才智,2023(18):41-44.

[205] 李华,秦少康,葛松.留学生“中国概况”课程建设刍议[J].浙江科技学院学报,2023,35(04):346-353.

[206] 梁秀文,付宁花.新时代高职教育国际化发展研究[M].北京:中国财富出版社,2022:139.

[207] 任景赛,郑际根.文化“走出去”背景下来华留学生《中国概况》课程教学探究:以湖南科技学院为例[J].公关世界,2021(16):59-60.

[208] 刘元满.中国概况与国情、话题、知识点的共核与边界[J].云南师范大学学报(对外汉语教学与研究版),2023,21(06):35-42.

[209] 仲伟合.拔尖创新型国际化人才培养模式的探索与实践:以广东外语外贸大学为例[J].广东外语外贸大学学报,2013,24(01):98-101.

[210] 韦康博.国家大战略:从德国工业 4.0 到中国制造 2025[M].北京:现代出版社,2016:249.

[211] 张华，郑贵斌，杨金卫.中日韩地方经济合作示范区建设研究[M].济南：山东人民出版社，2013：202－203.

[212] 教育部高等教育教学评估中心."亚洲校园"试点项目质量监控中期报告[R].北京：教育部高等教育教学评估中心，2014：3.

[213] 车春英."一带一路"背景下外语专业跨文化交际教学与实践研究[M].北京：北京工业大学出版社，2019：90.

[214] 郑晗.浅议中日韩高等教育合作发展方向：以"亚洲校园"计划为例[J].教师教育论坛，2018，31(11)：63－68.

[215] YOJANA S. New CAMPUS Asia initiative extends to ASEAN countries[N]. University world news，2022－01－21. https://www.universityworldnews.com/post.php?story＝20220121090616128.

[216] 周爱军，刘振天，郑觅."亚洲校园"跨境高等教育项目质量报告[M].北京：社会科学文献出版社，2018：22－57.

[217] 周爱军，刘振天，郑觅."亚洲校园"跨境高等教育项目质量报告[M].北京：社会科学文献出版社，2018：18.

[218] 王李文.高校国际交流机制发展趋势探索：以浙江大学亚洲校园项目为例[J].教育教学论坛，2023(03)：25－28.

[219] 刘清伶，李红宇."亚洲校园"计划：背景、实施过程与前景探析[J].清华大学教育研究，2012，33(04)：54－58.

[220] 邬大光.日本高等教育有何"过人之处"[J].复旦教育论，2022，20(5)：89－95.

[221] 万作芳，刘星.韩国高等教育变革的"智慧"之路[N].中国教师报，2023－04－19(3).

[222] CHUN J H. Can CAMPUS Asia program be a next ERASMUS? The possibilities and challenges of the CAMPUS Asia program [J]. Asia Europe journal，2016，14 (3)：279－296.

[223] 高晓虹.中国新闻传播研究：媒介新技术应用[M].北京：中国传媒大学出版社，2020：173.

[224] 王李文.高校国际交流机制发展趋势探索：以浙江大学亚洲校园项目为例[J].教育教学论坛，2023(03)：25－28.

[225] 柳志泳."亚洲校园":十年实践 走向国际[J].中国报道,2021(08):38-40.

[226] 郑晗.浅议中日韩高等教育合作发展方向:以"亚洲校园"计划为例[J].教师教育论,2018,31(11):63-68.

[227] 郑觅.多边教育合作质量保障协同机制的创新与实践:基于"亚洲校园计划"联合质量评估的研究[J].中南民族大学学报(人文社会科学版),2019,39(03):176-180.

[228] 朴钟鹤."亚洲校园"计划的发展现状与未来[J].现代大学教育,2013,(04):57-62.

[229] 教育部学位与研究生教育发展中心.中日韩大学交流"亚洲校园"计划框架[EB/OL].(2011-07-15)[2023-12-16]. https://www.cdgdc.edu.cn/yzxy/info/1081/1056.htm.

[230] HANADA S, HORIE M. Impact of the CAMPUS Asia initiative for developing Japanese students' attitude toward mutual understanding: A case study of the Japan-China-Korea trilateral exchange program [J]. Research in comparative and international education, 2021, 16(3): 276-294.

[231] 罗振玲."亚洲校园"项目体验报告[R/OL].北京大学国际关系学院,(2020-11-24)[2023-12-11]. https://www.sis.pku.edu.cn/internationalexchange10064/international_student_7514/1340585.htm.

[232] 陈京炜,韩红雷.向煜而生:动画与数字媒体教育教学研究[M].北京:中国传媒大学出版社,2021:280-284.

[233] 海外学习办.亚洲多国青年相聚"云端",开启跨学科融合学习(EB/OL).(2022-01-28)[2023-12-24]. https://mp.weixin.qq.com/s/jtsRUhK9QGBeYc75O2CGpw.

[234] 郭元婕.全球教育治理的未来[N].光明日报,2022-04-21(14).